TICIO ESCOBAR

La invención de la distancia — The Invention of Distance

TICIO ESCOBAR
La invención de la distancia / The Invention of Distance
Traducido por / Translated by Christina Mac Sweeney

Derechos reservados para esta edición bilingüe / All rights reserved for this bilingual edition
© 2013 Los autores / The authors
© 2013 AICA International / AICA Paraguay / Fausto Ediciones

AICA International Office
32 Yves Toudic - 75010 Paris - France
tel. + 33 - 1 - 47 70 17 42
aica.office@gmail.com
www.aica-int.org

AICA Paraguay
Asunción - Paraguay
aicaparaguay@gmail.com
www.aica-paraguay.com

Fausto Ediciones
Eligio Ayala 1060 - Asunción - Paraguay
tel. + 595 - 21 - 221 996 / 7
faustocultural@gmail.com
www.faustocultural.com

Queda prohibida la reproducción total o parcial de este libro por cualquier medio
o procedimiento, ya sea electrónico o mecánico, sin autorización expresa de los editores.

No part of this book may be reproduced, stored in a retrieval system, or transmitted, in any
form or by any means, electronic, mechanical, photocopying, microfilming, recording, or
otherwise, without written permission from the publishers.

ISBN: 978 - 99953 - 79 - 94 - 0

Impreso en Paraguay / Printed in Paraguay

TICIO ESCOBAR

LA INVENCIÓN DE LA DISTANCIA

THE INVENTION OF DISTANCE

Cuatro ensayos — Four essays

aica press   Fausto Ediciones

LA INVENCIÓN DE LA DISTANCIA

CONTENIDO

PREFACIO
por Marek Bartelik — 9

PALABRAS PRELIMINARES
por Adriana Almada — 17

EL ARTE FUERA DE SÍ
Veintiséis fragmentos sobre la paradoja de la representación y una pregunta sobre el tema del aura — 21

EL MARCO INCOMPLETO
Introducción — 43
Retornos — 43
El asalto de las formas — 46
Elogio de la vanguardia — 49
El arte bajo sospecha — 54

NANDÍ VERÁ
El resplandor de la nada
Presentación — 59

I. Relaciones breves acerca de la representación — 59
   El llamado — 62
   La [inútil] flor de Kant — 64
   Sublime obsesión — 66
   Imagen a toda costa — 67
   Los rostros de la nada — 69
   Breve digresión sobre un ardid para atrapar la mirada — 72
   Los lindes — 72
II. Cuatro obras en blanco — 74
   Telones — 74
   Almas extraviadas — 75
   Pequeña ventana sin paisaje — 79
   La custodia — 81

LA IRREPETIBLE APARICIÓN DE LA DISTANCIA
Una defensa política del aura
Deseo moderno — 91
Indicios — 93
La mirada — 94
El sacrificio — 96
La hora del bárbaro — 99
Las miradas de Jano — 102
Revelaciones — 105
El tema del aura — 108
La escena de las otras auras — 118
Digresión I. Alegato en pro del aura — 128
Digresión II. El aura del cuento popular — 130
Digresión III. El aura fotográfica — 133
La última escena: la del arte contemporáneo — 141

Tres de los cuatro ensayos que componen este libro fueron publicados por el IVAM, Institut Valenciá d'Art Modern, España, en 2009, bajo el título *El arte fuera de sí*. La edición cubana, titulada *La mínima distancia,* publicada por Ediciones Matanzas, La Habana, 2010, agrega un cuarto título. El mismo corresponde parcialmente a un texto del Centro de Investigadores del Arte, publicado en Buenos Aires, en 2007, bajo el título *Las tretas de lo visible*. (NdE).

PREFACIO *

Con este volumen, AICA Internacional inicia una colección dedicada al pensamiento de los principales teóricos del arte que han sido merecedores del *Premio AICA a la Contribución Distinguida a la Crítica de Arte*. El galardón inaugural fue otorgado al crítico paraguayo Ticio Escobar, quien lo recibió durante el 44° Congreso de AICA, realizado en Asunción, Paraguay, en octubre de 2011. Este premio ha sido instituido para reconocer la labor de un crítico relevante del país que oficia de anfitrión de cada congreso anual de nuestra asociación. Con el lanzamiento de este libro, AICA reafirma su rol activo en la difusión del trabajo de importantes críticos contemporáneos cuyos textos son mayormente conocidos en su lengua materna (el español, en este caso). De ahí la necesidad de traducirlos al inglés.

Los escritos de Ticio han tenido amplia acogida entre sus lectores durante más de treinta años. El autor ha sido un perspicaz observador de las transformaciones en el campo del arte, tanto en el ámbito local como global, desde su graduación en la Facultad de Filosofía de la Universidad Católica de Asunción, en 1976. Escobar es ampliamente conocido por sus investigaciones sobre las relaciones entre el arte contemporáneo y las expresiones culturales de los pueblos indígenas de América del Sur, y por ellas obtuvo numerosas

---

* Traducido del inglés por Sara Hooper.

distinciones, entre ellas la beca Simon Guggenheim, el Premio Prince Claus de Holanda y el Premio Bartolomé de las Casas, concedido por Casa de América en Madrid, España. Al explicar su interés por el tema indígena, Ticio sostiene que "defender la posibilidad de un arte indígena promueve otra visión del indio: abre la posibilidad de mirarlo no sólo como a un ser marginado y humillado, sino como a un creador, un productor de formas genuinas, un sujeto sensible e imaginativo capaz de aportar soluciones y figuras nuevas al patrimonio simbólico universal"[1]. Respondiendo a la necesidad de preservar la cultura y el arte indígena en su país, en 1980, co-fundó en Asunción el Museo del Barro, concebido para difundir el arte popular en el Paraguay en igualdad de condiciones con el arte contemporáneo e indígena, compromiso que mantuvo durante su gestión como ministro de Cultura (2008-2012). Sus escritos han aparecido en numerosos libros publicados en Argentina, Brasil, Chile, Cuba, Paraguay, España y Estados Unidos. El presente volumen –producido en colaboración con AICA Paraguay y Ediciones Fausto– es la primera colección de sus escritos en edición bilingüe español-inglés.

Sus textos revelan afinidad con conceptos tradicionales y contemporáneos sobre arte y estética, así como relación con el mundo en sentido amplio, siendo sus puntos de referencia obras de pensadores tan relevantes como Immanuel Kant, Johann Wolfgang Von Goethe, Martin Heidegger, Walter Benjamin, Michel Foucault, Gilles Deleuze, Jacques Derrida y Emmanuel Lévinas, por citar sólo algunos. En sus ensayos, Ticio consulta, refiere y discute a estos filósofos para generar un "suplemento" a sus escritos. Al igual que Lévinas, cuestiona el estatus ejemplar de la estética pura y la integridad de la represen-

---

1 Ticio Escobar, *La belleza de los otros*, Asunción, RP Ediciones, 1993, p. 20.

tación para subrayar las dimensiones ética y empírica del arte, que él vincula al encuentro con el "Otro" descentrado, personificado por el indígena de América del Sur. Respondiendo a los cambios que hoy se operan en el arte y a nuestra evaluación de los mismos, Ticio busca el *apparatus*, ordenado aunque "inconsciente", que Foucault apropiadamente llama *episteme*, y que da forma a nuestro conocimiento en un momento y un lugar determinados y "hace posible separar, no lo verdadero de lo falso, sino lo que puede de lo que no puede ser caracterizado como científico"[2]. Ticio se sumerge en el discurso contemporáneo que aborda conceptos tales como verdad, gusto, representación, vanguardia, lo bello, y lo sublime. Como crítico de arte se enfrenta a la insuficiencia de la crítica de arte del *mainstream*, que él sitúa en un lugar "confuso"[3], ya que la misma reacciona frecuentemente a las novedades y se asemeja cada vez más al entretenimiento masivo –superfluo, de fácil consumo y fácil olvido–. Por el contrario, y con el fin de desarrollar sus propias ideas, Ticio propone reflexiones discursivas, filosóficas y políticas sobre arte y cultura –que deliberadamente ubica en un "marco incompleto" (título de uno de sus ensayos)– como un diálogo abierto con el pasado y el presente.

Los escritos de Ticio son lingüísticamente densos y carecen, con frecuencia, de una narrativa lineal. Pueden ser lacónicos y barrocos al mismo tiempo. Este tipo de escritura –*collage textual*– no nos es desconocido; los mejores ejemplos pueden ser hallados en los escritos de Walter Benjamin (con quien Ticio mantiene en sus textos una apasionada conversación) y Ludwig Wittgenstein. Los textos

---

2   Michel Foucault, *Power/Knowledge: Selected Interviews and Other Writings, 1972-1977* (Colin Gordon, ed.), The Harvester Press, Brighton, 1980, p. 197.
3   Ticio Escobar, *The Curse of Nemur. In Search of the Art, Myth and Ritual of the Ishir*, The University of Pittsburgh Press, Pittsburgh, PA, 2007, p. 3.

del crítico paraguayo trazan la posibilidad de compartir el conocimiento de forma coloquial, en vez de instruir o informar de manera arbitraria. Pasar de un párrafo a otro es como deslizarse sobre el "borde resbaladizo" (expresión de Ticio) del flujo de conciencia, lo cual requiere atención. Al mismo tiempo, como cada pasaje aborda con autonomía una idea o concepto específico, esto permite al lector *salir* del texto y *regresar* a él en cualquier momento, y sentirse estimulado, durante el tiempo que permanece *afuera,* a deambular en sus pensamientos. Este viaje mental ofrece al lector la oportunidad de ensayar sus propias asociaciones. Por ejemplo, mientras leía el ensayo *El arte fuera de sí,* consulté la introducción de Susan Sontag a los escritos de Antonin Artaud y encontré la siguiente frase: "Se niega a considerar la conciencia, excepto como un proceso"[4], que podría ser aplicada perfectamente al crítico paraguayo.

Al referirnos a Artaud resulta pertinente señalar que las ideas del poeta y dramaturgo francés sobre la cultura moderna y las artes se formaron sustancialmente durante su viaje a México en 1936, país del que Octavio Paz decía que "nunca ha podido vestir con entera corrección el traje de la civilización racionalista"[5]. Es allí, en ese lugar donde lo antiguo se encuentra con lo moderno de manera tan espectacular –enfrentado a una crisis muy similar a la que hemos experimentado últimamente–, que Artaud proclama, parafraseando a Diógenes: "He venido a México a buscar una nueva idea del hombre"[6]. Viviendo allí, uniendo la ciencia a la poesía, buscando la verdad, de-

---

4 Antonin Artaud, *Selected Writings* (Susan Sontag, ed.), University of California Press, Berkeley/Los Angeles, 1988, p. XXI.
5 Citado en Jason Wilson, *Octavio Paz: A Study of His Poetics,* Cambridge University Press, Cambridge/New York, 1979, p. 14.
6 Antonin Artaud, op. cit., p. 372.

batiendo sobre el significado de lo sublime, Artaud argumenta: "Es empresa de poetas y de artistas, como así también de científicos" descubrir "las fuerzas *analógicas* gracias a las cuales el organismo humano funciona en armonía con el organismo de la naturaleza y lo gobierna"[7]. Esta declaración me regresa a los escritos de Ticio, que persistentemente desafían la lectura unidireccional y monolítica de viejas y nuevas civilizaciones al tratar diariamente esa "empresa de poetas y de artistas" a través de sus palabras e imágenes.

En este libro, Ticio sostiene que "la representación ocurre a través de dos movimientos simultáneos [...] El primer movimiento cumple la función poética, la de la revelación [...] El otro realiza la función estética, la que recurre a la belleza [...] Superpuestos, ambos movimientos dicen del objeto más de lo que él mismo es. Terminan escamoteándolo; volviéndolo más verdadero, quizá"[8]. En este pasaje, típico en la estructura lingüística y lógica del estilo de Ticio, las dos polaridades –"poética" y "estética"– aparecen como componentes estructurales y lógicos equivalentes y ambas se manifiestan de manera convincente. Uno de los ensayos de este volumen se titula *Nandí verá*, que en lengua guaraní significa "el brillo (o el esplendor) de la nada". Utiliza este término al analizar una obra del mismo nombre realizada en 2005 por el artista paraguayo Osvaldo Salerno. En ella, las palabras *Nandí verá* estaban escritas sobre velos de tul que cubrían una pequeña ventana cuadrangular en el Museo de Artes Visuales de Santiago de Chile. Al describir esta pieza y su impacto sobre el espectador, Ticio bien podría estar comentando sus propios escritos al afirmar: "Dado que los velos son transparentes, los textos se mues-

---

[7] Íbid., p. 373.
[8] Ver p. 22 de este volumen.

tran superpuestos e invertidos cada uno respecto del otro, por lo que resultan difícilmente legibles: se neutralizan mutuamente mediante sus escrituras contrapuestas. Esa ventana nublada parece conformar una pequeña bóveda ofrecida/sustraída a la mirada. Pero también levanta el cuadro de la representación, el que recorta y abre esa escena tramposa donde el objeto comparece confirmando su propia ausencia"[9]. Las palabras "transparente", "velado" y "ausente" forman parte del léxico favorito de Ticio y, en tanto aluden a la fragilidad de la experiencia, bien podrían apuntar a su propia "desaparición" en una nueva travesía, esta vez quizá hacia la luminosa "vacuidad" del pensamiento que, tal como nos recuerda Derrida, "pertenece a la filosofía o a la poesía"[10].

Los textos que forman parte de este volumen generan reflexiones profundas sobre la condición del arte y la de los artistas contemporáneos; surgidas del encuentro entre praxis y pensamiento crítico, exponen "paradojas" y "conflictos" sin fin, pasados y presentes, valorando la ausencia de propósito obvio para ello y explorando sus promesas incumplidas. Estos son los conflictos que, desde ángulos distintos, plantean los ensayos que integran este libro. Como bien lo dice Ticio, "quizá todo se reduzca a una operación de administrar distancias. El arte contemporáneo carece de sede propia y posición definitiva: ubicado en medio de espacios inciertos, pendula entre el cobijo del lenguaje y la intemperie de lo irrepresentable"[11]. Podríamos estar o no de acuerdo con la afirmación de que el arte y la crítica contemporáneos carecen de dirección clara o con la sugerencia de

---

9 Ver p. 79 de este volumen.
10 Jacques Derrida, *The Truth in Painting*, trad. de Geoff Bennington y Ian McLeod, University of Chicago Press, Chicago, 1987, p. 378.
11 Ticio Escobar, *La mínima distancia*, Ediciones Matanzas, La Habana, 2010, p. 11.

que nuestra comunicación está más fragmentada que nunca. Podríamos carecer de la suficiente distancia de nuestro propio tiempo para decir, con Hegel, que no son estos tiempos propicios para el arte[12]. Por ahora, la lectura de este libro único y cautivante sugerirá algo más sustancial sobre el pensamiento crítico de Ticio Escobar: nos comunicamos mejor unos con otros cuando nuestras voces surgen de individuos "asomados al infinito" (Ticio, otra vez), mientras observamos atentamente el arte que está frente a nosotros.

En nombre de AICA Internacional, agradezco a Ticio Escobar por haber cedido los derechos para publicar esta obra. Quiero expresar nuestro agradecimiento a Adriana Almada, vicepresidente de AICA Internacional, por su completa dedicación a este libro, así como a los demás miembros de la Comisión de Publicaciones de AICA Internacional, presidida por Jean-Marc Poinsot; a Christina Mac Sweeney, por su estupenda traducción al inglés; a Marjorie Allthorpe-Guyton, Henry Meyric Hughes, Sara Hooper y Christian Holland, por su colaboración en la revisión de los textos en inglés, y a Pilar Parcerisas, por su colaboración en la revisión de los textos en español; a AICA Paraguay y Fausto Ediciones por coeditar este volumen. Por último, cabe decir que este libro no hubiera sido posible sin el apoyo constante de todos los miembros de AICA, cuyo compromiso ha sido el principal sostén de nuestra asociación durante más de sesenta años.

— MAREK BARTELIK *, Presidente de AICA Internacional

---

12 Georg Hegel, *Introductory Lectures on Aesthetics*, trad. de Bernard Bosanquet, Penguin Classics, Londres y Nueva York, 1993.
* Historiador, crítico de arte y poeta. Nació en Polonia y reside en Estados Unidos (Nueva York). Fue profesor de arte moderno y contemporáneo en el MIT, Yale y The Cooper Union for the Advancement of Science and Art, entre otras universidades.

PALABRAS PRELIMINARES

Ticio Escobar es una figura prominente de la crítica latinoamericana. Su pensamiento se ha nutrido de la reflexión filosófica, la observación etnográfica, los estudios multiculturales, la teoría crítica del arte y la práctica curatorial. El título de este volumen enuncia ya uno de los puntos cruciales que este autor aborda en los cuatro ensayos que lo integran: la distancia como condición necesaria para enfrentar la obra de arte. Haciendo uso de herramientas conceptuales del pensamiento occidental, desde Kant y Hegel a Didi-Hubermann, pasando por Heidegger, Benjamin, Lacan, Derrida, Žižek y otros tantos intelectuales que inseminan la praxis contemporánea del arte y la crítica, Escobar no solo aborda los procesos culturales específicos de su país y la región sudamericana, sino que ensaya proposiciones válidas de acercamiento al fenómeno artístico en sus múltiples registros y posibilidades. Y lo hace a partir de su *background* personal: el conocimiento profundo que tiene de algunos pueblos originarios del Paraguay, sobre cuyas prácticas sociales –cotidianas, estéticas y chamánicas– ha reflexionado en varios de sus libros[1].

---

1 Entre ellos podemos citar *La belleza de los otros* (CAV-Museo del Barro/RP Ediciones, Asunción, 1993) y *La maldición de Nemur* (CAV-Museo del Barro, Asunción, 1999).

A comienzos de los años 80, en América Latina, reivindicar los valores estéticos del arte indígena y del arte popular, y ponerlos en pie de igualdad con los del arte contemporáneo de procedencia ilustrada, era y hoy sigue siendo un gesto político: apoyar el derecho a la diferencia. Esto es lo que ha hecho Ticio Escobar desde sus investigaciones en torno a "la belleza de los otros", al poner en escena el universo simbólico de quienes, por mucho tiempo, fueron tratados por la cultura oficial como simples "artesanos" o fueron marginados de todo tipo de consideración cultural. Su labor crítica se ha visto impregnada del ethos del pueblo Ishir, habitante del Gran Chaco paraguayo, así como de las ensoñaciones y los desvelos de creadores rurales normalmente ajenos a los circuitos del arte[2].

Podemos relacionar las disquisiciones en torno a los devaneos de la forma y el poder de la palabra que Escobar expone en este libro con su prolongada experiencia en comunidades indígenas en cuyos ritos y fiestas sagradas tuvo oportunidad de participar. En esa escena contaminada, en medio del aluvión de contenidos "occidentales y cristianos" que fueron depositándose siglo tras siglo, las notas de las cosmovisiones primigenias todavía sostienen un modo particular de ser y estar en el mundo. Allí Escobar encontró una de las claves para analizar el arte contemporáneo: la capacidad simbólica de trastocar el curso de los acontecimientos e instalar un espacio fuera del tiempo que restituya la plenitud de la condición humana o, al menos, conjure por un instante el círculo de horror que la amenaza.

---

2   Baste citar el caso de las ceramistas Juana Marta Rodas y Julia Isídrez, que residen en un pequeño pueblo del Paraguay, cuya obra fue presentada por Escobar en varias muestras internacionales. Piezas de Isídrez, escogidas en Asunción por la curadora Chus Martínez, fueron expuestas en 2012 en la Rotonda del Fridericianum de Kassel, considerada "el cerebro" de dOCUMENTA 13.

Volviendo a la distancia —ese mayor o menor alejamiento que requiere la mirada para captar una obra de arte y que ésta necesita para ser considerada como tal—, hay que decir que tomar distancia es tomar posición, "moverse y asumir constantemente la responsabilidad de tal movimiento", como señala Didi-Huberman[3]. Ese movimiento de acercamiento o separación debe ser "inventado" ante cada hecho artístico que se despliega o repliega ante la mirada. Tal actitud, que recuerda los gráciles gestos del chamán o la versatilidad del analista, se verifica en la escritura de Ticio Escobar.

Desde Paraguay celebramos la aparición de esta edición bilingüe que permitirá difundir a un nivel más amplio, entre los lectores de habla inglesa e hispana, estas ideas relevantes para la escena global de la cultura.

— ADRIANA ALMADA [*], Vicepresidente de AICA Internacional

---

[3] Georges Didi-Huberman, *Cuando las imágenes toman posición,* A. Machado Libros, Madrid, 2008, p. 12.

[*] Crítica de arte, poeta y curadora. Es miembro de la Comisión de Publicaciones y Lenguajes de AICA Internacional y presidente de la AICA Fellowship Fund Commission. Fue presidente de AICA Paraguay (2008-2012).

EL ARTE FUERA DE SÍ
Veintiséis fragmentos
sobre la paradoja de la representación
y una pregunta sobre el tema del aura

> *El arte deja la presa por la sombra.*
> LÉVINAS

Este capítulo intenta vincular dos conceptos esquivos: el concerniente a la representación y el relativo al arte. La empresa es complicada porque a las aporías propias del primero se suman las paradojas del otro: el equívoco es parte central de este doble teatro de sombras. Por eso, el texto no se encuentra planteado secuencialmente: los trozos que lo conforman avanzan de manera entrecortada, se vuelven para retomar cuestiones anteriores, se demoran: tanto desarrollan un tema a través de puntos sucesivos como saltan de un asunto a otro y se mueven caracoleando, zigzagueando, incapaces de conservar una ilación que quizá no existe.

[1]

El concepto de representación es engorroso porque promete presentar una idea o un objeto irremediablemente ausente. En la escena del arte, este expediente tramposo requiere el oficio escurridizo de las formas: lo estético es, inevitablemente, la instancia mediadora de los contenidos del arte, que sólo pueden comparecer mediante el escamoteo de la apariencia sensible, que anuncia la cosa pero sólo muestra su imagen.

[2]

La representación ocurre a través de dos movimientos simultáneos. Mediante el primero, la forma deviene símbolo y principio de delegación: da un paso al costado y *representa*, encarna, un objeto que está en otro lado, lo emplaza a presentarse investido de imagen. Mediante el segundo, la forma actúa de sí misma, se *representa* en su artificio teatral, delata el principio de su propia actuación: la misma operación de representar deviene parte de la representación. El primer movimiento cumple la función poética: la de la revelación. Busca exponer contenidos propios del arte y, por ello, supone el enigmático empeño de hacer aflorar una verdad que yace en el fondo o está extraviada. El otro realiza la función estética, la que recurre a la belleza: al ofrecerse a la mirada, la forma relega la mostración del objeto. Es ésta la irónica misión de la forma dentro del juego de la representación: evoca un contenido, pero termina suplantándolo por la mostración de sí misma. Superpuestos, ambos movimientos dicen del objeto más de lo que él mismo es. Terminan escamoteándolo (volviéndolo más verdadero, quizá).

[3]

Cuando el arte moderno impugna la representación, se está refiriendo a su modalidad verista, la del naturalismo clásico: aquella que, a través de la forma, promete revelar el orden fijo que está en su origen. La forma es acá el molde que inviste de configuración a la materia: que conoce desde antes el destino que conviene a ésta, recae sobre ella y la acuña. La informa, así, con la apariencia de su verdad: revela su esencia en un acto generador de belleza. Desde ese gesto, la representación funciona como tarea de transparencia simbólica a cargo de las formas. El giro moderno no logra desmontar el juego de la representación pero lo reformula, enfatizando su dimensión estética, auto-reflexiva, en detrimento de la referencial: la realidad importa, sí, pero sólo en registro de lenguaje; en cuanto tramitada por la forma. Los instrumentos de representación devienen objeto de la representación.

[4]

No sólo sobrevive la representación a la ruptura moderna sino que constituye un expediente indispensable de la modernidad; forma parte del guión de la estética moderna, centrado no tanto en la aparición del objeto como en la atribulada experiencia del sujeto, cuya mirada abre la escena e inicia la actuación. Desde Kant, desde el inicio de su versión moderna, la representación se plantea según el libreto de un pleito trascendental de encuentro/desencuentro entre sujeto y objeto. La suerte está echada. Y está fundada la tragedia de una discordancia esencial e insalvable. De una doble discordancia: por un lado, el sujeto moderno no coincide consigo mismo, está irremediablemente escindido; por otro, emplazada por la forma, la cosa nunca comparece entera (ni se presenta igual) en la escena donde ocurre la representación. Entonces, ésta deja de ser comprendida como eclosión de una verdad superior y previa a todo acto de enunciación. Y el sujeto, ya se sabe, deja de actuar como el señor de una conciencia entera, capaz de descifrar el último sentido: el primero. Es el concepto metafísico de representación el que se encuentra en jaque: aquel que formula la mímesis como presencia plena rubricada por la belleza, como revelación de una verdad anterior y trascendente. Como estocada subjetiva que dilucida el secreto a través de la forma exacta.

[5]

Las escisiones de la representación moderna impiden una y otra vez el encuentro entre el signo y la cosa. Esta distancia, que no puede ser saldada, constituye la misma condición del arte, cuyo juego perverso, neurótico, se basa en la no consumación de su intento apasionado. La estética moderna nace impregnada de la negatividad del deseo, destinada al fracaso: la cosa siempre queda afuera del círculo de la representación: nunca podrá ser plenamente simbolizada. La cosa queda afuera pero no se retira: allí está rondando, asediando, golpeando los muros infranqueables de la esfera del arte, dejando huellas, manchas y marcas. Si no estuviera allí, así incordiando (interpelando: mirando), se aflojaría toda tensión de la obra y perdería ésta la fuerza de su secreto (que es nada: una ausencia filosa que raja su hacer apenas iniciado).

[6]

Como cada momento que se imagina inaugurando una nueva etapa (vieja ilusión moderna que no puede ser olvidada), el arte contemporáneo pone bajo sospecha las condiciones de representación de las que parte. Pero resulta imposible zafarse del esquema que instituye el campo de lo estético y estipula sus reglas de juego. Mientras se empeñe uno en seguir hablando de arte, no tiene otra salida que aceptar las notas que definen ese término: no existe un modelo artístico alternativo al que funcione a través del mecanismo de la representación (que moviliza contenidos mediante el juego de la apariencia, del trabajo de la mirada). Por eso, a la larga, lo que termina haciendo el arte es asumir radicalmente esas notas, llevarlas al extremo, reducirlas al absurdo. No basta denunciar el artificio de la escena: debe usarse el disfraz y cumplirse el libreto para consumar el destino indecidible de la sustitución, para conjurar la tragedia de la ausencia. Para hacer de esta tramoya el principio de otra escena posible.

[7]

El pensamiento moderno recuerda, insidiosamente, la desavenencia entre el sujeto y el objeto; se regodea en el desajuste de la subjetividad y el aplazamiento crónico de la presencia objetiva. La evidencia de una imposibilidad esencial traumatiza la experiencia estética, pero no la remueve; al fin y al cabo, no hace más que exponer los secretos recursos sin los cuales no prosperaría ella. Esta cuestión tiene graves consecuencias. Provoca la crisis del modelo simbólico de la bella forma, que ya no puede transparentar por entero los contenidos del arte ni constituirlos en una totalidad; ya no puede rescatar una verdad exterior y previa para ofrecerla a la percepción. Es decir, ya no tiene lugar la belleza, como sello complaciente de una conciliación, como testimonio del cumplimiento de una presencia plena. Se rompe, de este modo, la tradición clásica de belleza. Cuando Kant hace ingresar lo sublime en el terreno hasta entonces sereno de la estética, está apurando esa ruptura. Ya se sabe que, a diferencia de la placentera contemplación que promueve lo bello, lo sublime (enfrentado a lo desmedido, lo irrepresentable) genera conflicto e inquietud, la mezcla de deleite y pesar que conforma el goce melancólico. Ya no basta la alianza de la imaginación con el cauto entendimiento: ante lo sublime, Kant fuerza a aquella a buscar la complicidad o el auxilio de la Razón.

La Razón: esa facultad que asomada al infinito, mantiene suspendida la clausura, abierta la herida de la distancia.

Lo sublime cruza soterradamente todo el itinerario moderno, pero sólo adquiere reconocimiento pleno en el contexto de la crítica de la modernidad. Una crítica que no hace más que radicalizar la negatividad de la experiencia moderna: la discusión de sus propios expedientes, el duelo por la pérdida de la conciliación final, la conmovedora insistencia de su pasión.

[8]

A pesar de su renuencia a aceptar sus propias paradojas, a contrapelo de su pretensión de conciliarlo todo, el arte de la modernidad es contradictorio, como lo es el de cualquier otro momento histórico. Por una parte, es formalista: opera resguardado en los apartados claustros del lenguaje; por otra, se lanza a la intemperie, quiere incidir en lo extra-artístico, rectificar el extraviado rumbo de la historia. Por un lado, su voluntad negativa y su temperamento irónico lo llevan a desconfiar de sus propios instrumentos de significación y, por eso, a aceptar sus restricciones, su imposibilidad de dar cuenta cabal de lo que nombra. Pero, por otro, su vocación utópica y su ilustrada filiación historicista lo impulsan a mantener un porfiado afán conciliador: la esperanza de una síntesis redentora y total. El arte contemporáneo (una cara de la modernidad) asume sus aporías con entusiasmo: se detiene justamente en ese momento negativo que impide la clausura y allí trabaja. No considera la oposición entre signo y cosa (forma-contenido, apariencia-verdad, etc.) como una disyunción esencial que se filtra, desde afuera, en el curso de la historia, sino como una tensión insoluble que continuamente genera forcejeos y reposicionamientos variables: un factor de enfrentamientos diversos que habrán de ser asumidos mediante prácticas contingentes. Y que nunca podrán ser cabalmente zanjados.

[9]

[Ante esta escena, la fruición estética ha perdido la inocencia. Al placer reparador del encuentro sucede el goce perverso, el doloroso deleite que la falta propone.]

[10]

No hay salida: inlcuido en su mismo juego tramposo, el gesto que critica la representación es enunciado desde dentro de la escena y, por eso, termina por afianzarla. La (romántica) melancolía moderna (el equívoco sentimiento ante una cuestión esencial que no puede ser resuelta) es asumida por el pensamiento y la práctica del arte actual, que hacen de esa imposibilidad credencial eficiente. El arte desplaza su posición: ya no privilegia la escena de lo estético-formal, lo aparencial; ahora recupera su interés por el momento ontológico; vuelve a emplazarse en el lugar desde donde se convocan sus contenidos de verdad. Pero éstos —ya se sabe— no terminan de aparecer. Están más allá (apenas más allá, quizá) del alcance de la forma simbólica. Y desde ese lugar desplazado envían señales: exigen reparaciones, retornan, amenazantes, se acercan hasta el límite, producen una tensión desesperada. Sus vestigios, sus indicios, sus visiones espectrales, apelan a una sensibilidad rastreadora de huellas, ansiosa siempre. Ahora ya no bastan los poderes componedores del símbolo; la alegoría resulta más apta para asumir la paradoja de la insatisfacción que mortifica y seduce al arte.

[11]

La alegoría desconoce un significado original revelable en la representación: por eso suelta irresponsablemente, derrocha, un juego infinito de significaciones fragmentarias y provisionales y por eso mezcla promiscuamente géneros, estilos y medios: en cuanto no reconoce trascendencias ni fundamentos, no admite jerarquías. Y, al impedir la coagulación del significado, produce una hemorragia de significación. La alegoría delata la paradoja de la representación (la búsqueda imposible de manifestar una esencia), pero no puede erradicarla. Debe partir de ella aun para cuestionarla. Ésa es la trampa que la desconstrucción asume con entusiasmo: no se puede nombrar la representación desde fuera de su propio terreno. No se puede captar la cosa sin representarla, sin desprenderla de su reflejo, sin despellejarla de su propia imagen, que es ella misma y más que ella misma.

Heidegger recuerda el significado original de la voz "alegoría": *allo agoreuei*, según el cual ella "dice algo más que la mera cosa"[1].

[12]

"La realidad no sería solamente aquello que es, aquello que ella se desvela en la verdad, sino también su doble, su sombra, su imagen", dice Lévinas[2]. Por eso, las cosas se encuentran selladas por su propio reflejo, manchadas por la sombra que ellas mismas proyectan. (Se encuentran escindidas por la representación: son cosas y no-cosas, cosas y apariencias de cosas). En su intento de expresar un ser que coincida consigo mismo, la representación clásica disimula su lado oscuro. Busca, así, corregir "la caricatura del ser", el defecto de la diferencia. Para presentarlo entero, para disipar su sombra y apagar su reflejo, el aura ilumina directa, cenitalmente, el objeto.

El arte actual, asume el costado umbrío del ser, el que muestra, oblicuamente, en su retirada. La alegoría supone "un comercio ambiguo con la realidad en el que ésta no se refiere a sí misma sino a su reflejo, a su sombra..."[3]. De allí su insatisfacción (de allí, su melancolía...). "El arte deja, pues, la presa por la sombra"[4]. Pero desde el rodeo de la sombra, que es aura nocturna del exceso o la falta, desea desesperadamente la presa distante, distinta.

---

1. Martin Heidegger, "El origen de la obra de arte", en *Caminos del Bosque*, versión de Helena Cortés y Arturo Leyte, Alianza Editorial, Madrid, 2003, p. 13.
2. Emmanuel Lévinas, *La realidad y su sombra. Libertad y mandato. Trascendencia y altura*, Editorial Trotta, Madrid, 2001, p. 52.
3. Íbid., p. 53.
4. Íbid., p. 63.

[13]

El arte contemporáneo apuesta menos a las virtudes totalizadoras del símbolo que al talante diseminador de la alegoría. Se interesa más por la suerte de lo extra-estético que por el encanto de la belleza; más por las condiciones y los efectos del discurso que por la coherencia del lenguaje. El arte contemporáneo es antiformalista. Privilegia el concepto y la narración en desmedro de los recursos formales. El devaluación de la bella forma se origina en la crisis de la representación: ésta deja de ser concebida como epifanía de una verdad trascendente y se convierte en un sistema de juegos entre el signo y la cosa: un juego de lances contingentes que, aunque no logrará dirimir la disputa entre ambos términos, generará el confuso excedente de significación que requiere el arte para seguir funcionando como tal. La forma pierde su poder de convocatoria (ya no despierta la materia, ya no representa el objeto entero) pero no se retira: sigue siendo un personaje clave en la representación estética. Ella guarda la (mínima) distancia: asegura el margen que requiere la mirada.

[14]

La forma guarda la distancia. Retengamos esta figura y mentemos otro gran principio antiformalista contemporáneo: la reacción ante el esteticismo generalizado. Paradójicamente, la vieja utopía de estetizar todas las esferas de la vida humana se cumple no como conquista emancipatoria del arte o la política sino como logro del mercado (no como principio de emancipación universal sino como cifra de rentabilidad a escala planetaria). La sociedad global de la información, la comunicación y el espectáculo estetiza todo lo que encuentra a su paso, que es todo. Este desborde de la razón instrumental niega posibilidades revolucionarias a la pérdida de autonomía del arte. Y, así, de golpe, el viejo sueño vanguardista es birlado al arte por las imágenes del diseño, la publicidad y los medios.

Ante esta importante derrota, el arte debe refundar un lugar propio, sede de su diferencia. Como ya no puede esgrimir las razones de la forma estética para demarcar su territorio (autónomo, hasta entonces), dirige su mirada grave a lo que está más allá del último límite: lo extra-artístico, el mundo de afuera, la historia que pasa, la cultura ajena; en fin: la confusa realidad. El arte inclina su eje vertical, diacrónico (el de las formas) hasta volverlo horizontal, sincrónico, y poder así escurrirse hacia el mundo de los contenidos sociales, los circuitos discursivos y las redes informacionales. Allí ya no es considerado en su coherencia lógica, su valor estético y su autonomía formal, sino en sus efectos sociales y su apertura ética, en los usos pragmáticos que promueve fuera de sí.

El arte ya no interesa tanto como lenguaje sino como un discurso cuya performatividad lo descentra de sí y lo empuja hacia fuera. Por eso, cada vez más se evalúa la obra no ya verificando el cumplimiento de los requisitos estéticos de orden o armonía, tensión formal, estilo y síntesis, sino considerando sus condiciones de enunciación y sus alcances pragmáticos: su impacto social, su inscripción histórica, su densidad narrativa o sus dimensiones éticas.

Es más, no sólo se ha vuelto anestético el arte sino que gran parte de sus energías subversivas, de sus viejos impulsos vanguardísticos, se define ahora como crítica del esteticismo globalizado.

[15]

Si para escapar del esteticismo el arte tumba su eje enhiesto y se desliza fuera de sí, al hacerlo se topa de nuevo con el problema de indiferenciación, equivalente a la que produce la metástasis de la forma. Se han invertido los términos del dilema, pero su mecanismo lógico continúa igual. Tanto el exceso como la falta de forma dejan sin lugar al arte.

[16]

Recapitulemos. El esteticismo indolente del mercado anega todo el campo de la sensibilidad y termina anulando la especificidad de la experiencia estética (a mayor extensión de la belleza, menor intensidad suya: si todo es arte, nada es arte; es decir, si todo está estetizado nada lo está con la suficiente fuerza como para provocar experiencias artísticas). Se requiere, entonces, otro local para el arte. Pero si éste sale del círculo consagrado por la forma y alumbrado por el aura, se disuelve en la realidad extra-muros: es tragado por contenidos informes que no pueden ser reducidos.

Conclusión: el arte no puede prescindir de las funciones mediadoras de la forma; debe conservar la mínima distancia que asegure un margen de maniobra para poder filtrar esos contenidos, para mantener a raya la amenaza de lo real.

[17]

El arte no puede prescindir de la forma; pero quizá pueda desformarla. O reformarla: eximirla de sus cometidos trascendentales: considerarla resultado precario de trabajo histórico, perecedero fruto de contexto. La forma basada en la sensibilidad, el gusto y la belleza ya no sirve. Y ya no funciona la forma esencia previa, impresora de sentido; la forma como *eîdos* o *morphé*, "corolario de la clausura" (Derrida). El forcejeo distanciamiento-presentación que define la misión de la forma debe ser practicado ahora fuera del libreto rígido que la enfrenta a sus sucesivos contrincantes (la materia, el contenido, el fondo, la función). Sueltos de esa trabazón esencial, los términos adversarios quedan expuestos a la intemperie de lo contingente y los ajetreos de un constante vaivén. Pero también quedan libres para emplazarse en torno a lindes provisorios que ignoran el eje trazado por aquel libreto opresor. Desde esas posiciones pueden disputar el espacio insalvable de la distancia: ese remanente que precisa el arte para movilizar sentido enfrentando lo real y lo nombrado (para reinscribir los vestigios del ser en retirada).

[18]

La distancia que precisa el arte para maniobrar constituye hoy un terreno precario: una cornisa resbalosa. "No son los tiempos que corren propicios para el arte", se lamentaba Hegel augurando la inestabilidad de un espacio que comenzaba a zozobrar y retroceder, a perderse[5]. La representación concebida como trámite de puras apariencias que ocultan y revelan un trasfondo esencial, se encuentra bajo sospecha. Pero el modelo negativo de arte que manejamos (moderno, ilustrado, romántico: hasta ahora no hay otro) no sólo se basa en ese concepto sino en la conciencia clara de sus límites: en una vigilia lúcida y feroz que lo lleva a cuestionar su propia autonomía a tanto costo ganada. El arte *sabe* que su convocatoria de lo real arrastra una pretensión metafísica y está destinada al fracaso; pero no puede dejar de insistir en ella porque es esa insistencia la que define su trabajo. Una salida podría ser la de no utilizar más el término "arte". Pero éste sigue circulando, tiene vigencia, está en todas partes. Entonces, no le queda otra alternativa que terminar de asumir la falla que está en su origen, revertir su signo negativo y hacer de él una fuerza: la que resguarda el secreto (el silencio: el aval de la palabra –del grito a veces–).

[19]

Se han intentado diversas salidas ante el litigio jurisdiccional que se plantea entre el arte y la estética cuando los ámbitos de aquél se encuentran arrasados por la invasión de ésta en clave de mercado global. Las propuestas pueden ser diferenciadas en dos posiciones enfrentadas que privilegian uno u otro de los términos en juego ("estética" o "arte") en detrimento del otro. Las primeras propuestas asumen la estetización general de la experiencia, lo que supone, ex-

---

5   G. W. F. Hegel, *Lecciones sobre la Estética*, trad. de Alfredo Brotóns Muños, Akal, Madrid, 1989, p. 13.

plícitamente o no, retomar el viejo y recurrente tema de la muerte del arte. Las segundas, impugnan la liviandad de la estética mediatizada y global y buscan recuperar la densidad de un arte anestético, libre del régimen de la forma concertada. Esta crítica del esteticismo complaciente conforma la dirección más difundida dentro del panorama del arte contemporáneo. A título de ejemplo de ambas propuestas, menciono sendas estrategias que exacerban uno de aquellos términos para apagar el otro y acceder a un punto extremo que haga resplandecer la obra con la fuerza perentoria del límite. Tras la pista cínica de Baudelaire, Baudrillard propone que la obra de arte potencie hasta el final la lógica de la mercancía, su circulación sin reserva, para volverse "resplandeciente de venalidad, de efectos especiales, de movilidad". En esta dirección, el arte debe asumir el esteticismo de la moda y la publicidad –lo que él llama "lo féerico del código"– para "resplandecer en la obscenidad pura de la mercancía"[6].

Perniola sigue la dirección opuesta. Se opone a ese esteticismo de la moda y la comunicación en cuanto apaga la fuerza de lo real y en cuanto termina diluyendo la radicalidad de la obra en las redes de lo imaginario. Ubica la obra ante el esplendor de lo real y la hace tender hacia "una belleza extrema", capaz, a pesar de su "magnificencia", de mantener un margen de sombra y de resto: lo que resiste a la banalización de aquel esteticismo demasiado laxo[7].

Buscando acercar los lugares del arte y, así, volverlos accesibles y masificarlos, Benjamin plantea cancelar el aura (el halo de la origi-

---

[6] Jean Baudrillard, *La ilusión y la desilusión estéticas*, Monte Ávila Editores Latinoamericana, Caracas, 1997, pp. 55 y 56.
[7] Mario Perniola, *El arte y su sombra*, Cátedra, Colección Teorema, Madrid, 2002, pp. 26-30 y 98-104.

nalidad, la irradiación del deseo que produce la distancia)[8]. Pero esta propuesta oscila entre las posiciones opuestas recién citadas. Por un lado, supone una posición antiestecista: anular el aura es desmontar la autonomía formal del arte y abrir sus terrenos al afuera de la bella forma. Pero, por otro lado, también supone suprimir la distancia de la representación y la experiencia intensa de la recepción, lo que significa otro nombre de la muerte del arte.

[20]

Parece difícil encontrar una salida definitiva contraponiendo disyunciones fatales. Quizá resulte más fructífero asumir que, exiliado de sí, el arte deambula buscando las pistas de un lugar que ya no tiene asiento asegurado ni cimiento firme; que ya no ocupa un coto exclusivo: que, en verdad, es un no-lugar, un deslugar sin umbrales, tal vez sin suelo. Pero aún desahuciado y falto de fueros, no se resigna a perder su oficio viejo e intenta hacer de cada descampado un nuevo puesto de emplazamiento. Será un puesto transitorio, oscilante. Un cruce, una cruz capaz de registrar por un momento la marca o la sombra de su errancia. Un nomadismo sin tregua, lanzado a través de terrenos adversarios, de viejos enclaves propios que le han sido incautados. De predios sin lindes: sin adentro ni afuera no hay salida sino paso.

---

8   Walter Benjamin, "La obra de arte en la era de la reproductibilidad técnica", en *Discursos Interrumpidos I*, Santillana, Madrid, 1992.

[21]

Hay otra lectura de la cuestión que no precisamente contradice las recién expuestas. Recordemos el problema: en un escenario colmado por el esteticismo global, saturado de forma, ¿cómo se demarca el contorno de lo artístico sin recurrir a la belleza? Actualmente, el lugar del arte no se determina tanto a partir de las propiedades del objeto como de su inscripción en un encuadre institucional que regula la creación, circulación y consumo de las obras o bien a partir de su lectura en redes discursivas e informacionales que lo tratan como un texto. Son esos circuitos los que, en definitiva, determinan hoy que algo sea o no arte. Es arte lo que hace un artista, lo que trata un crítico, lo que muestra un museo. Ahora bien, para artistizar la obra, ellos necesitan orientar la mirada del público, situarla en un ángulo desde el cual el objeto sea mirado como una pieza artística. Es decir, para que un documento, un texto, una idea, una situación cualquiera (desprovistos en sí mismos de belleza, de forma estética e, incluso, de dimensión objetual) accedan al estatuto de arte, precisan la rúbrica del artista, la señalética del museo o el encuadre discursivo. Precisan el cerco de la autoridad autoral, el pedestal o *passe-par-tout*, reales o virtuales, que proporciona la puesta en exposición, el recorte conceptual que practica la teoría. Y precisan estos expedientes no como garantía de originalidad sino como trámite de alejamiento. Requieren, pues, ser aislados, rodeados en su contorno por un filo tembloroso de vacío, un lindero, que nunca será estable pero permitirá el juego de la distancia. Necesitan de nuevo la mirada, la forma. Otra forma, claro.

[22]

(Por otra parte, aunque el contexto institucional sea hoy el principal proveedor de artisticidad, es indudable la obstinada continuidad de un remanente de autonomía de lo artístico basado en su propia tradición cultural, en la misma cualidad que bien o mal conserva el arte. Una franja de independencia con respecto a las instancias del poder, un margen de diferencia donde, también, se parapetan el arte y el pensamiento críticos, respirando bajo).

[23]

El esteticismo global propaga ilimitadamente el momento exhibitivo del objeto, su puesta en exposición. Esto requiere el escamoteo del origen y el desvío de la función del objeto (cosa, acto, texto, imagen). Tanto los museos y lugares de muestra, como los media, la publicidad, el diseño y las industrias culturales, otorgan valor expositivo a tal objeto (lo convierten en estético, lo formalizan) subrayando su visibilidad en desmedro de cualquier otro significado suyo.

Hay dos estrategias para discutir este exceso. La una radicaliza la visibilidad hasta hacerla estallar o relampaguear, o bien, hasta disolverla en algún punto de fuga desconocido. La otra restringe la imagen del objeto cuyo significado pasa a depender de operaciones conceptuales que desplazan su contexto.

El rito "primitivo" también emplea estos recursos para distanciar el objeto, para auratizarlo: o apela a las rotundas razones de la pura apariencia o lo sustrae de la experiencia cotidiana situándolo dentro del círculo consagrado. (Este último movimiento equivale en el arte actual al que, más allá de las razones de su propia forma, otorga el título de arte a la obra según se encuentre o no dentro del espacio del museo o la vitrina mediática). En este caso, el objeto deviene artístico al ser ubicado en cierto contexto: no sólo en cuanto se *muestra* allí sino en cuanto hace *saber* que allí está ubicado. Es la idea de posición en cierto plano lo que opera el extrañamiento: esa turbia maniobra con la que opera el arte.

[24]

RECAPITULACIÓN

La representación cuenta con dos expedientes para mostrar la cosa en su ausencia: la imagen sensible y el concepto inteligible (ambos furtivamente enlazados). Ante el contemporáneo desbordamiento de la imagen, cierta dirección del arte o bien busca disolverse, suicida, en el torrente de la pura visualidad, o bien intenta luchar con las propias armas adversarias recurriendo a la belleza desorbitada del esplendor. Para enfrentar el mismo abuso, otra dirección recusa el regodeo estético y opta por la vía ascética del concepto: lo que otorga valor artístico a un objeto no es su puesta en imagen sino en inscripción. (Pero esta tendencia no puede prescindir de los mínimos oficios de la imagen, que testimonian el emplazamiento del objeto).

[25]

Quizá una de las tareas del arte sea la de imaginar juegos que burlen el cerco trazado por el círculo del rito o la vitrina, la pared del museo o la galería, la superficie de la pantalla. Que salten por encima de él, hacia dentro o hacia fuera; que lo crucen, desafiando la mirada. No escapará así de la escena de la representación pero discutirá siempre la estabilidad de sus bordes.

[26]

No puede el arte escapar del círculo de la representación, ya se sabe. Esta sentencia ensombrece su quehacer con el recuerdo anticipado del fracaso. Pero el arte no acepta esta meta trágica, no se resigna a su descarnado destino de imagen. Quizá no haya un lugar del arte, pero hay una posición suya que apuesta obstinadamente a la posibilidad de una dimensión imposible. Una posición que quiere denunciar la impostación del signo, desmantelar la escena y tocar la cosa que nombra: de una vez por todas, revelar el enigma de lo real de un golpe certero y último.

El arte crítico siempre comienza recusando el artificio de la representación. Duchamp busca reemplazar la figura del mingitorio por un mingitorio real, sólo que, apenas nombrado, éste incuba en su dentro la diferencia consigo mismo, se desdobla en signo y en cosa, reinstala la distancia. Magritte intenta el camino contrario: delata el estatuto ficticio de la pipa pintada para que recupere ella su realidad de imagen, pero esta realidad también se escinde: deviene imagen de una imagen. Fontana rasga la superficie de la ilusión, el tabique que separa lo que se presenta acá y lo que allá espera, pero los bordes de la tela herida quedan inflamados de signicidad: ellos acaparan la mirada, se convierten en cifras de su propia derrota: la pintura queda suturada por la fuerza simbólica del gesto que la rajó.

Estas maniobras desesperadas constituyen la única, la última, oportunidad que tiene el arte: no pueden ellas resolver la paradoja de la escena pero, al convertirla en pregunta y en cuestión desplazan las posiciones y trastocan los papeles. Y en la extrema crispación que supone el esfuerzo de hacerlo, permiten entrever, por un instante, otra escena, otro lugar, en el espacio baldío que habilita la falta.

[1]

La pregunta sobre el aura: ¿podrá ella asumir la posición crepuscular que requiere el registro de la sombra?

EL MARCO INCOMPLETO *

INTRODUCCIÓN

Este texto considera el lugar del arte en el contexto de los escenarios globales. Allí, la autonomía de lo artístico aparece súbitamente en entredicho: la subsistencia de un territorio propio zozobra ante el avance de dos frentes invasores empujados, respectivamente, por contenidos y formas extra-artísticos. Superpuestos, ambos trastornan el concepto de arte y remiten a la pregunta acerca de las posibilidades críticas que tiene hoy el quehacer artístico en medio de un escenario sobredeterminado estéticamente por las lógicas comunicativas, mercantiles y políticas de la cultura de masas.

RETORNOS

Luego del largo predominio moderno del significante, se produce una contraofensiva fuerte de los contenidos temáticos, discursivos y contextuales del arte. De golpe, las dimensiones semánticas y pragmáticas adquieren una presencia irrefutable, que ocurre en detrimento de la hegemonía del lenguaje: tanto las preguntas relativas a lo real de las cosas (el retorno ontológico) como a las condiciones

---

* Este artículo está basado en el texto curatorial escrito para la V Bienal del Mercosur, Porto Alegre, Brasil, 2005.

de enunciación y recepción de la obra, a sus efectos sociales (el tema de la performatividad), colapsan la esfera del arte. En este sentido deben ser consideradas la vuelta de las narrativas, las mezclas transdisciplinales, la irrupción de los contextos sociales, la presencia asediante de realidades –o de espectros de realidades– que rondan los cotos, anteriormente fortificados, del arte y se filtran en su interior promoviendo la implosión del baluarte.

Cuando el arte deja de basar sus argumentos en los puros valores de la forma y logra desencastrar la circularidad de su propio lenguaje y abrirlo a la intemperie de la historia, de sus vientos oscuros y sus turbios flujos, entonces sus pulcros recintos se ven saludablemente contaminados por figuras y discursos, textos, cuestiones y estadísticas provenientes de extramuros.

Otros sistemas de expresión y sensibilidad, signos de culturas remotas –subalternas, advenedizas–, se instalan en los claustros asépticos reservados al arte ilustrado. E ingresan los temas políticos, interdictos por la posmodernidad. En un primer momento, aparecen ellos en formato menor y perfil bajo, como temas micro-políticos, más relacionados con las demandas movidas por identidades que por las grandes causas globales (o antiglobales); pero, progresivamente, se proyectan al espacio público y se vinculan con debates más amplios que incluyen la propia vocación transgresora del arte y la redefinición de conceptos que parecían ya extinguidos, como los de utopía y emancipación.

También ingresan reflexiones correspondientes a ámbitos extranjeros: la antropología, la sociología y el psicoanálisis y, cada vez más, la mismísima filosofía. Y, por último, se apresura en colarse la preocupación acerca de los propios circuitos del arte, sus dispositivos institucionales, la economía de su distribución y consumo.

Todos estos contenidos tienen un sentido discursivo y se mueven en el horizonte del concepto, levantado por el proyecto ilustrado y cumplido en clave moderna. La modernidad del arte culmina en el arte conceptual: en el punto más alto de un largo proceso autorreferencial a lo largo del cual la producción artística opera en circuito cerrado, impulsándose en el análisis de sus propios lenguajes. El retorno de lo conceptual, lo llamado pos-conceptual, se ubica ya en otro lado, fuera del círculo de la representación. El concepto ya no busca identificar el dispositivo analítico puro, el mecanismo último de la forma –el que logra hacer el clic, producir el flash del significado–, sino que atañe a pensamientos, documentos y relatos referidos a acontecimientos que ocurren en otro lado y exigen ser inscriptos en éste. Ahora bien, este lado se encuentra indefinido con respecto a aquel otro, y mal podría servir de espacio de inscripción si carece de espesor y contornos, si no puede marcar pausas ni establecer diferencias en medio del maremágnum que sostiene y el tráfico atropellado que cruza su suelo. El revoltijo de los contenidos revela una paradoja central del arte contemporáneo. Si se han borrado los límites, entonces ya no existe afuera ni adentro y resulta difícil registrar algo que sucede ahí mismo, sin distancia; es decir: desmontada la escena de la representación, todo se vuelve inmediato y presente y no resta margen para la mirada.

Cancelada esa distancia –el cerco que impone la forma–, las imágenes del arte desbordan el círculo de la escena y se acercan democráticamente a otras formas culturales, al acontecer de las prosaicas realidades, al discurrir concreto de la vida y a las gestiones de la escena pública. Pero las cosas no son tan fáciles, claro. Si el arte sacrifica los contornos de su espacio, éste se disuelve en la llanura infinita de los paisajes globales. Pero también puede deshacer sus perfiles dentro del perímetro de las propias instituciones del arte: especialmente durante los últimos años noventa, hubo exposiciones en las cuales resultaba muy difícil distinguir la obra de los discursos que la completaban o suplantaban. La re-emergencia de lo conceptual promueve no sólo la hegemonía de textos, discursos y narrativas, de contenidos que sobrepasan los linderos trazados por la forma, sino también la reflexión acerca del alcance de esos límites; es decir, la discusión acerca del estatuto contingente de lo artístico: una obra puede recibir el título de "arte" no desde la investidura de la forma, sino según su inscripción en un texto específico, un lugar, una posición de enunciación determinada. Y este hecho vuelve inestable el espacio del arte: lo hace depender de una construcción histórica y pragmática; de una decisión que tiene efectos performativos no sólo en la dimensión de lo estético sino en la de las prácticas sociales.

EL ASALTO DE LAS FORMAS

Aliado al primero, el segundo frente avanza empujado por formas, por un raudal de formas, y corresponde al llamado esteticismo difuso de la cultura actual: el ancho paisaje de la experiencia (pública y privada) se encuentra hoy tibiamente diseñado en clave de belleza publicitaria y mediática. Una belleza blanda que, formateada por las industrias culturales y concertada por *slogans*, logos y marcas, ocurre por encima de los brutales conflictos que desgarran el lado oscuro de la globalización (y que, estilizados, sirven como insumos melodramáticos de la industria del entretenimiento y el espectáculo). La belleza es comprendida acá en su sentido clásico de conciliación y armonía: no se trata de desconocer el infortunio, sino de formatearlo para su mejor consumo; se trata de alisar los pliegues, descifrar los enigmas, aclarar, explicar, volver obvio el acontecimiento de modo que devenga evento. Que lo inexplicable despierte la curiosidad y lo brutal excite, que escandalice un poco sin levantar cuestiones nuevas. No se esconden los desastres de la guerra: se muestra su detrás imposible. Esa operación, que ecualiza las disonancias y transparenta el sentido, constituye un obstáculo serio para la vocación transgresora del arte.

AGENDA INDÓCIL. Las tradicionales estrategias vanguardísticas, basadas en el impacto, la provocación y la innovación constante, son asumidas suavemente por un sistema económico cultural omnívoro, capaz no sólo de neutralizar la desobediencia, sino de nutrirse de ella, de promoverla y demandarla, de pagar muy bien por sus gestos. Por eso, no es sólo que la "perversión deja de ser subversiva", como señala Žižek[1], sino que –hecho más grave aún– la subversión pasa a ser productiva. Es que la moderna utopía de acercar el arte a las masas, de estetizar la vida, se ha cumplido, pero no como logro ético y político de las vanguardias, sino como conquista del capital triunfante. La mercantilización de la cultura, tanto como la culturalización del mercado, ha provocado un mundo de imágenes conciliadas. Y esta metástasis de la *bella forma* significa otro agravio al espacio del arte, que aparece hoy desfondado, que ya no puede desmarcar sus signos de lo expuesto en las vitrinas, las pasarelas y las pantallas.

Podría sostenerse que debemos simplemente aceptar un cambio de paradigma epocal (epistémico, en el sentido de Foucault): el modelo de arte concebido en términos vanguardísticos e ilustrados, basado en la autonomía de la forma y en el encuentro intenso con la obra, habría sido, por fin, relevado por las modalidades de recepción masiva y liviana del diseño, la publicidad y la comunicación. Nues-

---

1. Slavoj Žižek, *El frágil absoluto*, Pre-Textos, Valencia, 2002, p. 38.

tro presente encomienda al arte ministerios nuevos que dependen, ahora, de las necesidades del pancapitalismo; lo decía crudamente Heinrich Füseli ya a fines del siglo XVIII: "En una estirpe religiosa el arte produce reliquias; en una militar, trofeos; en una comercial, artículos de comercio"[2]. Así, la época del arte crítico, exclusivista y minoritario, se habría cancelado en aras de la democratización del consumo estético. Según este supuesto, el pronóstico de Benjamin, la muerte del aura, se ha cumplido y ha sido anulada la distancia que aislaba la obra de arte y apelaba dramática, profundamente, a la subjetividad del receptor.

Pero, una vez más, las cosas no son tan simples. La hiperestetización no puede cubrir ciertas zonas de experiencia que la cultura actual mantiene, empecinadamente, habilitadas. Más que zonas, sean quizá bordes y márgenes, extremos, que constituyen líneas de conflicto y negociación, trincheras a veces, en torno a las cuales se litigan puestos y se acuerdan convenios, treguas o acomodos. Está claro que, por diversos motivos impulsados por posiciones diferentes, contrapuestas a veces, la cultura occidental no se encuentra dispuesta a tirar por la borda su tradición crítica e ilustrada. Una herencia venerable que asegura para algunos la continuidad de un horizonte emancipatorio y significa, para muchos, la vigencia de un material rentable para las industrias culturales, así como la persistencia de sectores que siguen consumiendo obstinadamente sus productos y, aun, la emergencia de nuevos targets, usuarios de sofisticaciones y extravagancias. De hecho, el arte de filiación ilustrada continúa. Y lo hace tanto en sus versiones vanguardistas y experimentales como academicistas (el *bel canto*, el ballet clásico, las bellas artes en general).

---

2. Cit. en José Jiménez, *Teoría del arte*, Tecnos/Alianza, Madrid, 2002, p. 191.

ELOGIO DE LA VANGUARDIA

Únete al grupo más pequeño. GOETHE

Esta sobrevivencia expresa sin duda el carácter promiscuo de un escenario propicio a mezclar registros pluriculturales. El paisaje actual, híbrido, definitivamente impuro, se constituye mediante matrices que mezclan configuraciones premodernas, modernas y contemporáneas: figuras, imágenes y conceptos provenientes de la cultura popular (indígena, mestiza-campesina, popular-masiva), la ilustrada, la tecnomediática y la aplicada al diseño industrial y la publicidad. Los impulsos críticos de la cultura —aquellos que discuten los límites del sentido establecido y desafían la estabilidad de las representaciones sociales— pueden manifestarse en el interior de cualquiera de estas configuraciones, repercutir sobre las otras y alterar, así, aunque fuere mínimamente, el intrincado y provisional mapa de toda situación cultural.

Sin embargo, algunas formaciones podrían contar con mejores oportunidades que otras para asumir esos impulsos. La retórica de la publicidad y los medios masivos se encuentra demasiado limitada por la lógica instrumental que condiciona cada jugada suya y sustrae todo margen a lo gratuito, lo excesivo y lo inexplicable. El diseño, la moda y, en general, las artes aplicadas, indiscutibles proveedores de insumos artísticos en cualquier cultura, han olvidado en ésta las razones de vínculos rituales y oscuros significados sociales, ajenos a la lógica de lo rentable; determinados por los designios del consumo, sólo parecen tener derecho al lado suave de la belleza: parecen tener clausurado el momento de la pregunta. Entonces, el desvarío deviene extravagancia, capricho glamoroso que coquetea con el borde sin cruzarlo. Es posible que existan en este ámbito posibilidades de transgredir el código. Quizá en los ámbitos hegemonizados por el nuevo capitalismo avanzado puedan ciertos creadores operar en un margen de autonomía con respecto a las industrias de la comunicación, el diseño y la publicidad; un intersticio donde la oposición forma/función obedezca a los impulsos del deseo o asuma la inquietud de la belleza, su otro costado, el que pliega la última cifra. Pero estas situaciones constituirían casos raros: como señala Perniola, en los terrenos vaporosos, seductores, de la publicidad, la información y la moda, lo imaginario opaca el llamado radical de lo real[3].

Por eso, aunque se encuentre seriamente comprometido con el devenir triunfal de la cultura masiva, el viejo modelo moderno vanguardístico parece encontrarse, si no menos expuesto, sí mejor posicionado para refugiar principios de resistencia en el contexto de ese mapa complicado. Su propia historia le ha dotado de experiencia contestataria: ha surgido precisamente tras la misión de ocupar el lugar diferente, de trabajar el momento de la alteridad, sospechar de sus propios dispositivos de representación e imaginar otros porvenires. Revelaría no sólo inocencia, sino mala fe, sostener que esa misión se ha cumplido, pero el empeño en llevarla a cabo dotó a muchas prácticas del arte de cierta destreza disidente y, en sus mejores casos, logró precipitar algunas producciones densas y marcar puntos agudos que señalan posibles líneas de fuga, derroteros alternativos.

Por otra parte, a pesar de que el arte vea progresivamente copados sus circuitos por la lógica del espectáculo masivo, su tradición

---

[3] Mario Perniola, *El arte y su sombra*, Cátedra, Colección Teorema, Madrid, 2002, p. 26 y ss.

minoritaria no sólo le ha llevado a exclusivismos aristocratizantes, sino que le ha permitido cautelar zonas oscuras de la experiencia colectiva, movilizar los imaginarios históricos y complejizar las matrices de la sensibilidad social. Por eso, a la par que denunciar el elitismo de las vanguardias, su autoritarismo y su vocación redentorista, debería rescatarse su momento fecundo y recuperar su aporte valioso. Esta operación restauradora podría invocar el carácter minoritario y particular del arte amparándose en el reconocimiento de las diferencias que proclama nuestro presente.

En la misma dirección en que se admiten trabajos diversos de significación en los campos disparejos de la cultura actual, las "minorías productoras de cultura", en el decir de Juan Acha, deberían ser consideradas no como poseedoras de la clave final, representantes de la totalidad social y guías del camino correcto, sino como sectores alternativos que actúan paralelamente a los muchos otros que animan la escena de la cultura y a las fuerzas hegemónicas que la comandan. Desde sus lugares dispersos y sus inventivas plurales pueden, una vez más, lanzarse apuestas anticipadoras, aunque éstas no pretendan ya salvar la historia ni señalar su rumbo verdadero, sino mantener abiertos espacios de pregunta y de suspenso que promuevan jugadas (contingentes) de sentido.

La reconsideración de lo vanguardístico lleva a dos cuestiones. La primera recuerda que las minorías críticas del arte deben asumir los desafíos de toda minoría: romper el enclaustramiento sectario y buscar articulaciones con otros sectores sobre el horizonte del espacio público. La segunda, demanda la deconstrucción de ciertas figuras altisonantes, como *vanguardia, emancipación* y *utopía*. Para que puedan ellas justificar sus presencias interdictas por la posmodernidad, deben abjurar de sus orígenes sustancialistas y ser encaradas como azarosos productos históricos. Entonces podrán seguir habilitando cierto necesario momento de suspenso, cierto dispositivo de prórroga, que estorbe la figura de conciliación propuesta por el esteticismo ubicuo de los transmercados.

LAS VANGUARDIAS DEL SUR. De hecho, a pesar de que se proclame –con nostalgia o entusiasmo– la mescolanza de todas las formas estéticas, es indudable que sobreviven modalidades eruditas, fiduciarias del gran arte. Y aunque muchas de ellas transiten canales mediáticos y circuitos masivos, el sistema tradicional del arte continúa codo a codo o enredado con las otras conformaciones que se imponen en el panorama de la cultura contemporánea (el diseño industrial, la publicidad, las industrias culturales, las tecnologías de la información y la comunicación, las nuevas formas de cultura masivo-popular: figuras todas éstas entremezcladas y poco diferenciables entre sí).

Es obvio que, para sobrevivir, aquel sistema ha debido reacomodar sus instituciones a los libretos de la lógica cultural hegemónica y, en consecuencia, compartir cuotas con el mercado y retroceder a veces hasta el límite de su disolución. Pero, a un costado, o en medio, de la espectacularización de los megamuseos (el efecto Guggenheim), la ferialización de las bienales y la mediatización de las imágenes, subsisten instancias alternativas o prácticas orilleras posicionadas a contramano del sentido concertado.

En las regiones periféricas el arte local no es lo suficientemente rentable en términos de mercado transnacional, por lo que su producción ocurre con cierta autonomía con respecto a las instancias de poder (a costa de la precariedad y la falta de apoyo institucional). Aunque toda figura de incontaminación identitaria resulte hoy insostenible, no conviene pasar por alto ciertas características específicas que adquiere el tradicional sistema especializado de las artes (galerías, museos, crítica, publicaciones) en cuanto inmediatamente desvinculado de las redes transnacionales.

Fuera de toda tentación de celebrar las penurias del aislamiento y condenar la masificación, y más allá de cualquier fantasía que aspire a un afuera de la hegemonía del mercado, es indudable que esta marginalidad, al mismo tiempo que pospone conveniencias, abre posibilidades de prácticas alternativas. Necesariamente, los bajísimos presupuestos de los museos, muestras y ediciones acarrean restricciones graves, así como lo hacen el desinterés de los medios de comunicación en la producción local y la falta de apoyo que sufre ésta con respecto a los sectores empresariales y al Estado. Pero, paralelamente, estos efectos perniciosos provocan ciertos beneficios secundarios, no solamente derivados de la mayor independencia en relación a la lógica productivista que actúa sobre la institución-arte global, sino provenientes del plus de ingenio e inventiva que requiere la escasez de medios ("las ventajas de la adversidad", diría Toynbee). Este hecho determina otra característica propia del hacer cultural desarrollado en las periferias: la necesidad de construir trama institucional, así como la de demandar al Estado el cumplimiento de sus obligaciones en el plano de la cultura. La gestión estatal debe no sólo garantizar la vigencia de los derechos culturales, sino desarrollar políticas públicas que aseguren la continuidad de minorías productoras de cultura local ante la expansión avasallante de modelos comunicativos y mercantiles de la cultura transnacional de masas.

La situación recién descrita tiene dos consecuencias básicas sobre el derrotero del arte crítico desarrollado en las periferias latinoamericanas. En primer lugar, involucra a aquél en la tarea de construcción de esfera pública (local, pero también regional y, en principio, global) y, consecuentemente, lo fuerza a vincularse con la constitución de un espacio ciudadano efectivo (haceres fundamentales para la consolidación democrática en el Cono Sur, ante los cuales el arte contemporáneo no puede permanecer ajeno). En segundo lugar, lo aparta de cierta tendencia euronorteamericana a basar las estrategias críticas del arte en la agresión a las propias instituciones que lo canalizan. Es que la impugnación del sistema del arte no tiene mucho sentido en regiones carentes de una institucionalidad bien arraigada en ese terreno; una institucionalidad que, en parte, requiere más bien ser apuntalada −y aun construida− que desmontada. Por eso, parte de la contestación levantada desde lugares periféricos, antes que recusar las instituciones locales del arte −carentes de poder y de solvencia− se adscribe a las direcciones que buscan desmarcarse del esteticismo fláccido generalizado y recuperar la tensión conceptual y el nervio poético que podrían diferenciarlas.

EL ARTE BAJO SOSPECHA

La inundación de formas livianas −tanto como de contenidos extranjeros− que sufre el ámbito del arte es condición, o consecuencia, de la pérdida de su autonomía. La producción artística ya no se encuentra separada de los complicados quehaceres que traman lo social y esta confusión trastorna gravemente el concepto de arte, basado en la disyunción fatal entre el contenido y la forma y el predominio final de ésta. Liberados en sus fuerzas, cruzados en su acción, el contenidismo del arte contemporáneo y el formalismo esteticista que lo invade atacan este concepto por ambos flancos y dislocan el equilibrio de las notas básicas desde las que se constituye.

En términos lógicos, cualquier concepto se define por el juego entre su comprensión (las notas que constituyen su contenido) y su extensión (su alcance, la cantidad de objetos referidos por él). Ambos momentos se relacionan en forma inversa: a mayor comprensión, menor extensión; es decir, cuanto más notas tiene un concepto, se condensa y se restringe y se aplica a menos objetos: decrece en extensión. Y viceversa. Sucede que cuando la extensión del arte se hace infinita, los requisitos que lo definen (su comprensión) tienden a desaparecer para poder abarcar todos los objetos. (En términos hegelianos, el ser universal abstracto corresponde a la nada).

Según cierta anécdota, poco seria en sus fuentes pero verosímil y sugestiva, una dama cursi comentó ante Oscar Wilde que el mundo sería maravilloso si fuera todo él poesía. "Sería horrible –contestó el escritor–, no tendría poesía". Si todo fuese arte, nada alcanzaría a diferenciarse como para serlo realmente. El esteticismo usurpa el espacio del arte. Las notas del mismo, basadas en la distancia que impone la forma, se diluyen cuando ésta permite que todo se acerque demasiado. Ésta es la aporía de los espacios del arte. El desafío que debe enfrentar la producción artística contemporánea en cuanto no acepta la muerte del arte. Porque ésta podría haber sido una salida: de hecho, viene siendo propuesta desde Hegel como una posibilidad para nombrar el cambio radical que viene incubando ya la modernidad a partir de Kant. Pero no, el arte continúa y hay que darle un nombre.

Una reacción razonable es el antiesteticismo contemporáneo. Un medio de asegurar un espacio propio para el arte podría consistir en la instauración de un terreno paralelo, diferente al regido por la forma estética. Esta opción constituye una de las tendencias dominantes. Es cierto que el arte moderno cuestionó un concepto de belleza basado en los cánones del gusto, el estilo y la armonía, pero nunca (o casi nunca, pensemos en el camino de Duchamp) abandonó la perspectiva privilegiada de la estética, basada en la jerarquía de las disciplinas, la percepción retiniana y la conciliación formal. Hoy se tiende a considerar el valor de una obra más por su performatividad social, su orientación hacia lo real y su espesor narrativo y conceptual antes que por sus cualidades técnicas o compositivas, o bien por su adscripción a géneros o tendencias. El problema es que el antiesteticismo más radical termina coincidiendo de nuevo con el contenidismo: el déficit de forma produce un incremento abusivo de los contenidos, una desbandada que significa la inversión refleja del formalismo. En este caso, vuelven las notas del arte a diluirse, y vuelve él a perder sus fueros: sin la distancia de la forma, que contornea un espacio mínimo, las obras se disuelven en ideas, en documentos, en biografías personales, en protesta política, en remedo de rituales exóticos o texto literario.

En el contexto del pensamiento contemporáneo se podría, si no resolver una cuestión que será encarada justamente como irresoluble, sí movilizarla y promover emplazamientos provisionales desde donde considerar el concepto de arte no como una esencia, sino como un constructo histórico. No se trata de anular la oposición forma/contenido, sino de plantearla como una tensión contingente, zafada del guion de conceptos a priori y destinos forzosos. Al desconectar ambos términos entre sí y soltarlos fuera del cuadro de una disyunción fatal, uno y otro quedan oscilando, librados a la eventualidad de juegos imprevisibles: los litigios, alianzas y desencuentros que promueven movimientos azarosos y proyectos dispares.

Si ninguna postura se encuentra predeterminada en los ámbitos inciertos de la cultura, menos lo estará en los descampados del arte. Derrida trabaja un concepto potente que puede impulsar el curso de esta reflexión, como el de tantas otras que transitan el pensamiento actual: el de *párergon*. Esta figura pone en entredicho la concepción del marco como ventana de la representación, como umbral infranqueable del espacio del arte, límite que separa, tajante, la imagen de su contexto, lo interior y lo exterior: lo que pertenece al dominio intrínseco de la obra y lo que le resulta ajeno, contextual o accesorio. El *párergon* es un indecidible: "mitad obra, mitad fuera-de-obra; ni obra ni fuera-de-obra"[4]; no busca una síntesis entre el adentro y el afuera, sino que se ubica en el lugar del *entre ambos* y habilita, así, una zona de oscilación, un pliegue que posterga la presencia plena e impide la plena clausura. El lugar –el deslugar– donde nos ubica la figura de *párergon* permite desestabilizar no sólo el encierro del encuadre físico de la obra y la fijeza del espacio de la representación, sino también las formas institucionales de enmarcado: los circuitos y discursos que sustentan el sistema del arte y amurallan su espacio. Y esta posición resulta adecuada para discutir el concepto de arte basado en la oposición entre un adentro incontaminado suyo y un afuera amenazante; para deconstruir la disyunción instalada entre el afán de borrar totalmente el marco (el esteticismo difuso) y el de sellarlo definitivamente (la autonomía del arte). Desde esta postura aporética, fluctuante, puede postularse la construcción de espacios propios del arte, espacios de disputa, nunca definitivamente conquistados, traspasados siempre por figuras y discursos oriundos del otro lado, proyectados a los terrenos fortuitos de la historia, asomados a la intemperie umbría de lo real. El concepto de arte basado en la antinomia forma/contenido ya no puede sostenerse. Por un lado, la forma ha dejado de constituir la rúbrica del sentido; por otro, el contenido ha perdido la función de avalar la presencia, convocar la verdad. Di-

---

4. Jacques Derrida, *La verdad en pintura*, Paidós, 2001, p. 130.

suelto el pacto esencial, ambos momentos se deslizan de sus puestos y se enfrentan en pugnas que deberán ser asumidas mediante jugadas coyunturales. Y que nunca podrán ser cabalmente dirimidas. En el remanente que deja abierto ese pleito nunca zanjado pueden abrirse espacios nuevos, provisorios siempre, donde tramite el arte sus expedientes. Espacios que actúan más como emplazamientos y parapetos precarios que como feudos o enclaves. Espacios sin lindes claros, no acotados por murallas sino puntuados por tránsitos, por pasos apurados, por posiciones rápidas de las vanguardias nuevas (de las vanguardias de siempre) que saben, que deberían saber, que si ya no hay ni adentro ni afuera, todo es intemperie o todo es cripta, y que cada tramo a ser ganado en pos del sentido se juega a ciegas, sin norte prefijado y sobre un límite que no cierra nada.

NANDÍ VERÁ
El resplandor de la nada

> *No son los tiempos que corren*
> *propicios para el arte.* HEGEL

PRESENTACIÓN

Este texto tiene dos partes. La primera trabaja ciertos conceptos de pensadores contemporáneos, básicamente europeos, con relación al tema de la representación en el arte: los límites del lenguaje y las zozobras del arte ante la necesidad de hacerse cargo de lo que resiste la acción del símbolo: un espacio negativo, el lugar de la falta que exige ser inscrito o figurado. La segunda parte aplica esos conceptos al comentario de obras específicas de artistas latinoamericanos: dos paraguayos, una chilena y un guatemalteco.

PARTE I : RELACIONES BREVES ACERCA DE LA REPRESENTACIÓN

Toda la arquitectura de la noción ilustrada de arte, la que manejamos, se encuentra amenazada por el derrumbe de la figura clásica de la representación, fundamento de aquella noción atribulada. El concepto de representación arrastra un pecado original, idealista y metafísico, que lo vuelve sospechoso en el contexto del pensamiento contemporáneo. Supone dualismos inaceptables, como los que oponen forma y contenido, presencia y ausencia, realidad y apariencia. Sin embargo, esa figura y, por ende, estas insostenibles dicotomías binarias, siguen constituyendo dispositivos conceptuales forzosos para pensar el arte. Ésta es la paradoja de la representación: aunque resulte imposible nombrar lo que ocurre fuera de su círculo, para el arte es imperioso hacerlo. Esa aporía moviliza los afanes más críticos del arte actual.

Para la teoría occidental, el arte es el conjunto de maniobras formales capaces de generar un plus de sentido. Es decir, se refiere a operaciones que, realizadas en el plano sensible, provocan una conmoción productiva en términos de verdad, hacen aflorar significados latentes. La representación, expediente inevitable para tramitar tales operaciones, se basa en una dualidad inconciliable: al ser representada, la cosa se desdobla entre su propia entidad callada y su apariencia ofrecida a la mirada. Esta escisión es irreparable: una vez producida, la imagen ya no puede coincidir con lo que representa. ¿Por qué ella resulta tan problemática en los dominios del arte? Porque el arte no sólo supone la divergencia entre el objeto y el signo que lo nombra, sino que la exacerba; hace de la oposición representado-representante un dispositivo central de su engranaje enrevesado.

La economía de la representación tiene dos movimientos. El primero presenta el objeto a ser representado, lo refiere; la forma, su delegada, lo encarna, en el sentido teatral del término. El segundo, privilegia la propia forma, que usurpa el papel actuado y se exhibe a sí misma en esa actuación: esa automostración, ingresa en el libreto representacional de modo que el objeto queda simultáneamente convocado y suplantado, referido y velado[1]. El primer momento obedece a la función poética del arte, orientada a emplazar un contenido de verdad. El segundo, responde al oficio estético del mismo

---

1 Jugando un poco con el lenguaje, podríamos hablar de la forma como presencia de la ausencia, y del contenido como ausencia de la presencia.

expediente y se basa en las tretas de la belleza, en la mediación de la forma, que se interpone entre la mirada y el objeto y guarda la distancia de éste (y, simultáneamente, custodia su propia distancia)[2]. La modernidad privilegia el momento estético, base de la autonomía de la forma, mientras que la contemporaneidad parece empeñada en recobrar los fueros del objeto, el espesor ontológico de lo que ha quedado afuera. Pero ambas asumen el revés fatal de sus empresas, o la paradoja que las sostiene y trastorna: la imposibilidad de saldar esa "mínima distancia, por más próxima que pueda ella estar"[3].

En todo caso, la representación constituye un juego extraño que expone un objeto mediante el rodeo de su propio alejamiento. El arte intenta que ese desvío incremente la significación: investido de ausencia, aquel objeto termina revelando de sí más de lo que entraña su propia entidad. Éste es el secreto del aura, que nimba la cosa con el brillo rápido del deseo: alejada, ella se sostiene ante la mirada como principio de extrañeza, como inquietante cifra de alteridad. Por lo tanto, si el arte se define a partir del *Fort/Da* que desencadena la representación, no puede prescindir de ésta. No puede prescindir de ella, pero tampoco puede asumirla. Hacerlo implicaría la aceptación de las reglas de un juego metafísico (basado en oposiciones

---

[2] Estos momentos corresponden aproximadamente a las dos figuras básicas del esquema representacional moderno: la *Vorstellung*, en cuanto *representatio*, mímesis, lugar de la apariencia, de la forma, y la *Darstellung*, como espacio abierto a la presentación del contenido.

[3] Benjamin no aclara si la proximidad mencionada en este concepto se refiere al objeto o a la propia distancia, pero esa ambigüedad podría formar parte de un movimiento que es esencialmente aporético. (Resultaría extravagante pensar una distancia próxima a sí, pero de esas sinrazones se alimenta el aura: ellas podrían indicar una salida para este concepto sentenciado). Ver W. Benjamin, "La obra de arte en la era de la reproductibilidad técnica", en *Discursos Interrumpidos I*, Santillana, Madrid, 1992, p. 24.

binarias de presencia-ausencia, forma-contenido, etc.). Significaría también una capitulación ante los límites que impone el mecanismo representacional: la imposibilidad de saltar por encima del límite del círculo que establece este mecanismo, la de rasgar el velo y asir la cosa entera, real. Otra paradoja se levanta, así, en este campo incierto: el arte pretende echar mano de las jugadas de la representación sin aceptar las condiciones que ella impone. Quiere beneficiarse del resplandor que produce la separación de la cosa y, simultáneamente, abolir esa distancia.

EL LLAMADO

El arte deja la presa por la sombra.
LÉVINAS

Es que sólo mediante la sombra que arroja más allá de sí, puede el objeto mostrar su otro lado, su espalda negra. Sólo mediante este expediente oscuro e inestable, evanescente, puede abrirse a su otro, suscitar alegoría: decir "algo más que la mera cosa" (así traduce Heidegger el término *allo agoreuei*[4]). Sí; por un instante, deja el arte la presa pero, codicioso, enseguida quiere recobrarla, iluminada como está por su sombra, completada por su falta. En el empeño ávido por conservar el botín real y su sombra, se juega el arte; se asoma, tenso, crispado, a los bordes enardecidos del lenguaje; trata de avizorar el reino prohibido que comienza después del último signo.

Este intento tensa las formas, las fuerza hasta el límite. Y convoca imágenes audaces, desesperadas. El afán de apresar lo real alcanza

---

4 Martin Heidegger, *Caminos del bosque*, Alianza Editorial, Madrid, 2003, p. 13.

un momento extremo: los empujes del arte provocan una torsión aguda en el círculo autorreflexivo que lo condiciona, un punto de ruptura que lo hace volverse contra sí y arriesgar su propio lenguaje. Sobre el abismo, los signos tiemblan por el esfuerzo que requieren sus ansias, por el miedo y el deseo del (sin) fondo. Las formas del arte fraguan, en su momento de tensión extrema, sobre el límite, en la cota más alta del intento de sobrepasarlo, de saltar desde la ventana de la representación para burlar su marco. Lacan ve en la defenestración el salto al vacío, el modelo ejemplar del suicidio. La figura del *Niederkommen* remite a un arrojarse desesperado tras el intento de identificación con lo real. En ese sentido, el arte se define por su componente suicida: el movimiento negativo que lo fuerza una y otra vez a refutar sus propios fundamentos.

Esa dimensión autosacrificial del arte desmarca sus actividades de otras que, como él, trabajan la imagen. El diseño, la moda y la publicidad pueden también movilizar connotaciones y juegos de lenguaje, así como introducir inflexiones y desvíos en sus códigos y explorar sus límites con osadía. Pero no pueden hacerlo hasta comprometer el funcionamiento de esos códigos, hasta aspirar a desmontarlos y derribar la propia base que los sostiene porque, en última instancia, se encuentran regidos por los imperativos estrictos de una lógica instrumental poco dispuesta a admitir saltos mortales. Resulta común deslindar el arte de otros sistemas culturales recalcando su carácter connotativo: a diferencia de lenguajes referencialistas y denotativos, como el de la ciencia, el arte actúa de modo indirecto, sesgado; movilizando alusiones, insinuaciones y sugerencias que complejizan sus significados. Pero el empleo de connotaciones no basta para diferenciar la tarea poética: la publicidad apela a ellas para enriquecer la percepción del objeto añadiéndole un plus pulsional que acreciente su valor y movilice en torno a él el deseo. Es decir, la publicidad auratiza el objeto complicando los trámites de la mirada, impidiendo que él agote su significación en su puro valor de consumo.

Por otra parte, Lyotard demuestra que la connotación tiene, en este caso, no la función de promover la polisemia sino la de manipular el lenguaje, enturbiarlo brevemente, para que el receptor no advierta que, a través de él, está siendo inducido por el emisor: a diferencia del arte, busca disimular, no quebrantar, el código que la sostiene. Por eso la connotación deviene un recurso frecuente en el ámbito regido por la función comunicativa: "... la publicidad, la propaganda, la enseñanza audiovisual, utilizan imágenes como si se tratara de un vehículo capaz de transmitir significaciones y órdenes sin que sobre ellas se ejerza la vigilancia del receptor. La metáfora poética es lo contrario: es poética no cuando remite a [...] un código admitido generalmente por los locutores, sino cuando lo transgrede"[5].

De este modo, los lenguajes publicitarios pueden coquetear con sus propios límites para incrementar el "*sex appeal* de lo inorgánico" o disimular la manipulación promocional pero, aunque realicen piruetas en el límite y amaguen cruzarlo, no pueden hacerlo; no pueden discutir el círculo de la representación. Y, programáticamente, hacen oídos sordos al canto de sirena de lo real.

LA [INÚTIL] FLOR DE KANT

Extrañamente, esta noción de la forma considerada en el límite de su despliegue (producido en este caso por el intento de sobrepasar el orden de lo simbólico) se acerca por un instante a cierta idea

---

5 Jean-François Lyotard, *Discurso. Figura*, Gustavo Gili, Barcelona, 1979, p. 313.

kantiana de la bella forma definida en los términos de una *finalidad sin fin*. La interpretación de Derrida[6] ayuda a entender los alcances de esta paradójica expresión en el sentido de que la flor (para asumir el ejemplo que ofrece Kant) es bella cuando su forma responde al llamado de su propia finalidad pero, interrumpida en trance de hacerlo, no puede alcanzar a cumplir su fin. Es decir, preparada para llevar a cabo su cometido, la flor alcanza su sazón, despliega todo el potencial de su forma, se cumple en madurez, pero, en ese instante, es desviada de la función que había convocado la plenitud de su forma. Su consumación es interrumpida mediante un corte puro y tajante que la congela en su momento más cabal, en la cúspide de su armonía. La forma es, entonces, definida desde una privación, un límite cortante que la hace detener en su culminación. Que instala una imposibilidad paralizante. Tanto en el caso de que esa imposibilidad se encuentre marcada por el tajo que limita el lenguaje, como por el que le impide cumplir su misión, la forma alcanza su apogeo y su esplendor en su momento de extrema tensión hacia un destino inalcanzable.

Pero enseguida esos modelos se separan. Una vez fijada en su momento de pura belleza, la forma kantiana se repliega sobre sí y se cierra, perfecta, ante las contingencias de la función y el concepto. Pletórica, no deja adherencias ni restos. La detención de la forma contemporánea, por el contrario, no expresa el momento de la estabilidad que sucede al auge de su propio desarrollo, sino el del fracaso de trasponer el límite, al que recuerda una y otra vez mediante la errancia de sus figuras y el desplazamiento continuo de sus posiciones. El ideal de la belleza conciliada ha sido remplazado, ya se sabe, por los quehaceres engorrosos de la alegoría, que no puede ya repo-

---

6   Jacques Derrida, *La verdad en pintura*, Paidós, 2001, p. 93 y ss.

sar confiada en el puro aval de lo simbólico. La alegoría es un símbolo abierto a la diferencia: un símbolo agujereado que deja asomar el otro de sí mismo que alberga cada cosa expuesta a la mirada. El arte ha debido resignarse a perder la plenitud de la forma y exhibe, por un instante, su inquietante meollo de ausencia, la pura nada que lo sostiene y, simultáneamente, lo empuja a seguir una y otra vez la huella que deja la falta. El arte, dispositivo liminar por excelencia, trabaja este límite, lo exacerba. La inminencia de lo otro en el centro mismo de lo más propio es lo que Freud llama lo *Unheimlich*, la inquietante extrañeza de la diferencia. Todo el arte contemporáneo, pero también, quizá en silencio, el arte moderno, se nutre perversamente de esta amenaza (¿de esta promesa?). Con la plenitud, ha perdido el sosiego.

SUBLIME OBSESIÓN

Nos hemos alejado mucho de Kant. Pero no demasiado: el mismo ámbito que cerrara él con el concepto de belleza es abierto por un costado mediante la figura de lo sublime. Esta figura, que trastorna desde entonces el curso de la teoría estética, permite que el pensamiento kantiano sea considerado no sólo como el provisor de grandes conceptos que sostienen el arte moderno, sino como el responsable de ciertas cuestiones centrales que obsesionan al contemporáneo. (O que permite, quizá, que éste sea considerado básicamente como una fase de aquél: el momento que asume radicalmente la conciencia de su propio límite).La idea de lo sublime interpela al pensamiento de la contemporaneidad en dos direcciones. Por una parte, lo enfrenta a la figura de lo que sobrepasa la representación y plantea el problema de los límites del lenguaje. Pero, por otra parte, la figura de lo sublime engancha con el colapso actual de la hegemonía formalista: significa una inflexión sobre el plano del contenido. Por su peso descomunal, lo sublime desfonda la forma, la deforma, remite forzosamente a un más allá de lo puramente estético formal. Esta remisión desemboca en una escena cruzada por retornos de lo real, asaltada por modelos diferentes de arte (¿de arte?), invadida por pragmáticas sociopolíticas y perturbada por revanchas del referente e incrementos del valor conceptual. Lo sublime reaviva la problemática de los extramuros del arte, o mejor, de los de la estética: no todo lo que atañe a la producción de obra cabe en el círculo de la representación; resta siempre un excedente que, por su desmesura, rebasa los contornos de la forma. Pero, así planteada, esta cuestión no sólo se vincula con la del lugar incierto del arte actual (que será mencionada), sino que termina coincidiendo con la primera dirección y reenvía al tema de lo –al menos en parte– irrepresentable. ¿Cómo encarar lo que excede el formato del símbolo? ¿Asumir que existe lo irrepresentable nos exime de la necesidad de imaginarlo?

IMAGEN A TODA COSTA

El trabajo de Lyotard acerca de lo sublime –como experiencia ante una demasía que supera la sensibilidad y revela, por lo tanto, un límite infranqueable en la representación– se vuelve problemático cuando toca puntos dolorosos de la historia, que exigen el desagravio del nombre o la imagen. Aunque no pretende que se abandone el intento de testimoniar lo irrepresentable, Lyotard sostiene que, por ejemplo, la tragedia de Auschwitz trasciende toda capacidad de expresión e imaginación; puede ser concebida, pero no puesta en palabra ni en imagen: llama al silencio más radical[7]. Este punto ha ge-

---

7 Jean-Francois Lyotard, *El diferendo,* Gedisa, Barcelona, 1988, pp. 74-76.

nerado un debate que tiene consecuencias importantes para la teoría del arte contemporáneo. Menciono dos posiciones destacadas.

Una corresponde a Didi-Huberman. Pese a que estamos inmersos en un mundo atiborrado de imágenes, asfixiado de mercancía imaginaria, y pese a que existen situaciones cuya feroz demasía excede lo representable, se vuelve un imperativo ético construir otras imágenes capaces de abrirse paso por entre aquel exceso sofocante y de hacerse cargo de estas situaciones extremadas. La imagen se afirma justamente cuando el pensamiento se bloquea, cuando el lenguaje no encuentra palabras para decir lo que le excede. Pero el quehacer de la memoria precisa una ética de la imagen, que siempre constituirá un dispositivo incompleto e inexacto, pero capaz de captar un instante de lo real confinado. Mediante la creación, la ficción, la construcción imaginaria, se puede, si no develar la verdad de la catástrofe, sí producir una descarga capaz de iluminar brevemente un aspecto de lo irrepresentable. A falta de verdad, dice Hannah Arendt, podremos encontrar instantes de verdad, y remata Benjamin: "La imagen auténtica del pasado sólo aparece como un fogonazo"[8]. La segunda posición está ocupada por Rancière, que diferencia dos momentos del arte actual.

Uno –conciliador y conservador, *light*– se apoya en el consenso y busca reparar las fallas del lazo social. Otro –rupturista y crítico– parte de la imposibilidad de la representación y desemboca en la figura de una catástrofe infinita que no puede ser simbolizada. Según esta segunda posición, la vanguardia contemporánea atestigua una y otra vez lo irrepresentable, no ya para preservar una promesa de

---

8   Georges Didi-Huberman, *Imágenes pese a todo. Memoria visual del Holocausto*, Paidós, Barcelona, 2004.

emancipación, sino para movilizar un trabajo interminable de duelo. Este último modelo, promovido por Lyotard, supone una inversión del sentido kantiano de lo sublime y convierte el arte contemporáneo en la repetición infinita de un gesto fallido[9].

Ambas posiciones, la de Didi-Huberman y la de Rancière, permiten pensar que la parálisis melancólica provocada por lo irrepresentable puede ser destrabada mediante un trabajo de lo imaginario que sea capaz de dar cuenta fugaz de aquello que está fuera de la escena. (Resulta importante recalcar la fugacidad del acontecimiento: impugnar lo irrepresentable absoluto defendiendo lo presentable sería retornar a la posición de un realismo clásico). Sólo la imagen puede aventurarse a trazar el contorno imposible de una figura necesaria y faltante.

LOS ROSTROS DE LA NADA

El pensamiento recién expuesto remite a otro: el del trabajo del arte como restaurador imaginario de un espacio de ausencia. Una parte importante de la reflexión contemporánea ha asumido ciertos conceptos de Lacan en esta dirección. El triple registro lacaniano (que trenza lo real, lo imaginario y lo simbólico) permite comprender el arte en posición inestable entre su estatuto lingüístico, su ansiedad por nombrar lo real (no representable) y su apelación a la imagen como recurso para trabajar el vacío abierto en la representación. "La función del arte es... sostener imaginariamente el vacío insoportable, ofreciéndole una envoltura, procurándole una imagen", dice María Eugenia Escobar luego de comentar que ciertas obras de

---

9 Jacques Rancière, *El viraje ético de la estética y la política*, Palinodia, Santiago de Chile, 2005.

arte podrían constituir "vestiduras, imágenes para el *petit a*"[10]. Para Hal Foster, el arte contemporáneo se encuentra asaltado (y sostenido) por el regreso de ciertas fuerzas oscuras de lo real que exigen la reparación del agujero producido en el orden simbólico.[11] Foster entiende lo real en un sentido cercano a lo traumático freudiano, pero otros autores trabajan esta figura vinculándola con un principio de manifestación resplandeciente, en una dirección cercana a Heidegger. "La belleza de la imagen, su aura, su brillantez, su resplandor y destello, están dados por el vacío, por esa *presencia invisible* de lo que no está", escribe María Eugenia Escobar comentando el efecto imaginario de la localización de un vacío que permite al arte producir artificiosamente el poder fascinante de la distancia[12]. Así, lo que no está, el mismo vacío, se convierte a través de la imagen en principio impulsor de la imagen del arte. De este modo lo concibe Lacan cuando trae como modelo la figura de la alfarera, capaz de crear en torno a la nada; de rodear el hueco de la falta con una forma. "A partir de este significante modelado que es el vaso, lo vacío y lo pleno entran como tales en el mundo, ni más ni menos y con el mismo sentido"[13].

La creación *ex-nihilo* que postula Lacan no debe entenderse acá en el sentido de origen fundante, sino en el de operación que otorga una "cara visible" a la nada, a la falta. Por eso, como lo señala Melenotte, en Lacan el resplandor del aura no se refiere al brillo de

---

10   María Eugenia Escobar, seminario *La imagen del objeto*, Asunción, setiembre, 2003, notas inéditas.
11   Hal Foster, *El retorno de lo real. La vanguardia a finales de siglo*, Akal, Madrid, 2001.
12   María Eugenia Escobar, "Salerno: una poética de la huella", en *Me cayó el veinte. Revista de Psicoanálisis*, número 12, México, 2005, p. 183.
13   Jacques Lacan, *El Seminario 7. La ética del psicoanálisis*, Paidós, Buenos Aires, 1988, p. 149.

la belleza clásica, sino a indicios sucios, angustiosos, relacionados con la extrañeza, lo *Unheimlich*[14].

En resumen, cabe sostener que el arte opera asumiendo activamente la nada que incuba el objeto, impidiendo la clausura de éste, abriéndolo a su diferencia. Este obrar nulificante, negativo, es principio del *Unheimlich* freudiano, la inminencia amenazante de lo otro en la escena de lo más propio. Pero la inquietud de lo que ronda y no se muestra es, a su vez, lo que produce la distancia y, con ella, el aura, la mostración resplandeciente de algo mediante el rodeo de su propia ausencia. Saliendo al encuentro del propio vacío que lo sostiene, trabajándolo mediante la imagen, el arte ofrece una salida a la melancolía producida por el fracaso de la representación. Es una salida de emergencia, momentánea, contingente, capaz de detener, por un instante, los flujos de una significación desatada. Es que, perdida toda garantía de origen y sentido estable, desamarrado de un significado central, el juego de las formas se precipita a la deriva, se lanza en caída libre, despechado por los desaires de la presencia.

Sólo mediante los recursos de torsiones precisas y llaves rápidas, puede el arte interceptar la desbandada que produce la alegoría, taponar imaginariamente la hendidura de la falta y contener, así, la hemorragia del signo. Estas operaciones puntuales, incisivas, dejan marcas, producen zonas de turbulencia; generan, otra vez, breves destellos. Por un instante, la forma queda congelada ante la mirada, sustraída al impulso de su precipitada carrera. Por un instante, la distancia queda salvada. Sin ese mínimo momento de sustracción y lejanía, serían imposibles los trámites del arte.

---

14   En María Eugenia Escobar, op. cit., pp. 181 y 183.

BREVE DIGRESIÓN SOBRE UN ARDID PARA ATRAPAR LA MIRADA

Los trámites del arte serían imposibles si no se pudiera presentar el objeto a la mirada, si no se lo pudiera representar. Ahora bien, ¿cómo obrar ese momento de sustracción y lejanía? ¿Cómo detener el objeto ante la mirada o la mirada ante el objeto? Otra vez un concepto de Lacan puede aportar pistas ante estas cuestiones complicadas. La figura suya de *bâti*[15] designa un montaje artificioso que enmarca la escena de la representación: el espacio de la ilusión que sostiene el deseo. Para poder dar una forma a lo irrepresentable, el artista debe apelar a trucos ("engañifas", dice Lacan) que atraigan la mirada; para apresar imaginariamente el vacío, debe trazar un marco en el aire, un fondo recortado sobre el cual el objeto se distancie, recalque su apariencia, brille. Entonces, la función del *bâti* es servir de pantalla sobre la cual se suscite un punto (un *punctum*, Barthes) capaz de asegurar el cruce de las miradas del objeto y el sujeto y provocar el centelleo esquivo del aura.

LOS LINDES

En su obra *El lenguaje y la muerte*, Agamben propone una entrada en el tema de la negatividad que acerca pistas valiosas a la cuestión de lo irrepresentable. Ante el hecho de que lo negativo se ha instalado en la morada habitual del hombre —y, aun, se ha vuelto un dispositivo básico del arte—, el autor se pregunta cómo escapar de la pura negatividad nihilista y cómo construir proyectos éticos sobre ese fondo de pura ausencia. El texto se apoya en Heidegger, para quien el ser humano es el lugarteniente de la nada, y en Hegel, para quien aquél

---

[15] Jacques Lacan, *El objeto del psicoanálisis*, 1965-1966, inédito, sesión del 30 de marzo de 1966.

es fundamentalmente negativo en cuanto "es lo que no es y no es lo que es". En el primer filósofo, la negatividad proviene de la propia definición del *Dasein* ("el ser ahí", referido al ser humano). El *Da* (ahí) nulifica, introduce la negación en el ente para instituir su apertura, la posibilidad del develamiento. En el segundo, lo negativo se origina en una partícula conectada con el *Da*: el pronombre demostrativo *diese* (esto). En cuanto pronombre, *diese* es un signo vacío que sólo adquiere carga en el discurso; actúa como un índice: es mientras indica algo, deja de ser cuando lo mostrado no está. La indicación marca el límite de la significación, del lenguaje: ya no dice nada, sólo indica. Así, tanto como el *Dasein*, el *diese* anuncia algo externo al régimen lingüístico[16]. Este empuje hacia afuera descubre dos espacios inciertos. Por un lado, señala una apertura, una zona franca que, ubicada en las fronteras del orden simbólico, permite movimientos de ida y vuelta, oscilaciones entre lo que está dentro y fuera de él (y abre mirillas desde donde puede escudriñarse, o imaginarse, el paraje oscuro y extranjero que comienza después del último signo). Por otro lado, esa misma apertura, considerada como una brecha, instala un momento negativo en la plenitud de aquel orden; un agujero que lo descentra en torno a un punto de pura ausencia. Esa fisura, principio de negatividad de la representación, instituye un desencuentro inconciliable entre el signo y la cosa. Si existiere un lugar para el arte contemporáneo, estaría ubicado en medio de esos espacios dudosos, oscilantes entre el abrigo del lenguaje y la intemperie de lo irrepresentable. Es allí, errante entre confines, baldíos y cornisas, donde enfrenta el reto de hacer de la pura ausencia una escena.

---

16 Giorgio Agamben, *El lenguaje y la muerte. Un seminario sobre el lugar de la negatividad*, Pre-Textos, Valencia, 2003.

PARTE II: CUATRO OBRAS EN BLANCO

1. TELONES

La serie del artista paraguayo Pedro Barrail titulada *Libre* consiste en un conjunto de 34 representaciones de carteles publicitarios vacantes, ubicados a lo largo de un tramo específico de una carretera. El artista toma esas imágenes con una cámara digital ordinaria y luego las interviene mediante operaciones mínimas que uniforman sus dimensiones (según el código Fibonacci) e introducen números y letras casi imperceptibles que usurpan el lugar de la publicidad sin llegar a ocuparlo. Esta obra extraña, desolada en sus efectos visuales, ofrece varias lecturas posibles. Una de ellas apunta a las cifras desconocidas que revela —en efecto *blow up*— cualquier escenario en blanco apremiado por la mirada. Otra, al destino irónico de las superficies vacantes de la publicidad en un tiempo apremiado por avalanchas de imágenes que arrasan todo espacio público que encuentran a su paso. Me detengo en una tercera, que no es la última y no debe considerarse separada de las otras: la que reflexiona acerca del espacio de representación contemporáneo.

Ya se sabe que el arte actual, vuelto sobre sí, narcisista, se encuentra preocupado por el engranaje de sus propios lenguajes, por la marcha de sus propias instituciones, por la lógica de sus dispositivos expresivos y el desvelo de sus límites tantos. Pero hoy esa inquietud se detiene obsesivamente en el espacio de la representación: la pantalla donde se proyecta imaginariamente la escena del arte. El teatro donde actúa la forma. Lacan encuentra un concepto para referirse a la materialidad misma de la escena del arte. Llama *bâti* al montaje que enmarca (y levanta) el espacio de la función ilusoria. Que sostiene el cuadro, pero también la ficción que éste apaña. El arte tiene la misión de producir en ese plano acotado el artificio de la imagen. Para ello, abre una ventana que atrapa un momento del devenir de la mirada. Examinado por detrás, visto en forma desmontada y vacante, el *bâti*, la estructura que soporta la imagen, es apenas un plano callado. Una superficie meramente física sometida a la contingencia de la intemperie, incapaz de convocar el deseo, de desafiar la mirada.

Iluminado, ocupado por la imagen, el portaletreros apoya los artificios de la ficción y extiende dimensiones y profundidades. Desierto, evacuado, deviene pura facticidad, materia apagada y lacia, tramoya desactivada. Es en ese momento cuando interviene Barrail levantando otra escena sobre aquella desmontada. El fondo blanco que espera una imagen, la estructura del bastidor, los materiales que arman el plano, se autorrepresentan, actúan ellos mismos apelando al juego de la mirada desde el guión que levanta la falta. La superficie en blanco se llena de sí misma y exhibe su ausencia descarada; el vacío se invierte y deviene espacio de escritura incautada, la ventana ciega emparcha el paisaje real mutilado. Cuando la sociedad de la información y el espectáculo invade el espacio de lo visible con torrentes de iconos desaforados, apelar al silencio radical y habitarlo con sigilo, marcar el intervalo y hacerlo sitio de otras palabras, de otros números cifrados y exactos, puede recolocar la escena del arte y diferir el lugar, amenazado, del paisaje.

2. ALMAS EXTRAVIADAS

UNO. Derogado el orden canónico de las artes, los géneros superponen o mezclan sus contornos, intercambian sus cometidos e invierten sus posiciones custodiadas. Hace ya mucho tiempo que la escultura se ha convertido en objeto, en instalación, en medio de intervención o elemento de un montaje. Y, privada de fueros y pedestales, debe disputar un puesto en el centro de una escena quebrada, ganarse un momento en el curso de un tiempo promiscuo y demasiado raudo. Así, la escultura tradicional ha extraviado el sentido de su presencia, ha olvidado principio y rumbo, perdido el alma.

DOS. En trance de realizar un proyecto de fotografía publicitaria, Rosa Velasco se hallaba recorriendo fundiciones para esculturas cuando se encontró con la presencia inquietante de informes figuras suspendidas del techo de un galpón. Eran almas de esculturas. Más allá de los tropos que activan y las sugerencias que animan, las "almas" designan los sostenes que rellenan la escultura mientras fragua el metal y que, una vez retirados, dejan abierto un vacío en el interior de las obras con el objeto de que sean éstas economizadas en su material y alivianadas en su masa. Estas figuras comprometen significados complejos según los rumbos de sus tiempos diversos. Por un lado, esconden la ausencia que socava la imagen y forjan en secreto el contorno contrahecho de la escultura; su contraparte oscura: la que instaura lo que no puede ser visto ni ser nombrado. Por otro lado, delatan el vacío que ellas mismas han creado. El hueco oculto en la intimidad de la escultura ve expulsado de sí su propio contorno y lo ve acuñando el cuerpo del alma en retirada. Ahora el vacío se ha vuelto compacto, aunque lo haga sin perder su estigma de ser en falta. Expuesta en positivo, la cavidad ha asumido una forma: la no-forma de una otra escultura, una figura fantasmática que sólo puede ser dicha a través del silencio que ha dejado.

TRES. Las almas de la escultura son modelos degradados que preceden al montaje de la pieza y, terminado el proceso de fundición, devienen desechos suyos. Incrustadas en lo profundo de la obra, moldean su adentro resguardado; desprendidas de la imagen fraguada, ellas se vuelven testigos de una impostura y principio de fundiciones nuevas, de fundaciones de nuevas carencias. En 2001, ante el desafío de ocupar una nueva sala de la Galería *Animal* de Santiago de Chile, Rosa Velasco recuerda estas enrevesadas vicisitudes del alma y, sobre el modelo de sus paradojas, desarrolla ciertas cuestiones vinculadas con la crítica de la representación que venía ella trabajando. Por un lado, las relaciones equívocas entre lo que está adentro y lo que está afuera, entre el molde y lo formado, entre la omisión que se expone y la presencia que se sustrae. Por otro, el tema de la falta básica que moviliza los juegos del arte: ese lugar último, cuya imposibilidad dispara el afán significante.

CUATRO. La artista pretende animar el nuevo espacio de la galería que, por no haber sido aún usado, carece del vacío que cava la memoria. Pero a la hora de ubicar en él las almas —aquellos trozos informes, colgados como reses fosilizadas luego de haber esculpido la ausencia— se enfrenta a otra paradoja: la que opone concepto e imagen. Es que, ubicadas en ese espacio sin historia, las almas se convierten en remedos de esculturas: pierden su carácter de molde de un vacío para convertirse en masas autónomas, en curiosas figuras libres de sus cometidos dramáticos; es decir, ya no son almas. Rosa Velasco no puede horadar aquel espacio a través de formas inocentes, eximidas del peso de la falta: no puede trasladar las almas, pues ellas consuman su espectralidad cuando pierden la referencia de la nada: no tiene más salida que crear un alma para ese espacio vacante. Y dado que éste mismo es un vacío, debe trastornarlo, darle la vuelta como se hace con un guante, convertirlo en matriz de una escultura ausente: de un nuevo vacío. Entonces, levanta en medio de la sala un no-espacio, un contramolde, un inexplicable paralelepípedo —ingrávido, sofocante— que ocupa casi toda el área, se adecua a sus contornos irregulares y deja como remanente sólo un apretado corredor circundante.

CINCO. Para mostrar el alma en su condición de tal —la única manera de exponer no una obra, sino su interior incautado—, la artista ha transformado la escultura en ausencia de sí y ha convertido el tiempo de la obra en su "negra espalda": ya se sabe que, en cuanto horma que resguarda el vacío interno de la pieza, el alma existe sólo mientras espera que el metal fragüe; después es retirada, convertida en despojo o en cuña que espera otro encargo. Pero Rosa persigue este tiempo en su ocurrir paralelo: detiene el instante creador de un vacío, que, diferido siempre, se vuelve pura idea. Entonces, el lugar de la escultura es cancelado; ahora es un pasadizo, el sitio que sobra entre el molde (creado por las paredes, el techo, el piso y el vano de acceso) y el contramolde (configurado por el paralelepípedo: el alma). El público que circula por ese estrecho pasaje está transitando el adentro de la sala-escultura. Sólo puede ver el lado interno de la supuesta figura y la cara externa de la oquedad presunta. Pero ni existe el contorno de afuera ni la cavidad interna. Los moldes y las figuras, las ausencias y los llenos, lo oculto y lo manifiesto, intercambian sus nombres en silencio.

SEIS. Al final, sólo permanece la idea de una falta originaria, inaccesible, y sólo queda la presencia de un emplazamiento hermético que amenaza con ensancharse hasta ocupar toda el área; hasta desalojar los últimos reductos de la escultura y refutar por un instante la ilusión de que pueda un objeto ser conquistado por la mirada.

3. PEQUEÑA VENTANA SIN PAISAJE

En la última sala del Museo de Artes Visuales de Santiago de Chile –que, en cuanto ubicada en el subsuelo, actúa como una cripta– se abre inesperadamente una pequeña ventana cuadrangular. Osvaldo Salerno la interviene para cerrar una exposición suya e instalar en ese sitio específico una obra titulada *Nandí verá* (2005). Ambos lados de la abertura son cubiertos con sendos tejidos de tul sobre los cuales se encuentran escritas las palabras del título. Éstas han sido trazadas con cera de miel que, al taponar en el curso de la escritura los poros de ambas mallas de gasa (orificios vinculables con las celdillas hexagonales de un panal), atraviesan el cuerpo esmerilado del soporte y acceden al otro lado: el hueco interno que media entre ambas aberturas veladas y funciona como un espacio mudo, cerrado en sus seis caras. En este caso, como en gran parte de la obra de Salerno, conviene considerar el peso simbólico de la materialidad que interviene en el montaje: la cera de miel tiene una presencia intensa en la cultura indígena del Paraguay, en la confección de sus objetos cotidianos y rituales, en la creación de zonas marcadas. Y, como también sucede en otras propuestas, en ésta, la referencia inesperada a un registro extraño desata los sentidos de la obra sugiriendo otras implícitas líneas de fuga que complican su lectura.

Pero la lectura se complica sobre todo a partir de otros recursos. Dado que los velos son transparentes, los textos se muestran superpuestos e invertidos cada uno respecto del otro, por lo que resultan difícilmente legibles: se neutralizan mutuamente mediante sus escrituras contrapuestas. Esa ventana nublada parece conformar una pequeña bóveda ofrecida/sustraída a la mirada. Pero también levanta el cuadro de la representación, el que recorta y abre esa escena tramposa donde el objeto comparece confirmando su propia ausencia. Y, al hacerlo, renueva el deseo de la mirada, su juego perverso: el pleito que mantiene ella con ese objeto en torno a la falta que lo hace brillar. El arte insiste en ese momento: en la inflexión de intenso extrañamiento que produce algo que está y no está: que nombra lo que no es, que oscurece lo que está escrito, que remite a un enigmático fuera de sí. Ése es el principio del aura en Benjamin, la perturbadora presencia de lo que no se encuentra a mano.

En idioma guaraní, *nandí verá* significa "el resplandor de la nada", lo que en lenguaje común diríamos que "brilla por su ausencia". Salerno toma esta figura para trabajar el plus de sentido que produce la mirada oscilante. La mirada que sigue el extraño vaivén del objeto cuando se muestra en su replegarse; la que debe sostenerse más allá de lo visible, en el vacío, sobre la nada, en el margen abierto por el aplazamiento de la presencia. Esa mirada queda en suspenso ante el umbral y hace de él un puesto intermedio: un deslugar de pura espera, el dintel de la puerta kafkiana. En ese borde extremo entre el mirar y el perder se manifiesta, "irrepetible" dice Benjamin, el aura, el breve centelleo de la distancia. El interrogante abierto que deja la huella.

En ese margen ilocalizable opera la impresión de los objetos, el límite ante cuyo filo se apretujan las formas para inscribir, apuradas, desesperadas, lo que se pierde, lo que se ha alejado ya. Esta inscripción requiere un espacio, o mejor, un dispositivo de espaciamiento que enmarque, provisoriamente, una pantalla, un soporte para la mirada. Salerno inspecciona la materialidad de ese mecanismo liminal, el marco. Un marco especial, dice Lacan. Y le da un nombre, el *bâti*, el sostén físico de la ficción. Como ejemplo, trae el caso de la obra de Magritte basada en "la imagen que resulta de poner en el marco mismo de una ventana un cuadro que representa exactamente el paisaje que hay detrás"[17]. Pero, ¿cuál es el paisaje que está detrás cuando la ventana se abre a la ilegibilidad sostenida en la bruma, cuando muestra la pura nada? Quizá sea el paisaje que ocupa, de este lado, el que está mirando: el que está siendo mirado, por lo tanto. Y esta doble interpelación, este juego de miradas, permite que el espacio en blanco implique un desplazamiento constante, alerta, de la mirada. No remite, por eso, a una nulidad, sino a una vacancia, un vacío obrado, operante: dispuesto a recibir los signos velados que anticipen otros lugares.

Žižek sostiene que si el desafío del arte tradicional consistía en llenar el hueco de lo sublime, la gran tarea del arte actual –atiborrado de signos e imágenes, carente de zonas sagradas– radica en mantener el lugar disponible, en hacerle un lugar al lugar: "El problema ya no es el del *horror vacui*, el de llenar el vacío, sino más bien, el de crear primero el vacío"[18]. La cuestión, entonces, es mantener habilitada la escena, el mínimo e inestable espacio del acontecimiento. La última salida de la exposición de Salerno conduce a una bóveda, un lugar sin salida. Ante la estridencia exhaustiva y la sobresaturación de imágenes, ante el baldío del espacio público, resta la cripta, el recinto del silencio testarudo; la urna que cautela una distancia, por mínima que esta pueda ser.

4. LA CUSTODIA

La obra de Aníbal López formó parte del programa *Tres Fronteras*, desarrollado en la VI Bienal de Porto Alegre, 2007. Un punto

---

17 Cit. Mayette Viltard, "Foucault, Lacan: la lección de las Meninas", en *Litoral. La opacidad sexual II. Lacan, Foucault, ...*, École Lacanienne de Psychanalyse, Edelp, 28, Córdoba, Argentina, octubre 1999, p. 129.
18 Slavoj Žižek, *El frágil absoluto*, Pre-textos, Valencia, 2002, p. 38.

limítrofe que separa tres países establece, de entrada, una figura problemática conformada por tres orillas. Al desembocar en el río Paraná, el Yguazú conforma una T, que diagrama la triple frontera. Este río separa el Brasil de la Argentina; el otro, el Paraná, actúa como límite entre Brasil y Paraguay, al Norte del Yguazú; y al Sur del mismo, sirve de frontera entre Paraguay y Argentina.

Este embrollo cartográfico y geopolítico parece representar lo intrincado de una zona irritada por las cicatrices de tres cortes simultáneos. Como si, ante el límite tajante que imponen las fronteras, se condensaren las coincidencias y los conflictos que supone cada encuentro. O como si debiera la historia intensificar sus apuros y dilatar sus esperanzas, hasta apretarlas, ansiosamente, contra el borde filoso que trazan las aduanas. Esta agitación, que encrespa la zona, no sólo obedece a la caprichosa geometría dibujada por los ríos y ratificada por indescifrables razones políticas; también, y sobre todo, se basa en las peculiaridades de una región particularmente exaltada por diversos motivos históricos, geopolíticos, económicos y socioculturales que parecen concentrarse allí, convocados por la ilusión perversa de la cercanía y la distancia; de lo propio y lo ajeno desquiciados.

La zona de las *Tres Fronteras* está sacudida por tensiones que alteran el paisaje de sus ciudades y sus montes, la coreografía de sus habitantes, las imágenes bullentes y exageradas que tienden a crecer en los confines subtropicales. Todas las oposiciones parecen acelerarse en ese escenario extremado: la obscena opulencia tecnológica de Itaipú (una de las mayores represas hidroeléctricas de América de Sur) versus la miseria radical de los indígenas; el exceso de Ciudad del Este, las mansiones de las florestas y las riberas privadas y la prosperidad de Foz de Iguazú, contra la indigencia de los campesinos y expatriados, de los mendigos, los desahuciados. Las florestas y cataratas exuberantes, por un lado; por otro, las tierras infinitas arrasadas por monocultivos vandálicos.

Crecen las sombras de la memoria en esa parte dividida del mundo: se distorsiona el recuerdo de la Guerra de la Triple Alianza, se acerca y retrocede la figura de las misiones, se borronea la utopía del Mercosur. Crece bien la diversidad en esos suelos demasiado feraces: las lenguas distintas (el portugués, español y guaraní; el inglés y el alemán, los idiomas orientales), las religiones indígenas, mahometanas y cristianas, el choque intercultural −la mescolanza− de tradiciones urbanas, aborígenes y rurales. También parecen crecer mejor allí la babelización, la migración, la violencia, la corrupción de las burocracias aduaneras. (El comercio desesperado, el furioso tráfico). Y la falsificación y el contrabando, claro: la zona es el paraíso del tráfico ilegal de mercancías y la reproducción adulterada, clandestina, de todas las marcas. Crece, asimismo, el turismo que busca, ansioso, panoramas exóticos y artículos baratos, flamantes bolsos originales de Louis Vuitton y legítimas chaquetas de Armani ahí mismo producidas.

Pero, también en esta zona resisten franjas de diferencia, reservas de otras formas de imaginar el mundo y de explicarlo. Aun apremiadas por la expansión caótica de las ciudades y acorraladas por los cultivos de soja, las culturas de inmigrantes, de campesinos, de guaraníes, son capaces de renovar la alquimia del sentido mediante formas rotundas, distintas: imágenes enérgicas, sobrepuestas a la metástasis de la especulación inmobiliaria y al desplome de los últimos bosques. Las fronteras movilizan, así, constelaciones culturales extrañas, mundos duros, incompatibles casi entre sí. Se sabe que tanto las situaciones de apremio e intensidad, como los sitios liminares, los umbrales, configuran reductos privilegiados del arte. Por un lado, las operaciones artísticas se nutren de nudos conflictivos de la historia: templan sus formas a través de los empeños duros que supone desenredarlos o, por lo menos, asumirlos. Ubicados en puntos de alta tensión, los artistas consiguen revertir la carga adversa mediante la producción de obras densas que significan no exactamente superaciones del conflicto o expresiones de su velada realidad, sino cifras potentes, capaces de exponer en clave poética las grandes cuestiones del momento. Por otro lado, el arte contemporáneo, renuente a categorías fijas y asentamientos estables, encuentra en la figura de la frontera una posibilidad de franquear el círculo hermético de las autonomías formales: traspasar el límite de ida y de vuelta, transgredir furtivamente el contorno de la escena, oscilar entre la intemperie oscura de lo real y el cobijo ordenado de las formas.

Ubicada sobre la frontera del Paraguay/Brasil, frente a Foz de Iguazú, Ciudad del Este constituye una gran zona franca, un desmesurado *duty free* sostenido por la poderosa industria de las imitaciones y falsificaciones. Pero también por las redes del contrabando. Contrabando de ida y vuelta: a esa ciudad ingresan mensualmente mercaderías provenientes de la zona franca de Iquique, Chile, por un valor promedio de cuarenta millones de dólares; y de esa ciudad, adquiridas por los *sacoleiros,* salen toneladas de artículos adulterados y contrabandeados. Se llama *sacoleiros* a los aproximadamente doscientos mil pequeños comerciantes que, desde Foz de Iguazú, cruzan continuamente al Paraguay para adquirir las mercaderías.

Ahora bien, a pesar de que este sistema tramposo beneficia por igual a ambas ciudades vecinas, el paso se vuelve cada vez más difícil, obstruido por nuevas políticas restrictivas y, por detrás, por las ambigüedades de la diplomacia y las hipocresías de los funcionarios estatales. Al volver a territorio brasileño, los *sacoleiros* se encuentran asediados por el control de los militares, la Policía Rodoviaria y los fiscales de la Receita Federal, por lo que deben hacer complicados malabarismos para pasar sus artículos. Esta situación generó ingeniosos sistemas de cruce furtivo de las fronteras y complicados métodos de soborno y, en general, de corrupción aduanera. También impulsó la organización de un intrincado submundo de eficientes empresas ilegales y, por encima de todo, la institución de una arraigada cultura del contrabando que tiñe prácticas y representaciones sociales dispersas. Éste es el contexto que decide trabajar Aníbal López cuando visita la zona de *Tres Fronteras*. La posible puesta en obra de este desmesurado sistema exige una estrategia de aproximación y un merodeo del tema basados en jugadas sutiles, precisas y enérgicas: un movimiento retórico capaz de introducir una distancia en relación con el tema. Esta separación debe estar marcada por un trecho mínimo, pues de alejarse mucho, el artista perdería la fuerza que la situación dispara.

PUENTE BAJO EL RÍO PARANÁ. Aníbal decide partir de una sofisticada y, a la vez, contundente maniobra establecida en la zona para cruzar subrepticiamente la frontera. Los artículos (básicamente, electrónicos, ropas, perfumes, juguetes) son retirados de los locales de comerciantes, por lo general de origen árabe, y trasladados a depósitos clandestinos donde son sellados minuciosamente en cajas impermeables. Un grupo de operarios los traslada, de noche, hasta la ribera del río Paraná, que corre bajo el Puente de la Amistad, el medio "legal" de paso entre las dos ciudades: una construcción imponente que, en el tiempo de su terminación (1962) fue considerado el mayor del mundo en obra de concreto.

En algún momento exacto −marcado por la dirección del flujo de las aguas, la densidad de la noche, la coreografía de los guardias de frontera−, las cajas son arrojadas al agua desde el borde de la ribera que, en las cercanías del puente, alcanza más de setenta metros de altura. Caen, pues, con mucha fuerza, pero, bien calculado el movimiento, flotan enseguida y se abandonan a la corriente cómplice del río que, luego de someterlas al juego de piruetas y meneos, las arrastra hasta depositarlas en la otra orilla, el margen brasilero del Paraná. Allí otra cuadrilla (o la misma que había arrojado los fardos y cruzó luego el río) recoge rápidamente la carga y la traslada hasta los camiones que, a su vez, la llevarán hasta distintas ciudades del Brasil.

Esta ardua operación supone no sólo un alto grado de temeridad, sino un eficiente nivel de organización. Requiere una empresa bien tramada que maneje recursos humanos competentes a nivel de mano de obra, y demanda especialistas dedicados a planificar y coordinar cada una de las etapas: desde el trato con los clientes compradores y los proveedores de mercaderías, hasta la contratación y dirección de los embaladores clandestinos, de los transportadores y los baqueanos, diestros conocedores del vaivén de las aguas y los puntos de vulnerabilidad de las aduanas y de los controles viales.

Para encarar desde el arte esta maniobra complicada, Aníbal emplea dos expedientes. Por un lado, repite la operación paso por paso (los contactos clandestinos, las contrataciones, el embalaje, el cruce ilegal por el río, el traslado oculto de las mercaderías en los camiones piratas). Por otro, destina los 500 paquetes furtivos a Porto Alegre y allí, en el contexto de la Bienal del Mercosur, levanta con todos ellos una escultura-instalación; es decir, los expone como obra. Así instalada, ésta se llama *Escultura pasada de contrabando de Paraguay a Brasil, 2007*. El propio título coloca, de entrada, una duda: la literalidad con que describe la operación corresponde al hecho mismo de que el movimiento que produjo Aníbal repite mecánicamente una rutina que, por más ilegal y aventurera que sea, no constituye más que una acción ordinaria. Pero, aunque hubiera constituido una gesta excepcional, nos preguntaríamos qué le agrega Aníbal para que la misma devenga una obra de arte, una producción propia. El tema es que Aníbal no agrega nada; hace, más bien, todo lo contrario: extrae el contenido de las cajas, las vacía. El movimiento se vuelve así, inútil: los contubernios con los infractores, el trasiego de los depósitos, la faena de la ribera, el lanzamiento al río (la violencia de la caída), la espera nocturna en la orilla de enfrente, el rescate, los camiones sigilosos.

TRÁFICO LIVIANO. Pero podríamos volver a considerar esta misma cuestión dándole la vuelta, convirtiendo la sentencia "Aníbal no agrega nada" en "Aníbal agrega nada". En este caso, el artista encara la nada como un principio activo, en un sentido nietzscheano: el resultado de un obrar constructivo. El término *nada* no significa acá una nulidad abstracta, sino una vacancia dispuesta, un vacío construido: el espacio de la falta, abierto siempre a cobijar otros significados. Esta ausencia echa a andar uno de los resortes del arte: pone en movimiento la presencia extraña de algo que fue retirado, que se muestra desde el rodeo de su propio ocultarse. Y apela así al principio de la representación, el secreto del aura: la inquietante aparición de algo que no está, que está en otro lado. Plantear así las cosas supone subrayar, no el momento de la oquedad sino mostrar el excedente de significación, el plus de sentido que genera el objeto en falta. La mirada queda en suspenso ante el espacio vacante y hace de él un puesto intermedio: la escena abierta del interrogante.

El desafío mayor del arte ocurrido en un paraje sobresaturado de signos —atiborrado de representaciones, de información, de pura imagen— es el de habilitar una escena donde representar lo que ocurre, lo que no terminará de ocurrir, del otro lado (en la orilla opuesta del río, detrás del puente recién cruzado, mucho más allá de las ciudades estridentes, en el trasfondo imposible de las cajas) [19]. En medio de un sitio como Ciudad del Este, arrebatado por la promiscua iconografía publicitaria, parece redoblarse la necesidad de que el arte instale pausas de silencio (para que resuenen otras palabras), cautele espacios en blanco (para que sirvan de superficie de inscripción a las formas diferentes). Por eso, Heidegger sostiene que la escultura debe ser la custodia de un vacío, el resguardo de la posibilidad misma del espacio escultórico[20].

LOS EMBALAJES DE PANDORA. Al encomendar a las cajas selladas que preserven un adentro de puro vacío, Aníbal las está abriendo a cuestiones que van mucho más allá de la anécdota de un paso de contrabando. El arte opera interceptando el curso ordinario de las cosas para sacudirlas y obligarlas a revelar sus vínculos con otras cosas, sus compromisos con otras situaciones. Al trastornar gravemente una operación rutinaria de contrabando, el artista nos obliga a reflexionar sobre situaciones y problemas que trascienden el hecho mismo

---

19 En este sentido, Žižek afirma que, si la misión del arte anterior al nuestro consistía en colmar el nicho vacante de la *Cosa sublime*, la gran tarea del arte actual —desprovisto de zonas encantadas, de círculos consagrados— se dirige a conservar el espacio abierto, hacer lugar al lugar. "El problema ya no es el del *horror vacui*, el de llenar el vacío, sino más bien el de crear primero el vacío". S. Žižek, op. cit, p. 38.

20 Martin Heidegger, "Construir, habitar, pensar", en *Conferencias y artículos*, Ediciones del Serbal, Barcelona, 1994, pp. 127-142.

de esa operación, que rebasan su propia puesta en obra. La nada embutida dentro de los paquetes impide que cualquier referencia fija allí se instale. Entonces, esas cajas desocupadas pueden servir para trasegar figuras coladas de otras historias. Me referiré sólo a algunas de ellas. En primer lugar, el contrabando de Aníbal convoca el tema de los subterfugios a los que debe recurrir el artista para hacer circular su obra en los países periféricos, incluso en aquellos supuestamente integrados a través de circuitos regionales: el cacareado Mercosur Cultural sigue aún constituyendo una utopía; en el mejor de los casos, una esperanza, puesto que no existen políticas culturales ni, por lo tanto, acuerdos y normativas que faciliten el intercambio entre los países mercosurianos.

En segundo lugar, la obra nos enfrenta a una penumbrosa realidad paralela que nos involucra de muchas maneras: un mundo ilegal de pautas culturales y formas de subsistencia que nos acerca artículos inocentes, limpios de sus turbios pasados. En los países, en las regiones, de la periferia extrema, el agravamiento de la miseria y la proliferación del comercio informal promueven no sólo ingeniosos mecanismos de subsistencia desesperada, sino opulentas fortunas basadas en la mafia. Pero también fomentan la emergencia de representaciones simbólicas e imaginarios colectivos que aseguran la legitimación social de estos circuitos subterráneos: lenguajes, figuras, señales de identidad y códigos estéticos y éticos alternativos que amparan la circulación de las cajas. El vacío de éstas permite, por otra parte, ironizar acerca del funcionamiento de un sistema regido por la máxima productividad: el hecho de transportar con tanto costo y riesgo puros envoltorios inútiles, produce una interferencia fuerte en la lógica instrumental del capitalismo duro, el paradigma de toda práctica posible.

La obra de Aníbal transita con radicalidad lugares equívocos, zonas de riesgo. Vincular el ámbito del arte con estos trasfondos culturales resulta una operación desconcertante; pero esta misma turbación permite plantear, por último, el tema de la institucionalidad del arte, que cada obra consistente debe traer a colación, aunque sea de pasada. ¿Por qué las cajas dispuestas en un depósito no devienen obras de arte y expuestas en una bienal sí? Ésta es la paradoja del arte contemporáneo, cuyos dominios han perdido sus títulos oficiales de propiedad y deben ser conquistados en cada caso. Es un problema de frontera, una cuestión de paso, de contrabando a veces.

LA IRREPETIBLE APARICIÓN DE LA DISTANCIA
[Una defensa política del aura]

> *A veces hay que retirar de la lengua*
> *una expresión y darla a limpiar*
> *para poder volver a ponerla en circulación.*
> WITTGENSTEIN

DESEO MODERNO

Empujada por la expansión tecnológica, la crisis del objeto artesanal altera el sentido de la experiencia estética, apura la formación del público masivo e instaura el régimen de lo fantasmagórico moderno; pero, sobre todo, levanta una contrariedad fuerte en el programa de la modernidad artística: quebranta las bases de la autonomía de lo estético, recién estrenada. En *La obra de arte en la era de la reproductibilidad técnica* (1936), Walter Benjamin propone una salida radical: asumir el sacrificio de la autonomía de la obra que impone su reproducibilidad: cancelar la distancia que mantiene abierta la forma, anular el aura. Según potestad heredada del culto, de donde proviene, el aura corona el símbolo ilustrado con los fulgores de lo original y lo irrepetible. Desprovisto de este halo, el arte quedaría de una vez por todas purgado de los residuos místicos e idealistas que trae de la representación cultual. Pero también quedaría absuelto de toda culpa por los privilegios que mantiene: junto con la distancia que imponen sus formas, el arte perdería el signo exclusivista que marca el origen aristocrático y refrenda la propiedad burguesa.

La obra de arte en la era... termina con la propuesta de contestar el esteticismo de la política fascista con la politización liberadora del arte. Esto, ya lo sabemos, no ocurrió: el nuevo esteticismo llegó en clave de mercado; el capitalismo se adelantó a las vanguardias, asumió la reproducibilidad hasta el infinito y canceló la distancia, la autonomía del arte, en pos de otros objetivos, opuestos por cierto a los que guiaban la utopía benjaminiana. Invertida la distancia más que derogada, las industrias culturales y los medios masivos de comunicación intentan acercar todo demasiado; tanto, que las cosas y los eventos terminan achatados, aplastados contra los ojos, la pantalla de televisión o el monitor de la computadora que, a los efectos, da lo mismo.

Pero, por otro lado, convertidos en mercancía, acicalados para su mejor consumo, cosas y eventos terminan siendo re-auratizados, alejados de nuevo: el *glamour* que produce el mercado también precisa la distancia para hacer un lugar a la mirada, un hueco al deseo. Así, la mercancía es fetichizada mediante un movimiento que subraya su valor exhibitivo, encubre las condiciones de su producción y la reifica, la vuelve autónoma: abstracto signo de intercambio. Esto es decir: mediante un gesto que aleja el objeto y lo rodea de aura. Resumiendo: la irrupción de la mercancía supone la producción masiva y, por lo tanto, coincide con la reproducibilidad técnica y la aparición de las masas: la escena que condena el aura está armada. Pero la fabricación industrializada de las mercancías dota a éstas de una nueva aura: la fantasmagoría mítica de lo-siempre-nuevo, el encantamiento de la moda, la seducción del artículo expuesto en vitrinas, acercado y apartado, deseado.

INDICIOS

Benjamin acerca pistas oscuras y sucintas acerca del aura y ofrece pocas y muy breves definiciones suyas: "manifestación irrepetible de una distancia por más próxima que esté"[1]; "trama singular de espacio y tiempo"[2] y conjunto de "representaciones radicadas en la *mémoire involontaire* que tienden a agruparse en torno a un objeto sensible"[3]. Cierta referencia tiene el sentido de un boceto rápido, un indicio enigmático dejado casi al pasar: "advertir el aura de una cosa significa dotarla de la capacidad de mirar"[4]. Otras, utilizan el rodeo de la metáfora: el aura como velo producido por las lágrimas de la nostalgia o como envoltura que rodea al objeto y debe ser "triturada" mediante la reproducción técnica[5].

Las dos primeras definiciones del aura implican una crítica del sistema moderno (kantiano) de representación. Suponen el cruce de las categorías (formas puras) de espacio (la distancia) y tiempo (lo puro presente) que condicionan la aparición de algo que es más que su propia apariencia fenoménica: algo trascendente. Lo que está en juego es, así, el pleito entre ser y aparecer, base de la representación estética. Lo esencial se muestra en una presentación única. Sin embargo, en cuanto retiene su distancia (por más próximo que esté), no termina de presentarse, sigue siendo apariencia, imagen de sí, tensada siempre hacia su propia realidad proscrita. Es una imagen

---

1 Walter Benjamin, "La obra de arte en la era de la reproductibilidad técnica", en *Discursos interrumpidos I*, Santillana, Madrid, 1992, p. 24. Esta misma definición aparece en la obra del mismo autor "Pequeña historia de la fotografía" en *Discursos interrumpidos I*, op. cit., p. 75, así como en *Sobre algunos temas en Baudelaire*, versión de H. A. Murena, Leviatán, Buenos Aires, 1999, p. 69.
2 Walter Benjamin, *Pequeña historia...*, op. cit., p. 75.
3 Walter Benjamin, *Sobre algunos temas...*, op. cit., p. 65.
4 Íbid, p. 69.
5 Walter Benjamin, *La obra de arte...*, op. cit., p. 25 y *Pequeña historia...*, op. cit., p. 75.

marcada por la presencia-ausencia del ser y, definida anticipadamente por esta pérdida, una falta primordial. Éste es el resumen de la negatividad moderna, la tragedia de la representación. Hay que dejar consignado: el remanente de lo real irrepresentado queda rondando como una amenaza. Como una oscura promesa de sentido.

LA MIRADA

"Trama singular de espacio y tiempo", el aura trabaja, urde, la escena de la representación, el lugar de la mirada. De las miradas: "el aura sería entonces como un espaciamiento obrado y originario del mirante y el mirado, del mirante por el mirado", dice Didi-Huberman[6]. Lo que hace la representación es sobreactuar el juego de la mirada. Expuesto a ella, el objeto ya no es el mismo, se encuentra escindido entre su identidad y su apariencia, su imagen. La distancia del sujeto, lo que le permite ser visto, lo desdobla en una presencia y una ausencia de sí. "Lo que es visible lleva la huella de una semejanza perdida, arruinada", dice Didi-Huberman[7]; por eso la imagen se encuentra sostenida por una pérdida: ver (algo) es perder (algo). (Y por eso arrastra un principio de melancolía).

Consideremos en este contexto el siguiente comentario de Benjamin: "sentir el aura de una cosa es otorgarle el poder de alzar los ojos". También traigamos acá la cita que hace del aura en Valéry: "las cosas que veo me ven como las veo yo"[8]. Auratizado, el objeto adquiere el poder insolente de devolver la mirada, de mirar a quien lo mira. Y, así, queda el mirado, dividido, a su vez, entre su ser y su

---

6 Georges Didi-Huberman, *Lo que vemos, lo que nos mira*, Manantial, Buenos Aires, 1997, p. 94.
7 Íbid., pp. 17-18.
8 Walter Benjamin, *Sobre algunos temas...*, op. cit., pp. 69-70.

imagen: como un objeto listo para acceder al teatro de la representación. Y queda, por eso, investido del poder del deseo. Benjamin vuelve a citar a Valéry, que define la obra de arte "por el hecho de que ninguna idea que suscita en nosotros... puede agotarla o darle fin"[9]. Según esta definición, comenta Benjamin, la obra aurática reproduciría "aquello de lo cual el ojo no podrá saciarse jamás" y sostiene que "aquello mediante lo cual la obra de arte satisface el deseo que se puede proyectar retrospectivamente sobre su origen sería algo que, al mismo tiempo, nutre en forma continua dicho deseo". Esta sería la diferencia entre la mirada que no puede ser saciada nunca con el cuadro (la obra aurática) y la que calma el deseo con la fotografía (la obra no aurática)[10]. Desauratizar sería, pues, detener la economía del deseo, el litigio de la representación.

El tema de la justa de las miradas sería tratado posteriormente por Lacan en el Seminario del '62: mirado por el objeto, el sujeto pierde su dominio en la representación, queda él mismo objetivado, desdoblado. Depone su propia mirada para esquivar aquélla, insoportable, que se filtra por la barradura de su subjetividad, o bien se protege mediante el filtro de lo simbólico, la forma, para evitar ser cegado por lo real[11]. El propio mecanismo del aura produce una refracción de la mirada. En este sentido Žižek recurre a la metáfora de la anamorfosis para figurar la mirada distorsionada por el deseo, por la distancia: el aura presenta el objeto ladeado, torcido; obliga a una posición sesgada a fin de que se pueda percibir lo que no existe para

---

9   Walter Benjamin, *La obra de arte...*, op. cit., p. 66.
10 Íbid., p. 67.
11 Véase el desarrollo de este tema en Hal Foster, *El retorno de lo real*, Akal, Madrid, 2001, pp. 142 y ss.

la mirada frontal y objetiva[12]. Por eso Benjamin celebra que la poesía de Baudelaire esquive la mirada: mediante esta maniobra puede zafarse del juego deseante del aura[13].

EL SACRIFICIO

Según lo recién expuesto, la ejecución de la condena del aura bloquearía el movimiento de la representación y cancelaría la esgrima de las miradas: detendría la insaciable faena del deseo. Sin el intervalo de la distancia, el objeto coincidiría consigo mismo y, reducido a pura presencia fáctica, vería apagarse su misterio (disolverse en su adentro el enigma que inocula la falta).

Pero estas consecuencias no sólo son admitidas por Benjamin sino que por él son buscadas. En el contexto de su obra, la disolución del aura forma parte de un paquete programáticamente diseñado para rematar considerables heredades del sujeto iluminista: la experiencia de la verdad, de la tradición, de la escritura y del recogimiento ante la obra, junto a otras figuras que arrastra en su derrumbe el intelecto crítico[14]. El cambio de la experiencia profunda por la vivencia fantasmagórica del *shock* ablanda la percepción de la obra, la convierte en sensación ligera, en distracción (según el doble sentido que tiene este término de relajada desatención y

---

12 Slavoj Žižek, *Mirando al sesgo. Una introducción a Jacques Lacan a través de la cultura popular*, Paidós, Buenos Aires, 2002, p. 29.
13 Walter Benjamin, *Sobre algunos temas en Baudelaire*, op. cit., p. 72.
14 En forma dispersa, Benjamin expone esta mirada sombría en su obra *Dirección única*. (Trad. Juan J. Del Solar y Mercedes Allendesalazar), Alfaguara, Madrid, 1987). Las figuras de "ruina de la inteligencia libre" y "la humillación del espíritu" propuestas por Benjamin, son tratadas en Vicente Jarque, *Imagen y metáfora. La estética de Walter Benjamin*, Servicio de Publicaciones de la Universidad de Castilla-La Mancha, Cuenca, 1992.

entretenimiento rápido)[15]. Los anuncios publicitarios –que fascinan a Benjamin– ilustran la inevitable suplantación que la fugaz mirada mercantil ejerce sobre la contemplación detenida que requiere el aura. El acercamiento que promueven los letreros, los periódicos, los folletos, las revistas y el cine impone una lectura vertical, entrecortada y colectiva, que renueva la íntima (y arcaica) horizontalidad reclamada por el libro[16].

Elizabeth Collingwood-Selby entiende que este acercamiento cancela la lejanía del aura, su doble distancia: la que aparta al observador de lo observado, por un lado, y "aquella que separa todo acontecimiento, todo ser, de sí mismo"[17], por otro. Al borrar esta lejanía en la información, la prensa clausura y, por lo tanto, anula los acontecimientos[18], les niega "la capacidad de alzar la mirada..., los reproduce como cosa muerta"[19]. Y ese movimiento avanza a contrapelo de la concepción benjaminiana de la historia como destiempo.

Resignado, complacido por momentos, ante el destino trágico de su presente, Benjamin se vuelve melancólicamente sobre las ruinas de la Ilustración. Las figuras del achatamiento del mundo y la humillación conferida a la palabra deben ser inscriptas sobre el anochecido horizonte europeo de entonces. Pero su posición obedece no sólo a la taciturna impotencia ante los escombros de una guerra

---

15 Walter Benjamin, *La obra de arte...*, op. cit., p. 53.
16 Estas posiciones son sostenidas a lo largo de su obra *Dirección única...*, op. cit.
17 Elizabeth Collingwood-Selby, *Walter Benjamin, la lengua del exilio*, ARCIS-LOM, Santiago de Chile, 1997, p. 128.
18 "El aquí y el ahora de cada acontecimiento –un aquí y ahora que es la manifestación irrepetible de una lejanía (la lejanía del ser a sí mismo), un aquí y ahora que es deseo de ser, que es llamada y, a la vez, respuesta a otra llamada–, eso es lo que la información pasa por alto. Esta manifestación es el aura". Íbid, p. 129.
19 Íbid.

y los aciagos anuncios de otra; también se basa en un auténtico entusiasmo ante nuevas formas técnicas de la comunicación y responde, por encima de todo, a una salida política de emergencia, a una apuesta estratégica; casi una reducción al absurdo que, en su exasperada radicalidad, se dispone a llegar hasta el final, a no detenerse ante ninguna consecuencia, por más devastadora que resulte ella. (Por más cercano al suicidio que devenga el gesto que apura su espanto). Como será recordado luego, la radicalidad de Benjamin, tensada entre puntos incompatibles entre sí (el mesianismo judío, la revolución bolchevique), desespera su extremismo, exacerba la paradoja hasta los lindes del desvarío. En el remate incomprensible de sus excesos, Benjamin no hace más que asumir la maldición de un proyecto que, basado en la Razón, no puede hacerse cargo de ella. Y nombra este infortunio con tanta fuerza que su palabra fosca llena de presagios el tiempo que le sigue. Y, a contrapelo de sí misma, hasta traza a veces el signo confuso de alguna esperanza.

Pero las circunstancias históricas de entreguerras no pueden ser descartadas, claro. Acorralado por la escalada fascista, que terminaría por acabar con su vida, Benjamin opera en una escena en blanco y negro. Entre el aura comprometida con la estética idealista y el fascismo, por un lado, y, por otro, las posibilidades de recepción masiva que acerca la reproducibilidad técnica, opta por éstas, obviamente. Aunque se encuentren ellas destinadas a servir a una modernidad concebida en clave capitalista y condenadas, por eso, a engordar el mercado. Aunque tenga el arte que pagar un precio caro por este sacrificio: su propio lugar, ya se sabe.

Pero, además, la confianza de Benjamin en el potencial transformador de las técnicas de reproducción masiva (básicamente la fotografía y el cine) debe ser ubicada en el contexto de esas condiciones históricas. Su modelo de cine era el revolucionario ruso de los '20 y su ejemplo de innovación artística, la de las primeras vanguardias históricas. Su optimismo político se encontraba avalado por la tesis marxista de que las contradicciones del capitalismo generan fuerzas productivas que permiten la propia aniquilación de éste. Entonces, la modernización de la imagen, su reproducibilidad, podía ser pensada todavía fuera del esquema capitalista o, aun dentro de éste, como factor disolvente suyo. Por eso, aunque estuviere consciente del gradual y acelerado decomiso de la reproducibilidad técnica por parte del capital, Benjamin apostaba a ella en detrimento del aura que, en ese contexto, podía tener un signo transformador.

LA HORA DEL BÁRBARO

Cabe recordar, por otra parte, que el concepto de aura se encontraba inmerso en la tradición iluminista, el otro gran frente adversario ante el que se emplazaba Benjamin. En el distanciamiento aurático, el filósofo berlinés reconoce un gesto autoritario que apela a su tradición religiosa, su prestigio aristocrático y su individualismo burgués. El aura fetichiza los objetos artísticos de propiedad privada con el encanto desdeñoso de su propia lejanía; refriega su origen mítico borrando las huellas de su pasado histórico, su materialidad técnica y su inscripción ideológica. Su hechizo suspende las condiciones de producción, sacraliza el producto del arte y lo aparta de las masas.

Benjamin parte de la mordaz crítica que hace el moderno Baudelaire del aura evocadora y nostálgica que promueve el idealismo ilustrado. En este ámbito, el deseo del placer de lo bello se vuelve insaciable porque recae sobre un mundo anterior idealizado, "velado por las lágrimas de la nostalgia" (velo = aura). La representación recurre a la belleza para reevocarla ("como Fausto a Elena", dice).

"Esto no se produce nunca en la reproducción técnica (en ésta lo bello no tiene puesto ninguno)"[20]. Para desarrollar esta idea, Benjamin recurre a un texto de Baudelaire ("Perte d'auréole", en *Le spleen de Paris*[21]) que, de manera alegórica, define el aura como halo del "poeta lírico anticuado". Es una fantasía satírica referida al caso de un escritor "bebedor de quintaesencias" y oriundo de un decadente universo de musas, cítaras y ambrosías. Sobresaltado por el trajín de la ciudad moderna, el poeta ve su aureola caer al fango del asfalto. Queda aliviado: esta pérdida le permite librarse de la pacata dignidad y entregarse a la depravación sin sujeciones.

En esta pequeña fábula, el aura es el nimbo irradiado por el símbolo satisfecho, un nostálgico distintivo parnasiano[22]. El poeta (identificado por Benjamin con el propio Baudelaire) pierde el privilegio de su refulgente diadema, sacudido "por la experiencia del shock" moderno, pero también, empujado por los vaivenes del mercado: ahora es un productor, más sujeto a los valores prosaicos de la mercancía que a los temblores fúlgidos de la belleza. Para apurar la experiencia de la modernidad hasta el final, la poesía de Baudelaire se lanza hasta su fondo mismo: desnuda de aura, queda impresa "por el signo de la mercancía" y se aliena en su puro valor de exhibición; se degrada sin sujeciones.

A pesar de la aparente ligereza de su tono menor y la engañosa ingenuidad de su moraleja, esta pequeña y punzante relación comentada por Benjamin expresa bien cierto lado oscuro de su pen-

---

20 Walter Benjamin, *Sobre algunos temas en Baudelaire,* op. cit., pp. 64-65.
21 Íbid., pp. 75-76.
22 Didi-Huberman recuerda el origen de la figura clásica de aura "en griego y latín *aura* no designaba otra cosa que una exhalación sensible, por lo tanto material...". Op. cit., p. 109.

samiento, aquel cuya filosa inflexión desgarra el aura. Me refiero a ese desconcertante movimiento que, tras la obstinada esperanza de una posible "redención", le lleva a asumir todas las consecuencias del derrumbe de la cultura ilustrada. Benjamin no disculpa la mercantilización de Baudelaire: la celebra como gesto de feroz radicalidad, como ocasión de escándalo burgués. Piensa que, arrojado en caída libre, el poeta encontrará en el fondo las cifras secretas de la vulnerabilidad capitalista.

Puesto a enfrentar la tradición de la cultura ilustrada, Benjamin no se detiene ante los resultados de su ofensiva. Sabe que, apagado el último reflejo del aura, los contornos del arte se disolverán en la pura lógica exhibitiva de la modernidad. Está consciente de que el derrumbe de la "experiencia", la profanación del "espíritu", la deshonra de la narrativa épica y la pérdida de la tradición desencantarán el mundo y lo expondrán a las fuerzas bárbaras de un capitalismo desquiciado. Pero, aun así, celebra el exilio del arte y llega al extremo de saludar esas fuerzas oscurantistas y tras ellas proponer, aunque no por mucho tiempo, "un concepto nuevo, positivo, de barbarie"[23]. Es comprensible, pues, que el grave Adorno lo recrimine por su peligroso sacrificio del intelecto, su identificación con el agresor y su propensión a "ceder su fuerza espiritual a lo más opuesto"[24].

Es que, suelto de ilaciones historicistas, fragmentario, sacrificial, el pensamiento de Benjamin puede infiltrarse en campo adversario, extraviarse en él, sentirse cómodo en la posición combatida, supo-

---

[23] Walter Benjamin, "Experiencia y pobreza" en *Discursos interrumpidos I*, Taurus, Madrid, 1973, p. 169.

[24] Theodor W. Adorno, "Caracterización de Walter Benjamin" en *Sobre Walter Benjamin. Recensiones, artículos, cartas*. Texto fijado y anotado por Rolf Tiedemann, 2ª edic., Cátedra, Teorema, Madrid, 2001, p. 17.

ner que la misma puede ser redimida y conducida al "despertar" de la conciencia dialéctica y emancipatoria. La cultura ilustrada ha sido copada por la tecnológica. Y ésta, por el capitalismo. Tal es el dato incontestable ante el cual sucumbe la *experiencia:* el retraído ámbito de la inteligencia crítica, de la palabra densa, del enigma del aura. Habrá, pues, que transitar hasta su extremo un terreno fantasmagórico regido por la alienación de la mercancía: un terreno adormecido y bárbaro cuyos escombros guardan las cifradas pistas de la redención. Jarque considera que el rasgo heroico del pensamiento benjaminiano reside justamente en su desesperado esfuerzo por salvar ese universo bárbaro mostrando, pese a todo, su potencial emancipador"[25] .Según él, la resistencia de Benjamin termina cumpliéndose "como salto mortal hacia el lugar del 'agresor' colectivo"[26].

LAS MIRADAS DE JANO

Las contradicciones de Benjamin deben ser consideradas, así, en el transcurso de un itinerario confuso que a menudo apuntaba a rumbos entre sí adversarios. Y lo hacía tanto animado por una utopía casi inocente como desahuciado por un desaliento que rozaba el cinismo. Sus certezas —escindidas entre la teología mística y el marxismo— así como su crítica de una visión totalizadora de la realidad y lineal de la historia, promovían construcciones teóricas inextricables: híbridos de literatura y filosofía, laberintos de tiempos enredados. Pero también suscitaban, en palabras de Adorno, "la perentoria necesidad de pensar a la vez dialéctica y no dialécticamente"[27]. El propio Benjamin se refería a sus "rostros de Jano" para nombrar las

---

25 Vicente Jarque, op. cit., p. 211.
26 Íbid., p. 212.
27 Theodor Adorno, *Mínima Moralia*, Caracas, Monte Ávila, 1975, pp. 172-173.

dualidades inconciliables de su pensamiento[28]. Por eso dice Rouanet que no existe un Benjamin sino varios: el que aplaude la declinación del aura y el que, simultáneamente, se asusta ante la realidad de un mundo desencantado; "el que preconiza el advenimiento de una barbarie purificadora y el que entra en pánico con la barbarie absoluta del fascismo; el que deplora la atrofia de la experiencia en un mundo totalmente administrado y el que atribuye un valor revolucionario a la pérdida de la *experiencia*"[29].

No debería resultar extraño, entonces, que Benjamin apueste a causas perdidas o, simultáneamente, crea y descrea en el potencial transformador de la vanguardia artística, de las masas, de las industrias culturales, que así no se llamaban entonces pero funcionaban ya en la dirección ineludible en que funcionan hoy y seguirán funcionando. Quizá sus brillantes incongruencias confundan el trayecto precavido de los conceptos, pero es seguro que constituyen desafíos fecundos que sacuden el pensamiento crítico y apresuran, a empujones, su marcha: revelan brutalmente las apocalípticas paradojas de la historia y obligan a buscar en medio de sus escombros y sus fantasmas los indicios desconcertantes de una salvación sólo pensable en términos colectivos.

El método de Benjamin resulta desconcertante no sólo por lo abrupto de sus maniobras, que le lleva a giros y contragiros imprevistos, y no sólo por lo radical de sus posiciones, que le impulsa a tumbar sin mucho miramiento categorías básicas de nuestro pensar, sino por su propia manera "negativa" de abordar los temas a contrapelo,

---

[28] Gershom Scholem, *Walter Benjamin. Historia de una amistad*, Barcelona, Península, 1987, p. 205.
[29] Cit. en Ricardo Forster, Walter Benjamin y Theodor W. Adorno, *El ensayo como filosofía*, Ediciones Nueva Visión, Buenos Aires, 1991, p. 30.

comenzando "desde el lado negativo", desde el objeto arruinado, perturbado por el error[30] y avanzando en pos de una meta descarriada: "Comparar los intentos de los otros con la empresa de la navegación, en que los barcos son desviados por el polo norte magnético. *Este* polo magnético: hallarlo. Aquello que para los otros son desviaciones, para mí son los datos que determinan mi curso"[31]. En una discusión con Brecht, Benjamin defiende el uso de ciertos caminos oblicuos que se internan en la profundidad de la historia para llegar hasta sus antípodas: entrar por el lado de la sociedad capitalista, excavar su suelo, atravesarlo y salir por el lado opuesto suyo[32].

El "momento bárbaro" de Benjamin también debe ser entendido en el contexto de aquel pensamiento suyo que, adscrito al marxismo, buscaba potenciar la función emancipadora del arte a través de la tecnología moderna. Por más que la reproducibilidad técnica se encuentre al servicio del capitalismo, los desajustes estructurales de éste permiten que las fuerzas productivas por él mismo generadas puedan ser revertidas en su contra. En *La obra de arte...*, pero también en *El autor como productor,* Benjamin constata que el capitalismo tarda más en cambiar la superestructura cultural que la base económica; este desfase permite identificar posibilidades revolucionarias en la técnica misma del arte, aunque la misma responda a condiciones infraestructurales adversarias. Ubicados en esta dirección, combatir la barbarie con sus propias armas no suena demasiado descabellado, como tampoco resulta extravagante que, desde una postura marxis-

---

30 Walter Benjamin, *Baudelaire: poesía y capitalismo. Iluminaciones III*, Taurus, Madrid, 1993, p. 95.
31 Walter Benjamin, *La dialéctica en suspenso. Fragmentos sobre historia* (traducción, introducción y notas de Pablo Oyarzún Robles), Arcis, Santiago de Chile, p. 119.
32 Walter Benjamin, "Conversaciones con Brecht" en *Tentativas sobre Brecht. Iluminaciones III*, Taurus, Madrid, 1993.

ta, Benjamin celebre la incautación del aura por el capitalismo y, aun, su conversión en mercancía. Al llegar a este punto, puede resultar útil recordar el doble cometido que otorga Benjamin al arte, que al actuar como expresión de una circunstancia histórica, despeja el sopor ideológico que empaña la verdad de ésta y ofrece pistas, indicios fragmentarios, para desenmascararla de cara a un proyecto político emancipatorio.

REVELACIONES

Aunque Benjamin no se ocupe en forma separada y sistemática del tema del arte, éste ocupa posiciones centrales en diferentes lugares de su pensamiento disperso. Empleando una extrema simplificación —sólo justificable en este texto como puntual recurso argumentativo— podríamos formular la cuestión de esta manera: en cuanto sus imágenes (sus formas) representan la verdad de un mundo (su contenido), el arte actúa como síntoma de una realidad histórica y permite detectar en ella flancos vulnerables suyos que posibiliten su cambio: el despertar de la conciencia colectiva y la posibilidad de redención. El arte es, así, no sólo representación o expresión de un contenido de verdad sino denuncia de lo revelado y principio suyo de sacrificio y salvación. Sigo a Ana Lucas para ilustrar (mínima, esquemáticamente) esta posición en dos momentos: el barroco (expuesto en *El origen del drama barroco alemán*) y el moderno (tratado básicamente en *Los pasajes*)[33]. Por detrás de sus diferencias, ambos desempañan la ilusión que encubre la verdad de una historia, para revelar su contenido y, así, redimirlo. En el barroco, el arte repre-

---

33 Ana Lucas, *El trasfondo barroco de lo moderno (Estética y crisis de la Modernidad en la filosofía de Walter Benjamin)*, Cuadernos de la UNED, Madrid, 1992.

senta una imagen del mundo; en la modernidad capitalista, expresa sus condiciones materiales, la infraestructura de lo moderno. En el primer caso, la representación del arte permite volverse contra lo que representa y recuperar el sentido de la vida entre los residuos petrificados de la historia; en el segundo, la expresión de la modernidad promueve el "despertar" de la somnolencia producida por la fantasmagoría moderna y se abre a la acción revolucionaria. En uno y otro caso, el arte promueve un sentido utópico y apela a una dimensión mesiánica. Toda la labor crítica de Benjamin, escribe la autora citada, se centra en la búsqueda de "una verdad que hay que buscar entre las ruinas de la historia, en el despertar de la cosificación fantasmagórica del mundo moderno y en la redención de los vencidos".[34] Así, lo fenoménico debe ser reconectado con su origen para que pueda recuperarse su verdad esencial, sustraída por la ideología. Esta demanda de verdad dota a la estética benjaminiana de una fuerte dimensión ética.[35]

La revelación que produce el arte (que Benjamin llama *representación* en el primer caso y *expresión* en el segundo), cumple cabalmente los pasos de la representación estética: supone un movimiento de imágenes capaz de convocar el significado oculto de un mundo. Pero, de acuerdo a la economía de la representación, esta verdad no acude dócilmente al requerimiento ni comparece entera en la escena histórica[36]. Siempre incompletas, disgregadas, las alegorías barrocas

---

34 Íbid., p. 170.
35 Véase el desarrollo que hace la autora del tema citado. Ana Lucas, op. cit., p. 167.
36 "Para el barroco –escribe Benjamin– la naturaleza estriba en la expresión de su propio significado, en la representación emblemática; representación que, en tanto que alegórica, nunca puede coincidir con la realización histórica de tal sentido". Walter Benjamin, *El origen del drama barroco alemán*, versión castellana de José Muñoz Millanes, Taurus, Humanidades, Madrid, 1990, pp. 163-164.

deambulan perturbadas por la falta, a diferencia de las formas del símbolo que se lanzan, certeras, a rescatar el contenido y descubrirlo íntegramente[37]. Por eso, la síntesis dialéctica de lo alegórico "no debe ser considerada tanto una paz como una *tregua dei* entre las dos posiciones adversas"[38]. Las imágenes dialécticas (versión moderna de las alegorías barrocas) tampoco terminan de conciliar las oposiciones de su tiempo ni disipar las brumas que lo distorsionan: orientadas a partir de huellas, ecos y restos, enredadas en la cosificación que expresan, iluminarán como breves relámpagos la escena crepuscular de la modernidad.

Pero la idea de representación que trabaja Benjamin es esencialmente antiesteticista. En *El origen...* "la alegoría reconoce encontrarse más allá de la categoría de lo bello"[39] y se plasma en la figura enigmática de la calavera; carente de expresión y de armonía formal clásica, ella empalma el punto más álgido de la significación con la idea de la muerte[40]. En el comentario sobre *Las afinidades electivas* de Goethe, la apariencia estética es petrificada mediante el concepto de lo *inexpresivo*, que paraliza la belleza viva con la rigidez cadavérica y desemboca en el tema de lo sublime (tema que, una vez más, refuta la "totalidad" y "unidad" del símbolo, concebido como manifestación adecuada de una verdad). La figura de lo *inexpresivo* impide que la representación sea planteada en términos metafísicos de esencia-

---

37 "El deseo por parte de la escritura (alegórica) de salvaguardar su propio carácter sagrado... la empuja a la formación de complejos, a los jeroglíficos... Es difícil imaginar algo que se oponga más encarnizadamente al símbolo artístico, al símbolo plástico, a la imagen de la totalidad orgánica, que este fragmento amorfo en que consiste la imagen gráfica alegórica". Íbid., p. 168.
38 Íbid., p. 170.
39 Íbid., p. 171.
40 Íbid., p. 159.

apariencia y que, por eso, sea figurada como el gesto que corre un velo encubridor/descubridor de una verdad esencial: "Así, pues, frente a todo lo bello la idea de revelación del misterio se convierte en la imposibilidad de revelarlo. Ésta es la idea de la crítica de arte"[41]. Pero en cuanto la crítica tiene la tarea de interpretar "el contenido de verdad" de la obra, debe operar en forma destructiva: "la crítica es la mortificación de las obras", cuya apariencia estética debe maltratar para recuperar lo esencial[42].

EL TEMA DEL AURA

Volvamos al tema del aura luego de este breve rodeo, que ha sido recorrido para sugerir, que no para exponer, las complicaciones de un pensamiento entre cuyos zarandeos debe ser considerado ese tema. El modelo de arte que maneja Benjamin es claramente aurático. La bella apariencia es agraviada, pero su padecimiento tiene un sentido redentor de verdad esencial. Esa operación sacrificial supone una distancia con respecto al objeto y una aparición irrepetible de tal verdad. Tanto la alegoría como las imágenes dialécticas discuten la cabalidad orgánica del símbolo (figura aurática por excelencia), pero no cancelan la distancia entre la imagen (las imágenes) y la cosa: más bien la ensanchan con tanta deriva metonímica suya, con tanta dispersión y derroche significante, con tanta estampida de la expresión errática. Avalado por la figura de la representación, Benjamin maneja, así, un concepto aurático de arte. Pero aun sobre este

---

[41] Citado en Winfried Menninghaus, "Lo inexpresivo: las variaciones de la ausencia de imagen en Walter Benjamin", en Nicolás Casullo et al., *Sobre Walter Benjamin. Vanguardias, historia, estética y literatura. Una visión latinoamericana*, Alianza Editorial, Goethe-Institut, Buenos Aires, 1993, p. 46.

[42] Véase este tema en Vicente Jarque, op. cit., p. 94, de donde se han extraído los conceptos recién citados.

supuesto, la condena del aura no resulta extraña a su pensamiento. Según queda brevemente expuesto, su veredicto se explica no sólo por las oscilaciones de su pensamiento sino por la osadía de sus estrategias. Pero también se justifica por las paradojas de su tiempo. Ante ellas, la extinción del aura puede ser considerada no como un lapsus provocado por las tantas contradicciones de Benjamin o un exabrupto desesperado suyo, sino como una jugada política, riesgosa por cierto, que permite visualizar cuestiones fundamentales del arte contemporáneo.

Desde la agudeza de su mirada anticipatoria Benjamin avizoraba la situación ante la cual nos encontramos hoy, cuando las industrias culturales han hegemonizado de modo tal la producción estética que el arte se encuentra exiliado de su propio lugar y, así, expuesto al trance de ser disuelto en la intemperie. El dilema del arte contemporáneo podría ser expuesto de este modo: si asume el formato esteticista globalizado, se expone al albur de fundirse en el flujo tibio de la mercancía; pero si decide renunciar al resguardo formal de la belleza corre el riesgo de deshacerse en puros conceptos. O bien acepta el *splendor formae* que le acerca el mercado o bien se resigna a errar, mustio y opaco, por terrenos extraños. Apocalípticos o integrados: el dilema que planteaba Eco a fines de los años sesenta goza aún de vigencia plena y resulta difícil de ser sorteado. No es tan sencillo decretar simplemente el levantamiento de fronteras entre la "alta" y la "baja" cultura. Si la preservación de las autonomías estéticas de origen ilustrado promueve el desdeño aristocrático de las formas "inferiores" del arte, la apresurada celebración de la hibridez multicultural arriesga la diferencia en el fondo de la promiscuidad globalizada. No, la cuestión, pues, no resulta fácil. Requiere una inscripción política, una referencia a la construcción colectiva de la historia.

La destructiva salida que propone Benjamin tiene un sentido políticamente constructivo: acerca posibilidades de acción y transformación histórica, apuesta a nuevas condiciones revolucionarias de producción, distribución y consumo del arte que promuevan su acercamiento a las masas y, por lo tanto, supongan el desmantelamiento de la tradición ilustrada de recepción estética (recogida, individual, única, distante, especializada).

Benjamin mira el paisaje que la modernidad levanta a su alrededor y se entusiasma ante la nueva sensibilidad estimulada por las transformaciones tecnológicas. Susan Buck-Morss define la posición de Benjamin en la escena del paisaje urbano-industrial oponiéndola a la de los románticos y los surrealistas. Los primeros buscaban la salida en la cultura tradicional pre-industrial "en vez de apostar a la creatividad del industrialismo" como lo hacía Benjamin[43]. Por su parte, los surrealistas creían, como éste, en el potencial creativo de la "maravillosa y mítica" cultura industrial capitalista pero quedaban varados en sus ensoñaciones y no buscaban, como él, vadearlas a través del despertar. "El objetivo de Benjamin no era representar el sueño sino disiparlo"[44]. Sabe que en manos del capitalismo la tecnología tiene bloqueadas sus posibilidades revolucionarias, por eso, refiriéndose al caso del cine (paradigma de la reproducibilidad técnica), escribe: "Mientras sea el capital quien dé en él el tono, no podrá adjudicársele al cine actual otro mérito revolucionario que el de apoyar una crítica revolucionaria de las concepciones que hemos heredado sobre el arte"[45]. Pero no renuncia a activar esas posibilida-

---

43 Susan Buck-Morss, *Dialéctica de la mirada. Walter Benjamin y el proyecto de Los Pasajes*, La Balsa de la Medusa, 79, A. Machado Libros, Madrid, 2001, pp. 281-282.
44 Íbid, p. 287.
45 Walter Benjamin, *La obra de arte...*, op. cit., p. 39.

des, que deben ser encontradas en la reapropiación colectiva de la técnica y en pos de una dirección opuesta a los rumbos del capital.

La afirmación del sentido diferente al indicado por el capitalismo marca una inflexión política fundamental: exige disputar las nuevas herramientas que harán posible la emancipación. Según la lógica benjaminiana, cada presente incuba las condiciones de su propio porvenir cuyas cifras deben ser encontradas despejando las brumas de la ilusión ideológica. Pero no toda situación míticamente velada sirve en todo momento: en el de Benjamin, las fuerzas del aura no ameritan ser rescatadas pues las formas burguesas de percepción que movilizan ellas (formas contemplativas e individualistas) resultan incapaces de conducir a la acción. Pero la ensoñación de la reproducibilidad refugia energías revolucionarias que justifican su despertar: promueven formas masivas de recepción estética, formas diferentes basadas en las imágenes inconexas y la distracción provocadas por los estímulos del *shock*. Al ensimismado y grave ritual aurático de percepción sucede un nuevo *sensorium* que conecta tejido nervioso e imaginación y desde este vínculo dispara a la acción[46]. La alianza arte/técnica vuelve al artista productor, divulga la especialización y derroca los privilegios de la erudición[47]. Así, "el arte se ha escapado

---

46 En palabras de Benjamin: "Sólo allí, cuando el cuerpo y el campo de imagen se interpenetren de modo tal que toda tensión revolucionaria se vuelva corporal, una nervadura colectiva, y todas las nervaduras corporales del colectivo se vuelvan descarga revolucionaria, sólo entonces la realidad se habrá superado a sí misma hasta el punto exigido por el *Manifiesto Comunista*". Cit. en Susan Buck-Morss, op. cit., p. 297.

47 "Es propio de la técnica del cine... que cada quisque asista a sus exhibiciones como un medio especialista", escribe Benjamin; y, más adelante, refiriéndose a las posibilidades democratizadoras que habilita la prensa: "La distinción entre autor y público está por tanto a punto de perder su carácter sistemático... el lector está siempre dispuesto a pasar a ser un escritor...", volviéndose perito y alcanzando "acceso al estado de autor". En *La obra de arte...*, op. cit., pp. 39-40.

del reino del *halo de lo bello*"[48]: ha disuelto el aliento luminoso del aura. La anulación de la distancia aurática permite a la masa devenir sujeto de nuevas sensibilidades estéticas y actitudes críticas. "La reproductibilidad técnica de la obra artística modifica la relación de la masa para con el arte. De retrógrada, frente a un Picasso por ejemplo, se transforma en progresiva, por ejemplo, cara a un Chaplin" y esto ocurre porque, al cancelar aquella distancia, el cine permite a las masas la actitud crítica y fruitiva que en el arte elitista, aurático, reserva a los expertos[49].

La utopía benjaminiana permite, así, inscribir el sacrificio del aura en un horizonte emancipatorio y mesiánico. Y aunque la figura de Benjamin resulte más bien taciturna, su interés por las formas crecidas al margen de los modelos consagrados por las Bellas Artes permite el ingreso de una corriente de aire fresco en los ámbitos rancios ocupados por éstos. Benjamin toma en serio las imágenes de la cotidianidad, la sensibilidad callejera, la estética de los géneros menores. Se detiene ante los escaparates, se entrega al encanto fetichista de la mercancía, a la seducción de su "profana" iconografía colectiva: la moda y el diseño, la arquitectura, los medios masivos de comunicación, la publicidad. Confía en la fuerza eléctrica del ritmo de la ciudad, su pulso entrecortado y su voz potente. Sintoniza con el gusto alternativo que generan el cine y la fotografía; congenia con el vagar metonímico de la copia, con la retórica de lo indicial. Simpatiza con el espíritu irreverente de lo periférico, lo fragmentario, lo residual. Se ubica, en fin, ante la encrucijada de cierta conciencia estética contemporánea, enamorada de la tecnología e infortunada

---

[48] Walter Benjamin, *La obra de arte...*, op. cit., p. 38.
[49] Íbid., p. 44.

por saberla en manos del capital. Es esa incómoda posición la que renueva una y otra vez su pensamiento y lo vuelve afín al talante del sentir actual.

Analizando el desacuerdo entre Adorno y Benjamin sobre el valor de la cultura de masas, Albrecht Wellmer sostiene que la perspectiva de aquél expresa no sólo una crítica válida de las industrias culturales sino también "un prejuicio tradicionalista" que le impide reconocer el aporte de la posición benjaminiana. Aunque menos afianzada teóricamente, esta posición permite explorar sin temor las contradicciones e identificar lo estéticamente nuevo que se abre paso a través de ellas[50]. "En el análisis de Benjamin, como mínimo, se insinúan las potencialidades del moderno arte de masas —desde el cine a la música rock— que Adorno no ha sabido ver"[51]. De este punto han partido diversas tendencias alternativas y contestatarias cuyos imaginarios se nutren de la cultura de masas aunque rebasen su ámbito.

Es razonable suponer que Benjamin no habría mantenido su optimismo en el contexto de las culturas masivas contemporáneas, cuando, arrebatadas por el capital, las principales formas de la reproducción técnica se han vuelto puntales de la hegemonía cultural global: el diseño, la arquitectura, los medios de comunicación de masas, las industrias culturales, en general, actúan como los grandes difusores del esteticismo vaporoso de los mercados transnacionales. Como las fuentes oficiales del aura *light* actual. Y aunque constituiría un grave error despreciar las posibilidades tecnológicas, estéticas y políticas (sin necesidad de mencionar las económicas) de la industria cultural, se vuelve muy difícil hoy encontrar en ella (como en los

---

50 Albrecht Wellmer, *Sobre la dialéctica de modernidad y posmodernidad. La crítica de la razón después de Adorno,* La Balsa de la Medusa, Visor, Madrid, 1993, p. 47.
51 Íbid., p. 48.

ámbitos de la cultura, en general, quizá) principios consistentes de emancipación o soporte autónomo para un arte y un pensamiento críticos. Hemos desembocado de nuevo ante la vieja disyunción: escandalizarse ante la cultura de masas revela un elitismo reaccionario; celebrarla sin más expresa una deshonrosa capitulación o, al menos, una componenda poco clara. (Es que la escena global no admite emplazamientos fuera de sí: aun las impugnaciones que se hagan de ella deben ser planteadas dentro de los límites del territorio impugnado. Y esta pérdida de la referencia dentro-fuera desorienta hasta los más resueltos andares).

Conviene, ante estos dilemas arduos, pensar el aporte de Benjamin como mirada política plantada ante las situaciones contradictorias de cada presente histórico (henchido de pasado, tembloroso de reflejos de futuro): "Cada época debe intentar arrancar la tradición del conformismo que está a punto de someterla"[52], escribe en *Tesis sobre la filosofía de la historia*. Los desfases entre tecnología e infraestructura permiten el "despertar" de cualquier situación a posibilidades liberadoras cobijadas en ella. El requisito básico para el cumplimiento de esa tarea es su dimensión colectiva; su inscripción en un proyecto político. A partir de ella, pueden rastrearse pistas "redentoras" (en sentido benjaminiano) en los territorios ocupados por la pura lógica del capital. Un dato: el aura sigue brillando y cautelando, así, la distancia y convocando la mirada. Lo hace mediante las titilantes pantallas universales, los reflejos mansos y los esplendores ligeros de las vitrinas mundiales; a través de los neones publicitarios y los *flashes*, las marquesinas y los spots del espectá-

---

52 Cit. en Andreas Huyssen, *Después de la gran división. Modernismo, cultura de masas, posmodernismo*, Adriana Hidalgo Editora, Buenos Aires, 2002, p. 19.

culo. Sigue operando desde los reflectores del museo y la galería. Y sigue actuando como viso de valor de culto todavía, hasta en ciertos furtivos objetos de culturas olvidadas. En muchos casos, continúa siendo cifra nostálgica de origen y cuño de autenticidad: lustre de trofeo burgués. En otros, deviene relámpago breve del silencio, indicio luminoso del ser en retirada.

Bajo los próximos subtítulos se diferenciarán los diversos escenarios donde ocurre la distancia radiante del aura para escrutar posibilidades suyas a contramano de las explotadas por el mercado. La distinción de esas diversas escenas donde ocurre contemporáneamente el aura corresponde a un recurso argumentativo y no obedece a un criterio clasificatorio lógico: muchas de ellas superponen sus espacios y, a veces, los confunden entre sí. En los hechos, resulta casi imposible mantener las separaciones entre viejas comarcas cuyos lindes —empujados por el espíritu promiscuo de los tiempos y los contundentes argumentos de la razón globalizada— se encuentran cada vez más diluidos por los desbordes y las mescolanzas.

LA ESCENA DEL ESTETICISMO MASIVO. Descripción: la autonomía del arte se desfonda en el imperio difuso de la imagen, fuera de cualquier programa emancipatorio. El esteticismo neutro llevado a cabo por las industrias culturales, los medios masivos de comunicación, el diseño industrial y la publicidad, en sus tantas modalidades, desplaza la distancia entre la cotidianidad y la experiencia estética y recoloca el aura, principio nuevo de exhibición, en el centro de las vitrinas transnacionales. Esplendente de aura, la mercancía asegura la distancia del objeto, subraya su forma y lo inviste de deseo, encubre las señales de su materialidad y asegura el espacio de la mirada[53]. Este ámbito concentra y exacerba un modelo en mayor o menor grado presente, en cuanto hegemónico, en todos los demás (de los cuales no se encuentra, por cierto, divorciado).

Propuesta: se trata de encontrar en esa escena promiscua resquicios de resistencia; de imaginar nuevas modalidades de apropiación crítica y creativa de los imaginarios masivos y sus innovaciones tecnológicas. Se trata, en fin, de asumir sus posibilidades democratizadoras. Y este esfuerzo no puede ser realizado sin la contrapartida de condiciones históricas favorables, el encuadre de proyectos colectivos y el aval de políticas estatales.

LA ESCENA DE LAS OTRAS REPRODUCIBILIDADES. Parcialmente coincidente con el de los medios masivos, se encuentra el espacio, más restringido, ocupado por las tecnologías de la información y comunicación. La emergencia de las mismas provoca un giro brusco en el tema de la multiplicación y, por ende, del aura. Como señala Foster, no es lo mismo la era de la reproducción mecánica de los '30, la de la revolución cibernética de los '60 y la de la tecnociencia o la tecnocultura de los '90[54]. La reproducibilidad que opera a través de las redes de la informática y la telecomunicación tiene una lógica nueva: en clave multimedial, la relación del original y la copia (en el supuesto de que quepa mantener la distinción entre ambos términos) corresponde a modalidades inéditas de representación. Éstas no anulan el

---

53 Terry Eagleton se refiere al "carácter cortés de la mercancía, que devuelve tiernamente la mirada a todo potencial cliente mientras que la retira con frialdad del indigente", en *Walter Benjamin o hacia una crítica revolucionaria* (trad. de Julia García Lenberg), Madrid, Cátedra, Colección Teorema, 1998, p. 69.
54 Hal Foster, op. cit., pp. 221-222.

escarceo entre sujeto y objeto pero lo desplazan: la invocación de lo ausente, base de la representación, ocurre sobre nuevos soportes de materialidad, nuevos supuestos de realidad virtual y nuevos códigos de (pura) visualidad. También cambia el sistema de producción y recepción; se trastorna el principio de contemplación y la figura de participación del público adquiere un sentido diferente.

Según el pronóstico (y el proyecto) benjaminiano, la reproducción mecánica habría anulado la distancia del objeto y disuelto el aura. Ahora bien, ¿qué pasa con la multiplicación generada por la revolución electrónica y comandada por la industrialización informática y comunicativa? Brea sostiene que, aun perturbado por el cambio de registro de la reproducibilidad, nuestro presente no ha perdido el aura: si ésta se conforma en torno a la expectativa de la devolución de la mirada, es natural que sobreviva en un espacio donde los media levantan la "gran ventana/pantalla que articula toda mirada"[55]: "más que nunca la obra se comporta como imán de nuestro ojo, rendido adorador"[56].

Pero algo importante ha cambiado: el aura ya no distingue el privilegio de ciertos objetos (primero religiosos, artísticos después) sino que rotula todo lo que circula por los canales mediáticos (éste es uno de los principios de la estetización generalizada). Es decir, el aura deja de emanar del objeto y resulta de su puesta en circulación pública[57]. En contra del diagnóstico de Benjamin, la reproducción no disipa el aura: se limita a rebajarle la temperatura. Las auras frías,

---

55 José Luis Brea, *Las auras frías. El culto a la obra de arte en la era posaurática*, Anagrama, Colección Argumentos, Barcelona, 1991, p. 40.
56 Íbid., p. 41.
57 "El aura ya no aparece sino como un puro efecto electrostático, fruto de la pura difusión pública que se le imprime por la circulación cuasi ubicua de sus reproducciones". Íbid.

las que impregnan la obra en clave medial, no traducen ya un territorio autonomizado ni una relación de culto o privilegio, "sino la plena homologación del conocimiento estético al de cualquier otro orden del acontecimiento, en su administración *mediática*"[58].

¿Podría restaurarse el aura informatizada y multimedial y volverla principio de acción crítica? Las posibilidades de hacerlo dependen del grado en que ella pueda esquivar su destino instrumental y ser vinculada a un programa político de circulación y recepción de los productos auratizados. Los aportes técnicos y los recursos comunicativos que iluminan, aun frígidamente, cierta producción contemporánea, podrán impulsar operaciones expresivas y analíticas cuestionadoras, promover usos públicos alternativos de participación y consumo e incubar estrategias de resistencia contra la estetización total e indiscriminada. Como en cualquier otro momento histórico, las transformaciones tecnológicas abren en éste nuevas oportunidades para complejizar la experiencia y estimular la sensibilidad. Pero, simultáneamente, convocan nuevos riesgos de empobrecimiento de la una y estropeo de la otra. Es que, mientras sea la ley del capital la que tutele la dirección de estos cambios, todo empleo crítico de los mismos requerirá negociaciones sagaces y duras disputas políticas en torno al sentido.

LA ESCENA DE LAS OTRAS AURAS

En trance de ir consolidando su autonomía, dice Benjamin, el arte se separa de la religión y la magia pero, al hacerlo, incauta el secreto del culto primitivo, cuyos objetos, cargados de potencia numinosa, palpitantes de misterio y de deseo, se manifestaban, inalcan-

---

58   Íbid.

zables, en una experiencia única. Separado de funciones y creencias, el nuevo arte reformula el destino del aura según las exigencias de su flamante autonomía. A partir de entonces la irradiación aurática se basa, no en la fascinación del círculo consagrado sino en los hechizos de la escena separada, en los encantos de la apariencia soberana. El aura deriva ahora de la síntesis y la organicidad de las formas, de la unicidad, autenticidad y originalidad de la obra, de la genialidad y el impulso transgresor de su creador, de los modos de su factura técnica y de las condiciones de su circulación y su inscripción institucional. Abusivamente, estas notas —ausentes en el culto— pasan a constituirse en atributos esenciales de lo estético moderno y en modelo canónico y universal de arte.

Ocurre que tal desplazamiento del aura altera el alcance de lo artístico y refuerza los privilegios de su dominio liberado. En principio, la clásica teoría occidental del arte entiende que éste se constituye a partir de una oscura coincidencia entre el momento estético (el de la forma: la escena de la apariencia sensible, el lugar de la belleza) y el poético (el del contenido: el relámpago de un indicio de lo real, la eclosión de una verdad sustraída). Pero los enrevesados cometidos de la hegemonía producen un escamoteo a la hora de tratar el estatuto de lo artístico. Así, éste pasa a ser definido no desde aquella concurrencia, cifra de todo lo comprendido tradicionalmente como arte (sea precolombino o asirio, africano o europeo), sino desde el cumplimiento de los requisitos de la estética moderna. Las notas del término "arte" se identifican entonces con las que definen un específico modelo histórico de producción artística. Es decir, aunque la moderna filosofía del arte proclama que tal producción es contraseña universal de lo humano, de hecho, el único sistema al que otorga en sentido cabal el nombre de "arte" es el producido en Europa, y posteriormente en los Estados Unidos de América, en un lapso breve de tiempo (siglos XVI al XX, aproximadamente). Es artística sólo la producción que detenta los rasgos de ese sistema: la autonomía formal, la ruptura innovadora y la unicidad de la obra. El aura –la distancia que hace deseable y radiante el objeto– queda comprometida con tales notas. Este movimiento descalifica toda práctica artística ocurrida al margen del programa del arte occidental moderno.

Quiero referirme acá a ciertas formas de arte indígena pues son las mejor relacionadas con la conservación del aura cultual, tema al que me interesa arribar. Desde la mirada del arte moderno tales formas configuran hechos de artesanía, folklore, "patrimonio intangible" o "cultura material": no cumplen los requisitos de la autonomía formal moderna: no son autónomas, no son inútiles, en el sentido kantiano del término; se encuentran comprometidas con ritos arcaicos y prosaicas funciones, empantanadas en la densidad de sus historias turbias y lastradas por la materialidad de sus soportes y el proceso de sus técnicas rudimentarias.

La dicotomía entre el gran sistema del arte (fruto de una creación esclarecida del espíritu) y el circuito de las artes menores (producto de oficios, testimonio de creencias llanas) sacraliza el ámbito de aquel sistema. Por un lado, los terrenos del arte quedan convertidos en feudo de verdades superiores, liberadas éstas de las condiciones de productividad que marcan la artesanía y de los expedientes litúrgicos que demanda el culto bárbaro. Por otro, devienen recogido recinto del artista genial, opuesto éste al ingenioso y práctico artesano o al oficiante supersticioso y exaltado.

No me referiré acá a los trámites de la forma en los sistemas del arte indígena y popular ni a la conveniencia de utilizar estos términos poco claros y por demás riesgosos pues tales asuntos diferirían demasiado la argumentación que se pretende plantear en este punto[59]. Para llegar a ella, resulta más adecuado dejar pendientes esos temas espinosos y encarar el fondo de la cuestión: el origen del aura: el culto. Sucede que justamente esas culturas paralelas al discurrir del arte moderno, esas mismas culturas a cuyas expresiones más intensas se les retacea el esplendor del aura universal, son las que mantienen el proto-aura, el original, el vinculado a formas rituales complejas que sostienen lo social y lo suspenden sobre la distancia esencial que mantiene abierta la representación ante la imposibilidad de nombrar lo real (y ante la desesperada necesidad de hacerlo).

La escena de la representación ritual se encuentra demarcada por un círculo de contornos tajantes. Al ingresar en él, las personas y los objetos quedan bañados por la luminiscente distancia que supone estar del otro lado, más allá de la posibilidad de ser tocados, fuera del alcance del tiempo ordinario y el sentido concertado. La manifestación de algo ocurre, irrepetible, resguardada por una distancia, por mínima que fuere: de este lado de la línea que dibuja el cerco del espacio ceremonial los hombres y las cosas obedecen a sus nombres y sus funciones: no son más que utensilios profanos y muchedumbre sudorosa y expectante agolpada en torno al escenario. Al cruzar la raya invisible que preserva la distancia y abre el juego de la mirada, los objetos y los hombres se desdoblan. Ya no coincide cada cual consigo mismo y, más allá de sí, deviene oficiante, dios o elemento consagrado. ¿Qué los ha auratizado?

---

[59] He trabajado estas cuestiones en anteriores textos míos, a los cuales me remito para una discusión de los términos "arte indígena" y "arte popular": *El mito del arte y el mito del pueblo*, RP ediciones y Museo del Barro, Asunción, 1986; *Misión: etnocidio*, Comisión de Solidaridad con los Pueblos Indígenas, Asunción, 1988 y *La belleza de los otros (arte indígena del Paraguay)*, RP Ediciones y Museo del Barro, Asunción, 1993.

Ante esta pregunta se abren dos caminos, entrecruzados casi siempre. Son los que, titubeante, sigue el arte en general: el que hace inflexión en el concepto o el que privilegia la apariencia. (Por un lado, el eje vertical, sincrónico; por otro, el diacrónico, para simplificar un tema que no debería ser simplificado). Así, ante la pregunta de qué ha auratizado objetos y personajes que aparecen, radiantes, en la escena ritual, un camino conduce a la siguiente respuesta: los ha auratizado el hecho de *saberlos* emplazados dentro de la circunferencia que los separa del mundo cotidiano y los ofrece a la mirada. Éste es un camino largo que, estirando un poco los términos, podría ser calificado de conceptual. Conceptual, en el sentido que coincide, por ejemplo, con la vía abierta, o instaurada, por Duchamp: es la idea de la inscripción de los objetos la que los auratiza, independientemente de sus valores expresivos o formales: fuera del círculo establecido por la galería o el museo, el urinario o la rueda de bicicleta no brillan, no se distancian, no se exponen a la mirada: no significan otra cosa que la marcada por sus funciones prosaicas. Acá la belleza no tiene nada que hacer: sólo importa un puesto; la noción de un puesto. La distancia está marcada por el concepto.

Permítaseme ofrecer ejemplos locales para retomar este camino en el contexto de la cultura indígena. Me referiré específicamente a casos correspondientes a etnias con las cuales trabajo en forma más sistemática: la familia lingüística guaraní, asentada básicamente en la Región Oriental del Paraguay, y el grupo Ishir (chamacoco), perteneciente a la familia lingüística Zamuco y ubicado en las regiones selváticas del Gran Chaco paraguayo[60]. Paralelamente al ritmo

---

60 He trabajado estos temas específicamente en dos textos: *La belleza de los otros*, ya citado, y *La maldición de Nemur. Acerca del arte, el mito y el ritual de los indígenas ishir del Gran Chaco Paraguayo*, Centro de Artes Visuales-Museo del

de las maracas masculinas y sobre el trasfondo tembloroso del cántico colectivo, la fiesta de los Ava Guaraní[61], llamada *jeroky ñembo'e* ("danza-palabra"), requiere la percusión de los *takuapu*, los retumbantes bastones de ritmo utilizados por las mujeres. Estos gruesos trozos de tacuara no precisan adornos: resplandecen al sólo entrar en la escena de la danza y participar de la entidad superior del bastón original, llamado *takua rendy* (literalmente: "tacuara llameante"). Muchos objetos profanos se cargan de distancia y excepcionalidad, adquieren energía aurática, al ser colgados del entramado de varas de cedro que conforma el altar, llamado *amba*, como velas de cera de abeja, figuras de aves celestiales talladas en madera y pequeños cestos que guardan objetos de culto.

Entre los Ishir, la gran ceremonia anual, llamada *debylyby*, renueva el tiempo, las razones del sentido, los argumentos del pacto social. Es un rito complicado: en parte, los varones se visten con las prendas proveídas por las mismas mujeres para engañar a éstas ocupando el lugar de los dioses que ellos asesinaron. Estas prendas son utensilios domésticos de factura estrictamente femenina: faldas, hamacas, esteras y bolsos tejidos con fibras de una bromeliácea llamada *caraguatá*. Cuando estos deslucidos aparejos ingresan en el *harra*, la escena ceremonial, ya no son bolsos, ni esteras ni hamacas ordinarias sino ostentosas piezas de la indumentaria ritual: partes de

---

Barro, Asunción, 1999. Muchos otros casos de auratización ritual pueden ser encontrados en ellos.

61 Se imponen dos aclaraciones con respecto al uso de términos indígenas. Por un lado, en este texto se respeta la convención de mantener en singular los nombres de las etnias, asumiendo que ellas tienen sus propios sistemas de pluralización. Por otro, en los casos de nombres guaraní, las palabras que no llevan tilde marcada deben ser leídas como agudas; por ejemplo *ava* se pronuncia *avá*; *takuapu, takuapú*, etc.

la investidura divina y, en cuanto tales, se llenan de *woso*, la potente energía de lo numinoso que, en su grado extremo, adquiere la fuerza, la belleza y el fulgor de un rayo. (Y su poder destructivo, claro).

El otro camino es el de la forma sensible: en este caso es la belleza el factor auratizante, el principio que mantiene la distancia, velando objetos y personas con los recursos de la apariencia y sustrayéndolos, así, a la inmediatez que estorba los trabajos de la mirada. En las culturas que estamos considerando, las formas estéticas no se encuentran separadas de las otras que articulan el cuerpo social (económicas, religiosas, políticas, etc.). pero empujan desde adentro con fuerzas propias y sirven de argumentos contundentes para reforzar diversos aspectos del hacer colectivo. Acá no existe autonomía de lo estético pero existe un momento estético. Un momento intenso pero contaminado con triviales funciones utilitarias o excelsas finalidades cultuales, enredado con los residuos de formas desconocidas, oscurecido en sus bordes, que nunca coincidirán con los contornos nítidos de una idea previa de lo artístico. Lo bello apunta más allá de la armonía y de la fruición estética: despierta las potencias dormidas de las cosas y las viste de sorpresa y extrañeza; las aleja, quebranta su presencia ordinaria y las arranca de su encuadre habitual para enfrentarlas a la experiencia, inconclusa, de lo extraordinario. En estos casos, las creencias religiosas y las figuras míticas que animan las representaciones rituales requieren ser recalcadas mediante la manipulación de la sensibilidad y la gestión de las formas. Las imágenes más intensas y los colores sugerentes, las luces, composiciones y las figuras inquietantes, ayudan a que el mundo se manifieste en su complejidad y en sus sombras; en su incertidumbre radical, en vilo sobre las preguntas primeras: aquellas que no conocen respuesta. En la cultura guaraní los objetos y los participantes del culto son auratizados mediante el signo intenso de la pluma. Recubrir o marcar con adornos plumarios la propia persona o los aparejos litúrgicos significa conferirles una dignidad especial y abrirlos a una dimensión trascendente: separados, exaltados, el cuerpo y las cosas exhalan el nimbo de sentidos encubiertos por la rutina laica. Las diademas de los shamanes se encuentran adornadas básicamente con las plumas amarillas y rojas del guacamayo, tonos que remiten a figuras esenciales de la cultura guaraní: la refulgencia solar, la madurez dorada del maíz, el resplandor rojo de las llamas que preparan las nuevas rozas y la luz de los relámpagos divinos. El aura está figurada básicamente como manifestación esplendente, flamígera en algunos casos. La *akanguaá*, la corona de los avá guaraní, se encuentra ungida mediante las plumas con los áureos poderes del Sol; fue éste quien confeccionó la pieza para enfrentar al ominoso jaguar mítico fulminándolo con sus rayos[62]. Entre los Païtavyterã, otro grupo guaraní, varones y mujeres utilizan ceremonialmente una diadema frontal llamada *jeguaka*, compuesta de plumas cuyos colores encendidos participan de los majestuosos atributos de las fuerzas divinas: *vera*, brillo reluciente de los relámpagos; *rendy*, luz de las llamas; *ju*, áureo resplandor solar y *ryapu*, ruido de los truenos[63]. En todo caso el esplendor aurático revela dimensiones ontológicas[64] y facultades trascendentales. Entre

---

62   Miguel Bartolomé, *Shamanismo y religión entre los Avá-Katú-Eté*, Instituto Indigenista Interamericano, Serie Antropología Social, 17, México, 1997, pp. 37 y 51.
63   Bartomeu Melià y Georg y Friedl Grünberg, *Los Païtavyterã. Etnografía guaraní del Paraguay contemporáneo*, Centro de Estudios Antropológicos de la Universidad Católica, Asunción, 1976, p. 43.
64   El aura tiene acá un sentido fundante; según el grave cántico ritual de los Païtavyterã, nuestro Gran Abuelo, el Primero, habla así: "por intermedio del brillo de *jeguaka*, hice que esta tierra se ensanchara; por intermedio de las llamas de *jeguaka*, hice que esta tierra se ensanchara..." Fragmento de texto Païtavyterã recogido por Marcial

los Mbyá-Guaraní, la guirnalda ceremonial femenina, llamada *jasuka*, significa etimológicamente fuente de revelación, acto de mostración y epifanía de algo que se automanifiesta[65]; es decir, designa el momento de aparición fenoménica de algo que está más allá de sí.

Los Ishir embellecen con opulencia los cuerpos y los objetos expuestos en el ritual. La pintura corporal enciende la piel, la crispa y la enaltece. Una vez más: la belleza no tiene un valor absoluto: sirve como alegato de otras verdades. Según el gran mito ishir, las mujeres primigenias fueron seducidas por los dioses por el atractivo de los colores y diseños de sus pellejos majestuosos. A través del *splendor formae* accedían ellas a la experiencia de lo sobrenatural. Como queda indicado, el principio aurático podría ser identificado en el horizonte ishir con el *woso*, la potencia que tensa y estremece las cosas y las recorta sobre el fondo de oscuros significados esenciales. El *woso*, el gran poder, se manifiesta a veces en forma relampagueante, y aun tronante, mediante imágenes crispadas de belleza y cargadas de zozobra: como cualquier principio extremo, puede significar tanto beneficio como amenaza. *Ashnuwerta* es la gran diosa ishir. Su nombre significa literalmente: "la Señora del resplandor rojo" y se encuentra asociada a las potencias concentradas y refulgentes que animan y arruinan el horizonte cultural indígena. Su indumentaria escénica apela a efectos espectaculares: sus complicados atavíos plumarios –conformados, según las ocasiones, por tobilleras, faldas, muñequeras, gargantillas, bandoleras, cofias y guirnaldas, a veces encimadas unas sobre otras y recubiertas profusamente con largas varillas em-

---

Samaniego y traducido por León Cadogan, en Augusto Roa Bastos (comp.), *Las culturas condenadas*, Siglo XXI, México, 1978, pp. 266-267.

65   Félix de Guarania y Angélica Alberico de Quinteros, *Lo sagrado en la cultura guaraní*, Arandura/Colihue-Mimbipa, Asunción, 2000, p. 67.

plumadas– refuerzan la apariencia próvida de sus tantos poderes sobre la base de un modelo esplendente de propuesta estética radical. Fuera de escena, la preparación del atavío ceremonial de la diosa y su cortejo dura horas, pero los personajes se ofrecen a la mirada durante un tiempo brevísimo.

Menciono un último caso que ilustra bien la vía de la belleza entre los ishir. En la fase final de la gran ceremonia anual, los oficiantes anudan entre sí, y en torno a una gruesa soga, todas las piezas del ajuar plumario que hubieran sido empleadas en el ritual y se encontraren provistas de colores cálidos. Con ellas arman un opulento mazo que será girado con furia durante una extraña danza. El gran artefacto de plumas encendidas es conocido como *kadjuwerta*, término que significa "llameante descarga de poder" y sugiere la manifestación explosiva de una presencia insoportable. Este imponente conjunto supone un trance capaz de absorber, condensar, y liberar luego con la fuerza de un rayo, la potencia acumulada durante el largo desarrollo del tiempo consagrado. En cuanto sobrepasa los límites de la experiencia corriente, una concentración tan extrema de poder, así como una eclosión tan intensa de belleza, deviene pletórica matriz de impulsos vitales pero también fatal principio de destrucción. Esta tensa ambivalencia, atributo de lo numinoso, exige de la pieza una apariencia perturbadora y una distancia radical. Mientras dure la danza, no puede ser tocada (debe ser girada en molinete sobre la cabeza evitando que roce el cuerpo) y sólo puede ser mirada por los iniciados adultos: las mujeres se encuentran alejadas de esa representación y, durante la misma, los niños y jóvenes se echan a tierra, se cubren los ojos con las manos y mantienen, asustados, la cabeza aplastada contra el suelo. El *kadjuwerta* obliga a deponer la vista, en el sentido lacaniano del término: es imposible sostener una mirada que encandila con los terribles reflejos de lo real concentrado. Es que lo numinoso se encuentra marcado por el desasosiego que produce el intento de simbolizar una experiencia fundamental pero innombrable. "Lo sagrado es lo real por excelencia", dice Mircea Eliade[66]; lo real en cuanto saturado de ser, desbordante de todo trabajo de representación. Por eso, simultáneamente, el objeto consagrado produce espanto y seducción: *mysterium fascinans* y *tremendum*, en palabras de Otto[67]. El arte enardece sus signos ante la obligación de dar cuenta de lo que no puede ser revelado. El enigma de lo real es el principio del aura.

DIGRESIÓN I. ALEGATO EN PRO DEL AURA

Espero que este luminoso rodeo ayude a argumentar en pro de la posibilidad de considerar modelos auráticos alternativos: a secularizar el concepto de aura. Recapitulemos: éste había sido impugnado por Benjamin en cuanto devenía un obstáculo para la democratización del arte. Pero cuando termina siendo la razón instrumental globalizada la que toma la posta de ese ideal demorado, las cosas se complican. Fiel a su vocación voraz, el mercado quiere quedarse con todo: quiere estetizar blandamente el mundo acercando obscenamente todos los objetos, volviéndolos productos transparentes, asequibles bienes de consumo. Pero también quiere conservar la mínima distancia que precisa el deseo para operar sin pausa: busca conservar "el *glamour* de lo inorgánico", para emplear la propia figura benjaminiana. Es una operación complicada, contradictoria: el esteticismo difuso despliega, exhibe y acerca todo pero lo hace cui-

---

66   Mircea Eliade, *Lo sagrado y lo profano*, 6ª edic., Barcelona, 1984, p. 85.
67   Rudolf Otto, *Lo santo*, Revista de Occidente, Madrid, 1965.

dando de no perder el gracioso señuelo de la seducción, el coqueteo de la distancia pautada. Debe lograr un encanto apacible, un deleite liviano desinfectado del lado oscuro y perverso del goce, un impacto libre de interrogantes.

Empleando de nuevo el modelo propuesto por Otto, esta aura pasteurizada y chispeante tiene que, por un lado, conservar el *mysterium fascinans;* por otro, sofocar la perturbación del *tremendum*. Es decir, debe conservar el momento interesante de la extrañeza pero abolir su contracara angustiante: desactivar la acción de lo siniestro (*Unheimlich*) que amenaza con el desarraigo y menta la pérdida. Esta operación supone un juego tramposo: escamotea la distancia de la representación y proclama cumplida la promesa imposible de ofrecer el objeto rescatado de la amenaza del otro lado.

Ante la cosa expuesta en escaparates y redimida de todo acontecer que no fuera el de las triviales sorpresas que la vuelven excitante, reconquistar el oscuro lugar del arte, recobrar la grave subversión del exceso y la falta, el disturbio de la diferencia, el espesor de la experiencia aurática, en suma, puede resultar un gesto político contestatario: una manera de resistir la autoritaria nivelación del sentido formateado por las lógicas rentables. Lo dice sin tantos rodeos Mario Perniola: "La reivindicación del aura de las obras de arte y de la autonomía de los mundos simbólicos asumiría, hoy, un significado de contestación social, porque constituiría la última defensa con respecto al dominio total y directo del capitalismo"[68].

Es que la autonomía del arte ha sido cancelada no en vistas a la liberación de energías creativas constreñidas por el canon burgués.

---

68   Mario Perniola, *El arte y su sombra*, Cátedra, Colección Teorema, Madrid, 2002, p. 78.

Lo ha sido en función de los nuevos imperativos de la producción mundial que hace de los factores disgregados del arte (belleza, innovación, provocación, sorpresa, experimentación) estímulo de la información, insumo de la publicidad y condimento del espectáculo. Obviamente no se propone acá restaurar la tradición retrógrada e idealista del aura sino analizar su potencial resistente y alternativo: los recién ofrecidos ejemplos del aura ligada al culto (arte) indígena no pretenden más que demostrar que las notas que marcan aquella tradición son contingentes y permiten imaginar otras maneras de cautelar el enigma y mantener habilitado el juego diferenciador, diferidor, de las miradas. El aura del arte indígena mantiene abierto el espacio de la pregunta y el curso del deseo sin participar de las notas que fundamentan el privilegio exclusivista del aura ilustrada: la obstinación individualista, el afán de síntesis y conciliación, la vocación totalizadora, la pretensión de unicidad, la jactancia de la autenticidad o la dictadura del significante. En el arte ritual "primitivo" el aura que aparta el objeto, vela sus misterios y le arranca brillos herméticos, nada tiene que ver con los desplantes de la forma autosuficiente. Se limita a inscribir el silencio de la falta.

DIGRESIÓN II. EL AURA DEL CUENTO POPULAR

Un texto no demasiado citado de Benjamin coincide al sesgo y en parte con esta otra interpretación del aura. Se trata de *El narrador*[69],obra escrita en 1936, el mismo año que *La obra de arte...*, con la cual parece mantener un sorprendente debate y de la cual puede ser leída como su contracara o, por lo menos, su complemento. El

---

69 Walter Benjamin, "El narrador", en *Para una crítica de la violencia y otros ensayos. Iluminaciones IV,* Taurus, Madrid, 3ª edic., 2001.

cuento popular recoge piadosamente figuras estigmatizadas por la reproducibilidad técnica: por un lado, la densidad de la experiencia, la cabalidad de la tradición, el valor de la narración épica y el trabajo artesanal; por otro, la apertura de la obra a la religiosidad, el sentido de lo extraordinario y lo prodigioso que produce el encantamiento del mundo, el sello de lo arcaico, la presencia inexplicable de la eternidad, la imagen de la interioridad del hombre rubricada por la muerte, la autoridad del relato, su posibilidad de asentar los acontecimientos "en el gran curso inescrutable del mundo"[70]. Como contrapartida, todo lo que Benjamin celebra en *La obra de arte...*, lamenta en *El narrador*: el desplazamiento de la "vibración" narrativa por la obviedad de la información, que debe explicarlo y demostrarlo todo[71]; la sustitución de las "formas más antiguas de artesanía" por el avance de la tecnología industrial[72]; el reemplazo de la "superposición de capas finísimas y traslúcidas" que estratifican la "narración perfecta" por el surgimiento del torpe *short story*, desdeñoso de la tradición oral[73].

Escuchemos a Benjamin: "De la misma manera en que, con el transcurso de su vida, se pone en movimiento una serie de imágenes de la interioridad del hombre... así aflora de una vez en sus expresiones y miradas lo inolvidable, comunicando a todo lo que le concierne, esa autoridad que hasta un pobre diablo posee sobre los vivos que lo rodean. En el origen de lo narrado está esa autoridad"[74].

En resumen; lo que propone el autor de *El narrador* es una enfática defensa del aura en toda su plenitud y con sus fueros intactos.

---

70 Íbid., p. 123.
71 Íbid.
72 Íbid., p. 119.
73 Íbid., p. 120.
74 Íbid., p. 121.

Más allá de la lógica propia de los desconcertantes giros y contramarchas que zarandean el discurso benjaminiano, cabe preguntar acerca del sentido de esa oposición. Ella parece justificarse por el hecho de que las circunstancias que condicionan el aura burguesa son diferentes a las que encuadran la que irradia el cuento tradicional, que aun a cargo de un narrador, se encuentra fuertemente vinculada a la creación colectiva y anónima y deriva de la experiencia popular[75]. Por otra parte, el trabajo del narrador es el de un productor, un artesano que exhibe las marcas de su quehacer material: "su huella queda adherida a la narración, como las del alfarero a la superficie de su vasija de barro"[76].

Pero también podría encontrarse otro motivo que justifica el aura del cuento popular: su reproducibilidad: "el punto cardinal para el oyente sin prejuicios es garantizar la posibilidad de la reproducción"[77] y, con ella, la accesibilidad pública. Eagleton acerca razones fuertes que dan cuenta de la "forma escandalosa" con que *El narrador* "celebra el aura que (el propio Benjamin) está desmantelando (en *La obra de arte...*)"[78]. "Es cierto que el cuento popular es aurático —escribe— pero posee el anonimato y el anti-psicologismo del teatro épico". Y esta falta de conexiones psicológicas "deja al oyente o lector la reconstrucción del relato" y suscita lecturas múltiples. "De esta manera, el cuento popular permite una redefinición 'demo-

---

75 "...Todos los grandes narradores se mueven como sobre una escala, subiendo y bajando por los peldaños de su experiencia. Una escala que alcanza las entrañas de la tierra y se pierde entre las nubes, sirve de imagen a la experiencia colectiva, a la cual, aun el más profundo impacto sobre el individuo, la muerte, no provoca sacudida o limitación alguna". Íbid., p. 128.
76 Íbid., p. 119.
77 Íbid., p. 124.
78 Terry Eagleton, op. cit., p. 100.

crática' de lo 'clásico', al retener la autoridad aurática al tiempo que invita al reciclaje o *Umfunktionierung* brechtiano"[79]. Es decir, se enfatiza acá una preocupación fundamental de Benjamin escamoteada por el aura burguesa: el momento de la recepción de la obra.

DIGRESIÓN III. EL AURA FOTOGRÁFICA

La argumentación desarrollada en el punto anterior se proponía recalcar la idea de que el pleito benjaminiano no es con el aura sino con el modelo ideológico suyo que enmascara las condiciones técnicas y materiales de la producción de la obra para sustraerla de la historia y presentarla libre de pecado original. El aura denostada es aquella que subraya "la perfección artística o el gusto"[80] para retocar, así, la obra con los efectos de un esteticismo cómplice: el mismo que ha crecido hoy desaforadamente hasta lanzar un encubridor manto de apariencia armónica sobre todo el paisaje de la cultura actual. En esta dirección, que adquiere un notable sentido contemporáneo, cabe entender el explícito carácter aurático que Benjamin celebra en ciertas fotografías que logran intensificar la experiencia del mundo recusando el canon idealista, el imperio de la forma estética. Benjamin parte de una crítica mordaz de la figura del "artista divino, entusiasmado por una inspiración celestial" sostenida por el periodismo decimonónico: tal figura expresa "ese concepto filisteo del arte, al que toda ponderación técnica es ajena"[81].

Casi a lo largo de un siglo, los teóricos de la fotografía fracasaron en su intento de refutar este "concepto fetichista del arte, concepto

---

79 Íbid., p. 101.
80 Walter Benjamin, *Pequeña historia...*, op. cit., p. 73.
81 Íbid., p. 64.

radicalmente antitécnico"[82]; es decir, no lograron disipar las brumas estéticas que nublaban las muescas de su producción material y, por lo tanto, de su registro político. Pero el antiformalismo de Benjamin debe ser considerado no sólo de cara al esteticismo idealista del *arte por el arte* (cuya aura expresa autosuficiencia, trascendencia y universalidad), sino también ante el nuevo esteticismo de la industria y la moda (cuya aura embellece lo que quiere promover) que constituye el riesgo más grave que afecta a la fotografía[83].

El antiesteticismo de Benjamin (posición que, entre muchas otras, lo vuelve tan contemporáneo) se expresa claramente en su distinción entre fotografía "constructiva" y "creadora". Liberada de veleidades formales, la primera se vuelve sobre el curso de la historia y desarrolla contenidos experimentales y pedagógicos; la segunda, al servicio de la moda, sólo busca "atractivo y sugestión"[84]. Es decir, la fotografía deviene "creadora" (estética) cuando ignora sus propias condiciones históricas y "se emancipa del interés fisionómico, político, científico" para perderse en la pura belleza, volverse fetiche de la moda.[85] "Lo creativo en la fotografía es su sumisión a la moda. *El mundo es hermoso:* ésta es precisamente su divisa[86].

---

[82] Íbid.
[83] Los fotógrafos de vanguardia "de alguna manera están asegurados por la marcha de su evolución contra el mayor peligro de la fotografía actual, contra el impacto de las artes industrializadas". Íbid., p. 80.
[84] Íbid, p. 81.
[85] "Cuanto más honda se hace la crisis del actual orden social... tanto más se convierte lo creativo... en un fetiche cuyos rasgos sólo deben su vida al cambio de iluminación de la moda". Íbid., p. 80.
[86] "En ella (en esa divisa) se desenmascara la actitud de una fotografía que es capaz de montar cualquier bote de conservas en el todo cósmico, pero que, en cambio, no puede captar ni uno de los contextos humanos en que aparece y que, por lo tanto... es más precursora de su venalidad que de su conocimiento". Íbid., p. 80.

Benjamin rescata y defiende las obras de ciertos fotógrafos cuyo carácter antiformalista los libera del aura de la fotografía estética, "creadora". Sin embargo, según será expuesto, las referencias que hace de tales obras las revela como nítidamente nimbadas de aura, cargadas de "valor mágico" y de misterio, rodeadas de silencio, abrumadas por la oscura amenaza de lo que está y no está. Resulta justificable, pues, postular cierta neutralidad del aura: es su inscripción política la que la vuelve liviano brillo estético o inquietante reflejo de la diferencia. El aura es la distancia de la representación, la que habilita el ministerio de la mirada, la que mantiene a raya la presencia. No puede, pues, significar lo mismo en toda circunstancia. La distancia que sacraliza y clausura la obra o el encanto ilusorio que ilumina el producto para su consumo mejor no significan lo mismo que el intervalo de la palabra o la esplendente sustracción de lo real.

El aura que defiende Benjamin en la obra de algunos fotógrafos es, pues, aquella que no apela a los efectos de la belleza para maquillar su origen, es la que delata la espectral presencia-ausente de las cosas en una suerte de efecto *blow-up*, propio de su misma técnica. Considérese el siguiente comentario acerca de una obra de David O. Hill: "queda algo que no se consume en el testimonio del arte del fotógrafo..., algo que no puede silenciarse, que es indomable y reclama el nombre de la que vivió aquí y está aquí todavía realmente, sin querer jamás entrar en el *arte* del todo"[87]. Por eso, escribe más adelante, "los modelos de un Hill no estaban muy lejos de la verdad, cuando el 'fenómeno de la fotografía' significaba para ellos 'una vi-

---

87 Y por si quedaren dudas, vincula esta imagen con un poema. La cita despliega las figuras clásicas de lo aurático: "Y me pregunto: ¿cómo el adorno de esos cabellos y de esa mirada ha enmarcado a seres de antes?; ¿cómo esa boca besada aquí en la cual el deseo se enreda locamente tal un humo sin llama?". Íbid., p. 66.

vencia grande y misteriosa'..."[88]. Es que, no contaminado aun por el periodismo, el rostro fotografiado "tenía a su alrededor un silencio en el que reposaba la vista"[89]. Benjamin se muestra incluso dispuesto a admitir la presencia de lo genial artístico en la fotografía, toda vez que se encuentre ella al servicio de "experimento y enseñanzas"[90].

Benjamin también reivindica el poder de la contra-aura, el aura aliada de la diferencia, en la fotografía de Atget, capaz "de abandonarse a la cosa"[91]. Accede al tema a través de una metáfora: Atget había sido actor profesional hasta que decidió "lavarse la máscara" y "desmaquillar también la realidad"; así "fue el primero que desinfectó la atmósfera sofocante" de la decadente aura que contornea el retrato convencional y refuerza la apariencia prestigiosa del personaje en desmedro de su inscripción social. Partiendo de esta fotografía Benjamin avanza en su crítica del aura ilustrada. Ante ésta, se vuelve imperativa "la necesidad de adueñarse del objeto en la proximidad más cercana, en la imagen o, más bien, en la copia", la exigencia de "quitarle su envoltura... triturar su aura..."[92]; es decir, desmontar la seducción de la bella apariencia y el mito del ejemplar único e inaccesible para desfamiliarizar la cotidianidad del medio, desencuadrarla, y buscar en ella pistas de un acontecer complejo que ocurre más

---

88 Íbid., p. 67.
89 Íbid., p. 68.
90 "En esta dirección, y sólo en ella, puede hoy sacarse todavía un sentido a la salutación imponente con la que el descomunal pintor de ideas Antoine Wiertz salió en el año 1855 al paso de la fotografía". Se refiere al siguiente juicio de Wiertz: "Que no se piense que la daguerrotipia mata el arte. Cuando... crezca, cuando todo su arte y toda su fuerza se hayan desarrollado, entonces la cogerá súbitamente el genio por el cogote y gritará muy alto: ¡Ven aquí! ¡me perteneces! Ahora trabajaremos juntos". Íbid., p. 81.
91 Íbid., p. 74.
92 Íbid., p. 75.

allá de sí. Por eso, las imágenes de Atget desprecian los panoramas grandilocuentes para rastrear los detalles triviales de una ciudad inquietantemente vacía: como el desierto lugar del crimen, habitado sólo por indicios. "En estos logros prepara la fotografía surrealista un extrañamiento salutífero entre hombre y mundo entorno"[93]: El extrañamiento (*Unheimlich*) socava lo apacible de aquellos detalles y este entorno al sugerir, insidiosamente, que las cosas más cercanas, más familiares, cobijan una discoincidencia con ellas mismas, equivalente de nuestra propia escisión por la que se cuela la amenaza. El extrañamiento: uno de los nombres del aura.

Las cualidades auratizadoras de la fotografía se revelan desde su origen, al instaurar ella una medición de miradas entre el sujeto y el objeto. Por eso Benjamin concuerda con la impresión de Dauthendey ante los retratos daguerrotípicos, que obligaban a deponer la mirada por el temor de que esos "pequeños, minúsculos rostros, pudiesen, desde la imagen, mirarnos a nosotros"[94]. En Benjamin, interpelar con la mirada, devolverla, desviarla, conforman movimientos básicos de la coreografía aurática. Otra vez: el problema no es la magia del aura: es la manipulación ideológica que ella apaña. "La técnica más exacta puede dar a sus productos un valor mágico que una imagen pintada ya nunca poseerá para nosotros. A pesar de toda la habilidad del fotógrafo... el espectador se siente irresistiblemente forzado a buscar en la fotografía la chispa minúscula del azar, de aquí y ahora, con la que la realidad ha chamuscado, por así decirlo, su carácter de imagen..."[95].

---

93 Íbid., p. 76.
94 Íbid., p. 68.
95 Íbid.

Es difícil leer este texto de Benjamin sin relacionarlo con la figura del *punctum* en Barthes. En su obra *La cámara lúcida*, este autor distingue entre dos formas de interpelación que hace al sujeto la imagen fotográfica. La primera es el *studium*, que abre el campo del interés sobre el que se pasea, tranquila la mirada, buscando la información que ilustra, aclara y contextualiza históricamente lo mostrado[96]. La segunda es el *punctum*, que viene a escandir el *studium*. Relacionada con la idea de puntuación, punción y puntada, sugiere un agudo y breve corte hecho por un instrumento filoso que me sale al encuentro y se vincula con la noción de casualidad[97]. Así explica Barthes su mecanismo: "no soy yo quien va a buscarlo... es él quien sale de la escena (fotográfica) como una flecha y viene a punzarme"[98]. "El *punctum* de una foto –escribe más adelante– es el azar que en ella me despunta (pero que también me lastima, me punza)"[99]. Como la "minúscula chispa del azar" que nombra Benjamin, el *punctum* marca una estocada hiriente de lo real: punzada, chamuscada por la cosa, la imagen se vuelve contra mí y, desde el trastorno que supone aquel encuentro, me lanza una mirada interpelante[100]. Una callada pregunta fundamental, irrepetible: insoluble en cuanto demasiado elemental. Y esa mirada aurática, terrible, aguda, se infiltra por el tajo de la

---

96 Roland Barthes, *La cámara lúcida. Notas sobre la fotografía*, Paidós, Buenos Aires, 5ª reimpresión, 1998, p. 64.
97 A pesar de que Barthes utiliza el concepto de *punctum* para figurar el dispositivo auratizador, a veces también recurre a la representación "clásica" del aura como irradiación luminosa y etérea: "El aire es así la sombra luminosa que acompaña al cuerpo; y si la foto no alcanza a mostrar ese aire, entonces el cuerpo es un cuerpo sin sombra... Si el fotógrafo... no sabe... dar al alma transparente su sombra clara, el sujeto muere para siempre". Íbid., p. 185.
98 Íbid., p. 64.
99 Íbid., p. 65.
100 "La fotografía tiene el poder de mirarme directamente a los ojos". Íbid., p. 188.

ausencia, de la insalvable distancia que permite mirar; el *punctum* es la filosa irrupción de la diferencia, el deseo, la muerte. "Este signo imperioso de mi muerte futura... nos interpela a cada uno de nosotros por separado": por eso, la mirada interrogadora remite siempre a una experiencia subjetiva individual, exige una "posición de existencia"; comprometedoramente acerca y esconde una verdad "para mí". Y, por eso, es el aura una manifestación irrepetible, aunque afecte un objeto mil veces reproducible.

En el ámbito de lo fotográfico, Barthes termina relacionando con la locura la aurática punción de lo real. "El movimiento revulsivo que trastoca el curso de la cosa"[101] enloquece a la fotografía. Es que si el mecanismo de la representación, que nombra siempre el objeto en cuanto ausente, logra incluir los vestigios físicos de su realidad, entonces queda trastornado[102]. Es cierto que la cosa ya no está: *pero estuvo*. Estuvo en algún momento infinitesimal que no pudo retener su presencia ni hacerla empalmar con la imagen. *Pero estuvo*. El fantasma compareció, dejó indicios, quemó la superficie de la fotografía, estampó la huella de su estar-ahí imposible: para siempre. Y este escándalo ontológico constituye una amenaza. Ante él, la sociedad "se empeña en hacer sentar cabeza a la fotografía, en templar la demencia que amenaza sin cesar con estallar en el rostro de quien la mira"[103]. Y trata de estetizar la imagen: de disolverla en triviales imágenes generalizadas "que desrealiza(n) completamente el mundo humano de los

---

101 Íbid., p. 200.
102 "La imagen, dice la fenomenología, es la nada del objeto. Ahora bien, en la fotografía lo que yo establezco no es solamente la ausencia del objeto; es también... que ese objeto ha existido y que ha estado allí donde yo lo veo. Es ahí donde reside la locura; pues hasta ese día ninguna representación podía darme como seguro el pasado de la cosa". Íbid., p. 193.
103 Íbid., p. 196.

conflictos y los deseos con la excusa de ilustrarlo"[104] y tras la intención de "someter su espectáculo al código civilizado de las ilusiones perfectas"[105]. Cabe interpretar este intento como estrategia del esteticismo mundial del mercado: la fotografía debe ser curada, domada: convertida en puro *studium* sin fisuras, espesores ni sobresaltos. Sin puntadas. Sin el aura feroz que hace relampaguear el rastro. La fotografía sólo puede rebelarse (revelarse) a través del "éxtasis fotográfico", forzando "el despertar de la intratable realidad". Asumiendo su delirio de consumar el tiempo y asignarle una forma (loca).

Por eso, no resulta disparatado que un autor como Dubois invoque la obra de Benjamin para reivindicar el aura de la imagen fotográfica. Después de sostener que la distancia, irrecuperable, configura un supuesto esencial de la fotografía, el autor citado afirma que "la noción misma de aura, que es el núcleo de las teorías benjaminianas de la fotografía" descansa en el "doble principio de proximidad y distancia del acto fotográfico"[106]. En términos estrictos, el núcleo de las teorías que Benjamin desarrolla sobre la fotografía se basa justamente en el intento de anular esa distancia, de desmontar el aura, lo que, en principio, contradice radicalmente la afirmación de Dubois. Pero si consideramos lo aurático en la acepción desvariada que le asigna Barthes y en el sentido de una fricción chispeante y contingente con lo real que sostiene el propio Benjamin (recordar: "la chispa minúscula del azar"), entonces es posible encontrar en esa "única aparición de algo lejano, por más próximo que esté" un dispositivo crítico capaz de resistirse a las templadas concertaciones del esteticismo global.

---

104 Íbid., p. 199.
105 Íbid., p. 200.
106 Philippe Dubois, *El acto fotográfico. De la representación a la recepción*, Paidós, Barcelona, 1982, p. 91.

Y en esta dirección, sí se puede coincidir con Dubois cuando afirma que la radicalización de la lógica indicial de la fotografía ha nutrido una de las direcciones más innovadoras de la contemporaneidad artística. A pesar de estos vínculos, cada vez mayores, de la fotografía con lo contemporáneo del arte, bajo este título la hemos tratado en sus peculiaridades técnicas y, por ello, separadamente de la producción artística actual, aunque forme parte de ella y aunque vuelva a aparecer, supuesta o explícitamente, en el próximo punto.

LA ÚLTIMA ESCENA: LA DEL ARTE CONTEMPORÁNEO

El ámbito que será considerado bajo este punto recalca específicamente la producción crítica de raíz ilustrada y vanguardista que se crea, distribuye y consume a través de los circuitos especializados de la institucionalidad artística (textos teóricos, catálogos, bienales, galerías y museos). Tal como queda apuntado, este escenario incluye –en mayor o menor proporción– formas recién consideradas, como las de la fotografía y las diversas modalidades de arte digital y net art, así como ciertas manifestaciones de la cultura popular, la publicidad, el diseño y las industrias culturales.

Ya se sabe que el arte ha perdido la exclusividad de sus lugares y no puede ser considerado sino en situación de tránsito, desplazamiento y entrevero: antes que a poseer lugares propios sólo puede aspirar a ocupar emplazamientos particulares (y transitorios). La diferencia es, por eso, sólo de énfasis en la posición política. Atendiendo a esta posición, no se consignan acá no sólo las formas citadas sino las expresiones diversas de las Bellas Artes que continúan conservando, o intentando conservar, el aura empírea que laurea un arte superior y esgrime una verdad inmutable. De nuevo podría repetirse ahora el esquema de la argumentación anterior: paralelamente al caso de las fotografías ya citadas, Benjamin reconoce el valor de cierta pintura moderna que no se encuentra enmarcada por ese tipo de aura; por ejemplo, cierto momento de la producción dadaísta y surrealista, y aun pinturas relativamente más convencionales como las de Cézanne, Arp y Ensor.

Pero ahora, reteniendo esos argumentos, interesa avanzar hacia la cuestión central: la posibilidad de disputar el aura al esteticismo neutral de los mercados para imaginar desde sus virtudes distanciadoras estrategias políticas alternativas. Para incautar el esplendor de la mercancía y el espectáculo y volverlo principio productor de obra sobre el borde de la ausencia radical y el lenguaje truncado. Ciertas formas actuales de arte popular y de arte ilustrado de filiación vanguardista parecen tener mejores posibilidades de conservar o retomar posiciones críticas que otras expresiones excesivamente expuestas a los intereses del mercado.

No me referiré acá a las culturas subalternas porque sus particularidades pesan mucho y exigen un tratamiento diferenciado; baste tener en cuenta los muchos procesos de resistencia, rechazo, reapropiación e incautación realizados por amplios sectores populares e indígenas que, ubicados ante la avalancha global, intentan conservar, reacomodar o renovar sus matrices culturales y sus módulos expresivos según el impulso de la memoria propia y el propio deseo. El arte erudito de vocación crítica se encuentra agobiado y culposo ante su tradición clásica idealista y su reciente pasado vanguardista. La filiación ilustrada, la tradición del "arte elevado", inculcó exclusivismos insalvables y filtró la memoria de la autoridad religiosa, el poder político y el valor económico.

Las principales vanguardias fracasaron en su intento de abolir la autonomía del arte y socavar sus propias instituciones, incumplieron sus promesas de emancipación social y liberación política; no pudieron, en fin, sostener el sugestivo malabarismo que supone ser simultáneamente arte y contra-arte (ilusión que pervive, claro).

El arte contemporáneo hereda este fracaso histórico en un contexto redoblado en su ambigüedad por el hecho –aceptado a regañadientes o con alivio admitido– de que la contestación forma parte del sistema impugnado y por la conciencia de que el otrora sedicioso experimentalismo dinamiza hoy las estrategias de la publicidad y engalana la cultura del espectáculo. Huyssen sostiene que la apropiación que hacen las vanguardias revolucionarias de la tecnología (cine, fotografía, montaje) tenía la posibilidad de producir un *shock* sobre la sensibilidad convencional porque socavaba sus mismas bases: el esteticismo y la autonomía del arte heredados del siglo XIX, puntales del aura tradicional. (Éste podría ser un buen resumen de la utopía benjaminiana). "Sin embargo, la boda posmodernista entre la tecnología de la era espacial y los medios electrónicos en la senda de McLuhan difícilmente podía conmover a un público criado en el modernismo a través de esos mismos medios"[107].

La supervivencia del nervio crítico del arte parecería depender de sus posibilidades de recuperar el impulso subversivo de las vanguardias. Es un desafío complicado, una salida desesperada: la única avizorable dentro de la tradición del arte. Una nueva utopía, claro. Quizá la dificultad mayor de esta propuesta no consista sólo en la tarea de subsanar los pecados de las vanguardias (mesianismo, elitismo, formalismo, ostracismo) sino en la de rectificar principios y corregir estrategias. Las básicas maniobras de choque han sido decomisadas por el adversario: la oposición transgresora y el

---

[107] Andreas Huyssen, op. cit., p. 293.

experimentalismo innovador, así como el impacto, el escándalo y la obscenidad, han sido tomados y domados por las pantallas, las vitrinas y los escenarios globales. Han devenido primicia, novedad o evento. Se han convertido en anuncio, eslogan, *show* mediático. La disidencia vende. Vende lo marginal. Todo lo que asombra, excita o conmueve, vende. Vende en cuanto su conflicto se consume en su propia exposición, en cuanto pueda ser saldado y no deje residuo, sombra o falta. Vende bajo la condición de que se encuentre modulado por encuestas y dosificado por las reglas del marketing. En la medida en que impresione sin perturbar ni comprometer, sorprenda sin interpelar, sin levantar cuestiones ni dejar pendiente la pregunta por lo que no está. El aura del mercado gradúa con pericia la distancia de la representación, regula el reto de las miradas: aleja y acerca el filtro de lo simbólico para que la miseria y la guerra pierdan la referencia insoportable de lo real, para que no huelan. Aproxima o aparta demasiado la memoria para que parezca ajena. Acoge la diferencia para que parezca propia.

Así, por una parte, esterilizada y empaquetada, la transgresión experimental ha pasado a integrar el menú del esteticismo masificado. Pero por otra, es absorbida mediante una estrategia opuesta y complementaria que, en forma sorprendente, re-elitiza la innovación en registro mass-mediático. En este sentido, Perniola habla de una alianza entre el *establishment* artístico y el arte de ruptura en detrimento del público. "La institución cree más conveniente sustentar y favorecer al artista transgresor porque el escándalo recaba un beneficio, en términos de publicidad y de resonancia mediática, que es mucho mayor que el que podría obtener de la adhesión a los gustos tradicionales del público"[108]. Consumada la separación entre las grandes audiencias y la innovación artística, el contubernio entre institución e innovación "transforma el sistema del arte en un juego para iniciados del que... ¡están ausentes aquellos que aún podrían inquietarse!"[109].

Es difícil en esta escena que el sobresalto que buscaban producir las vanguardias históricas o el *shock* anticontemplativo y distraído que propugnaba Benjamin conserven su filo contestatario. La transgresión tradicional pierde su sentido opositor y deviene gesto reactivo, cerrado al trabajo de la diferencia. Es obvio que el gran desafío político del arte contemporáneo debe cumplirse en terreno copado por el adversario, que no hay otro. Y que sus estrategias no pueden ser sino jugadas contingentes, provisionales. Pueden asumir la modalidad de giros imprevistos para burlar el asedio del mercado: cambios bruscos de posición, huidas constantes: recursos de nómades y fugitivos tenaces. Pueden, también, basarse en enfrentamientos; no en choques marciales sino en maniobras que excedan los excesos de la imagen globalizada: que se atrevan a llegar hasta donde no puede ésta, limitada en algún punto por los intereses que avala. Pero aquellas estrategias también pueden consistir en movimientos de retroceso, de alto o de suspenso sobre su propia imposibilidad de decir. Por último, la resistencia del arte también puede (quizá deba) continuar cierta línea de la tradición negativa de las vanguardias: la autocrítica de sus lenguajes, la puesta en jaque de las instituciones del arte. Pero este operativo resulta poco eficiente cuando el lenguaje deja de ser el sostén privilegiado de lo enunciado y cuando

---

108 Mario Perniola, op. cit., p. 76.
109 Íbid.

la institucionalidad designa una situación precaria, como ocurre en muchos destartalados países periféricos, cuyo problema no resulta tanto de la autoridad de los circuitos del arte cuanto de la ausencia de canales orgánicos, de la carencia de políticas públicas, de la flaqueza de las sociedades.

El empleo de estos juegos de lenguaje, lances, posiciones y estrategias *ad hoc* que integran el instrumental crítico contemporáneo supone un replanteamiento del trabajo de la representación. El giro moderno cuestionó que este trabajo sea entendido como intento de revelación de verdades trascendentales, como economía de desenmascaramiento. La oposición apariencia/esencia obedece a un registro metafísico, ya se sabe. Pero la cuestión no queda cerrada con esta denuncia: no hay algo *sustancial* que convocar pero hay *algo* del otro lado del dintel de la representación. Un remanente o una falta que no puede ser representada.

Tal imposibilidad resulta fundamental para las operaciones del arte, empeñadas en decir lo indecible, en recorrer una distancia que no puede ser saldada. Una distancia aurática, por supuesto. Ese empeño se estrella siempre contra el hermetismo indescifrable de lo real: de lo que no pudo ingresar al campo de la representación y cuyos restos, insolubles a la alquimia del signo, subsisten en algún lado como densos grumos de amenaza. Como retorno traumático, según Foster. El arte más radical trabaja en este límite: en el desmedido esfuerzo por nombrar lo que resta o lo que falta luego del último nombre, sus formas se intensifican, se tensan, se desesperan (enloquecen, en el sentido de Barthes). Sulfurado, fuera de sí, el signo no alcanza la cosa, pero su propia conmoción le permite escapar del círculo instrumental, por un instante al menos. El mínimo instante del aura, el que produce la distancia; un diferimiento indomable que lleva insidiosamente a mostrar una y otra vez que no se ha mostrado todo. He aquí el perverso juego del arte. La sustitución de lo trascendental por lo real en la escena de la representación hace que el arte contemporáneo devenga vulnerable y se encuentre más expuesto a la intemperie de coyunturas concretas y azares variables. Y, como contrapartida quizá, permite alegar en pro de un modelo contingente de aura, laico, pos-aurático: ajeno a la sutura del sentido, el voto de la presencia y el aval de un orden prefijado. Será, forzosamente, un aura desvalida, sucia: enturbiada por la incuria de las historias menores o la opacidad irreparable de lo real. Carente de reflejos fundamentales, investida con los mantos sombríos de lo sublime más que con los velos transparentes de la belleza, esta nueva versión del aura difícilmente puede recuperar el encantamiento de la forma entera y se encuentra amenazada por la melancolía de lo irresuelto y truncado, de lo alegórico. Sobre este escenario anochecido debe el arte crítico tergiversar el curso de su propio tiempo para arrancarle la promesa o el presagio de (o, al menos, la pregunta sobre) una figura de futuro capaz de movilizar las ganas de renovar el pacto colectivo. Capaz de anunciar el acontecimiento por-venir. Benjamin cita a Breton: "la obra de arte sólo tiene valor cuando tiembla de reflejos del futuro"[110]. Las cifras que ofrecen esos reflejos anticipatorios deben ser buscadas a contrapelo de secuencias lineales: entrelíneas de la escritura del pasado, en el reverso o al margen de lo que no termina de ser presente cuando ya fue casi arruinado.

Rancière levanta esta situación en forma sucinta y clara. Si el modernismo sigue a través de Schiller el análisis kantiano de lo bello, la inversión posmoderna opta, vía Lyotard, por otra pieza de

---

110 Walter Benjamin, *La obra de arte...*, nota 23, op. cit., p. 49.

Kant: lo sublime, que corta todo vínculo entre idea y representación sensible. Inscripta en la gran tradición moderna de duelo y culpa, esta opción convierte el posmodernismo en "el gran canto fúnebre de lo irrepresentable / intratable / irredimible..."[111].

Ante el reto de vincular lo estético y lo político sobre este escenario, el autor reconoce dos ideas de vanguardia. La primera corresponde a un modelo topográfico y militar y se expresa en la figura del destacamento dirigente que avanza marcando la correcta dirección política del movimiento. La segunda, apunta a la anticipación estética, a la invención de las formas sensibles y de los cuadros materiales de una vida futura. El sentido de lo vanguardístico en el régimen estético de las artes debe ser buscado en este segundo modelo. Es "ahí donde la vanguardia 'estética' ha contribuido a la vanguardia 'política'..."[112]. La historia de las relaciones entre partidos políticos y movimientos estéticos se encuentra cruzada por la confusión entre estos dos modelos, que corresponden a dos conceptos de subjetividad política: por un lado, "la idea archipolítica del partido"; por otro, "la idea metapolítica de la subjetividad política global, la de la virtualidad en los modos de experiencia sensibles e innovadores que anticipan la comunidad futura"[113].

La cuestión es cómo recuperar esa dimensión política del arte abierta a la construcción colectiva de la historia más allá del drama luctuoso al que nos enfrenta, en parte, la obra de Benjamin. Cómo zafarnos del peso de la melancolía, costo de la ausencia fundamental, del diferimiento de lo real, de la contingencia del sentido. Cómo

---

111 Jacques Rancière, *La división de lo sensible. Estética y política,* Centro de Arte de Salamanca, Consorcio Salamanca 2002, Salamanca, 2002, pp. 46-47.
112 Íbid., pp. 47-48.
113 Íbid., p. 49.

leer la historia, no en clave de cínico conformismo o de puro duelo sino como principio de afirmación ética, como apuesta constructiva, hacedora de práctica, removedora de sentido. Cómo disputar el aura al adversario y volver productivo el lugar insalvable de la distancia. El arte guarda un viejo truco mediante el cual puede, si no ofrecer panaceas, sí acercar pistas.

Se trata de la posibilidad que tienen sus formas de trabajar suspendidas sobre el abismo de la falta, fundar en la ausencia una escena, dar la vuelta el hueco a través de la ilusión de la imagen. Empeñarse en decir lo real impronunciable y hacer de esa inconsecuencia el principio de un nuevo juego. Suponiendo que ciertas obras de arte podrían constituir "vestiduras, imágenes para el *petit a*" (lacaniano), María Eugenia Escobar cita a Shakespeare (en *Sueño de una noche de verano*): "Hay que darle a la nada aérea de la imaginación, una habitación local y un nombre". Y sostiene que "la función del arte es cumplir de alguna manera ese mandato: sostener imaginariamente el vacío insoportable ofreciéndole una envoltura, procurándole una imagen" [114]. La cosa perdida no puede ser reparada pero puede convertirse no sólo en objeto de duelo o factor de melancolía sino en principio imaginario de desagravio ontológico: la apertura de otro horizonte posible. Y desde allí, en gesto político, quizá.

Pero la instauración de un registro político requiere que el trabajo de inversión de la falta sea vinculado a un proyecto colectivo; requiere una dimensión pública, una inscripción social[115]. Y un pro-

---

[114] María Eugenia Escobar, seminario *La imagen del objeto*, Asunción, setiembre, 2003, notas inéditas.

[115] En este sentido entiendo a Vezzetti cuando sostiene que, conjurado colectivamente, puesto de relieve, en negativo, el vacío puede impulsar una tendencia antitotalitaria de sentido y promover el pluralismo, siempre que "esa ausencia de un fundamento dado se asocie al valor de la 'alianza', un

yecto político, una jugada al futuro, exigen, especialmente hoy, no sólo el trabajo de la memoria y la elaboración del duelo sino una torsión, un movimiento brusco, a contrapelo del tiempo, capaz de "saltar como un tigre" sobre la historia, tergiversar su vocación lineal e impedir la autoconciliación de cada momento suyo. El arte sabe de estas cosas. Idelber Avelar toma de Nietzsche una figura potente: lo intempestivo, que enfrenta el presente (cita a Nietzsche) "actuando contra nuestro tiempo y, por tanto, sobre nuestro tiempo y, se espera, en beneficio de un tiempo venidero"[116].

En tiempos de derrota y duelo, la intempestividad deviene "calidad constitutiva" de la literatura. "Intempestiva sería la insistencia en un desacuerdo radical con el presente que trataría de mantener la apertura absoluta del futuro, su naturaleza *inimaginable* e *irrepresentable*, a la vez que se pone el presente en crisis"[117]. Concebir un horizonte permanentemente abierto, inclausurable, no pretende que contenga el futuro las cifras de su propia conciliación: lo real también será en él inabordable, pero su apertura permitirá, a su vez, intempestivas interferencias de sentido capaces de interrumpir la melancólica errancia de la alegoría. El tiempo está dislocado, dice Hamlet, desajustado consigo mismo: es un contratiempo. Pero "*out of joint* no está solamente el tiempo, sino también el espacio, el espacio en el tiempo, el espaciamiento", comenta Derrida[118]. Este espa-

---

pacto fundacional renovado e historizado permanentemente". Hugo Vezzetti, "Variaciones sobre la memoria social", en *Revista de Crítica Cultural*, N° 17, Santiago de Chile, noviembre, 1998.
116 Idelber Avelar, *Alegorías de la derrota: la ficción posdictatorial y el trabajo del duelo*, Editorial Cuarto Propio, Santiago de Chile, 2000, nota 19, p. 34.
117 Íbid., p. 314.
118 Jacques Derrida, *Espectros de Marx. El Estado de la deuda, el trabajo del duelo y la nueva Internacional* (trad. de José Miguel Alarcón y Cristina de Peretti), Editorial Trotta, Madrid, 2003, p. 97.

cio, abierto por la espectralidad, es acá un escenario político y ético. Pero también es lugar imposible donde trabaja el arte incubando un diferimiento-espaciamiento continuo: la distancia que precisa la mirada.

THE INVENTION OF DISTANCE

Essays translated by
Christina Mac Sweeney

CONTENTS

PREFACE
by Marek Bartelik — 157

A FEW PRELIMINARY WORDS
by Adriana Almada — 165

ART BESIDE ITSELF
Twenty-six fragments on the paradox of representation and a question about the aura — 169

THE INCOMPLETE FRAME
Introduction — 191
Reappearances — 191
The Onslaught of Forms — 194
A Tribute to the Avant-Garde — 197
Art Under Suspicion — 202

NANDÍ VERÁ
The Brilliance of Nothingness
Introduction — 207

I. Brief Notes on Representation — 207
    The Call — 210
    Kant's [useless] Flower — 213
    A Sublime Obsession — 214
    Image in Spite of All — 215
    The Faces of Nothingness — 217
    Brief Digression on a Ruse for Capturing the Gaze — 220
    Boundaries — 220
II. Four Blank Works of Art — 222
    Curtains — 222
    Lost Souls — 224
    A Small Window Without a Landscape — 227
    Custody — 230

THE UNREPEATABLE APPEARANCE OF DISTANCE
A Political Defence of the Aura
Modern Desire — 239
Circumstantial Evidence — 241
The Gaze — 242
The Sacrifice — 244
The Barbarian Times — 247
The Gazes of Janus — 250
Revelations — 253
The Aura — 256
Digression I. Argument in Favour of the Aura — 276
Digression II. The Aura of the Folk Tale — 278
Digression III. The Photographic Aura — 281
The Final Scene: Contemporary Art — 289

PREFACE

With this bilingual volume by Ticio Escobar, AICA International inaugurates a series of books devoted to the writings of major art critics from around the world who have won AICA's Prize for Distinguished Contribution to Art Criticism. A Paraguayan critic, Ticio was the recipient of the inaugural Prize, which was presented to him during the 44th AICA Congress in Asunción, Paraguay, in October 2011. The Prize acknowledges the importance of critics from the country that serves as the host for AICA's Annual Congress in a given year. By launching this book, AICA confirms its active role in disseminating and propagating art criticism by important contemporary critics whose writings are often known predominantly in their native language (Spanish in Ticio's case), hence the urgency to translate them into English.

Ticio's writings on art have resonated strongly with readers worldwide for over thirty years. He has been a perceptive observer of the transformations in art, from both a local and global perspective, since his graduation from the Department of Philosophy at the Catholic University of Asunción in 1976. He is renowned for his investigations of the connections between contemporary art and the art of the indigenous people of South America, which gained him numerous awards, among them a Guggenheim Fellowship, the Prince

Claus Prize, and the Bartolomé de Las Casas Award from Casa de América in Madrid, Spain. Explaining his interest in that subject, Ticio states: "Defending the relevance of an indigenous art requires a different vision of the Indian; it opens the possibility of seeing him not as much an outcast and a humiliated one but as a creator, a producer of genuine forms, a sensitive and imaginative being, who formally contributes to the universal heritage of symbols."[1] Responding to the need to preserve indigenous culture and art in his country, in 1979 he founded the Museo del Barro in Asunción, a commitment that he maintained while serving as Paraguay's Minister of Culture from 2008 until 2012. Ticio's writings have appeared in several books published in Argentina, Brazil, Chile, Cuba, Paraguay, Spain, and the United States. This volume, produced through a collaboration between AICA International, AICA Paraguay, and Fausto Ediciones, is the first collection of Ticio's seminal texts gathered together in both the original Spanish and English translation.

Ticio's writings reveal an affinity with past and current ideas on art and aesthetics and their relationship to the world at large; his points of departure include the critical works of such important thinkers as Immanuel Kant, Johann Wolfgang von Goethe, Martin Heidegger, Walter Benjamin, Michel Foucault, Gilles Deleuze, Jacques Derrida, and Emmanuel Lévinas, to name just a few. In his essays he consults, references, and argues with these philosophers to produce a "supplement" to their writings. Like Lévinas, for instance, he questions the exemplary status of pure aesthetics and the integrity of the representation to stress the ethical and empirical dimensions of art, which he links to the encounter with

---

1   Ticio Escobar, *La belleza de los otros*, RP Ediciones, Asunción, 1993, p. 20.

the decentred Other, which, in Ticio's texts, is epitomised by the South American Indian. Reacting to continuous changes in art and to our assessments of them, Ticio searches for the *apparatus*, orderly yet "unconscious," which Foucault persuasively calls the *épisteme*, and which shapes our knowledge in a given time and place and "makes possible the separation, not of the true from the false, but of what may from what may not be characterised as scientific."[2] He passionately engages in the current discourse on concepts such as truth, taste, representation, the avant-garde, the beautiful, and the sublime. As a practicing art critic, Ticio confronts the insufficiency of mainstream art criticism, which he calls "confused,"[3] for it often reacts to novelties and increasingly resembles popular entertainment – superfluous, easily absorbed and easily forgotten. Ticio proposes instead discursive, philosophical and political reflections on art and culture, which he deliberately places in an "incomplete frame" (the title of one of his essays) as an open-ended dialogue with the past and the present, in order to develop his own ideas.

Ticio's texts are linguistically dense, and often lacking a linear narrative. They can be laconic and baroque at the same time. This type of a writing style –a *textual collage*– is not unfamiliar to us; the best examples of it can be found in the writings of ancient philosophers, as well as Walter Benjamin (a writer with whom Ticio has a passionate conversation in his texts) and Ludwig Wittgenstein. The Paraguayan critic's writings map the possibility for sharing knowledge in a conversational manner –rather than instructing or informing in

---

2 Michel Foucault, *Power/Knowledge: Selected Interviews and Other Writings, 1972-1977*, Colin Gordon (ed.), The Harvester Press, Brighton, 1980, p.197.
3 Ticio Escobar, *The Curse of Nemur: In Search of the Art, Myth and Ritual of the Ishir*, The University of Pittsburgh Press, Pittsburgh, 2007, p. 3.

an arbitrary fashion. But moving from one paragraph to another is like taking a journey along a "slippery mountain ledge" (Ticio's expression) of the stream of consciousness, which requires attention, and at the same time –because each passage is rounded on its own, addressing a specific idea or concept with their proper logic– allows the reader to *exit* from and *return* to the text at any moment. During the time *away*, the reader is welcome to wander around with his/her thoughts, and this mental wandering provides opportunities to bring his/her own association to the text. For instance, while reading Ticio's essay *Art beside Itself*, I consulted Susan Sontag's introduction to the writings by Antonin Artaud to find this sentence: "He refuses to consider consciousness except as a process,"[4] which could be applied to the Paraguayan critic as well.

When referencing Artaud here, it is useful to note that the French playwright and poet's ideas about modern culture and arts were substantially shaped by his 1936 trip to Mexico, the country that Octavio Paz said was one "that has never been able to wear with complete correctness the suit of rationalist civilization."[5] It is there, in that place where the ancient meets the modern in such a spectacular fashion –being confronted with a crisis, quite similar to the one we have been experiencing lately– where Artaud, *paraphrasing* Diogenes, proclaims: "I came to Mexico to look for a new idea of man."[6] Living there, pairing science with poetry, looking for truth, debating the meaning of the sublime, Artaud then argues: "it is as much the

---

4 Antonin Artaud, *Selected Writings*, Susan Sontag (ed.), University of California Press, Berkeley and Los Angeles, 1988, p. XXI.
5 Quoted from Jason Wilson, *Octavio Paz: A Study of His Poetics*, Cambridge University Press, Cambridge and New York, 1979, p. 14.
6 Antonin Artaud, *Selected Writings,* op. cit., p. 372.

business of poets and artists as it is the business of scientists" to discover "those *analogical forces* thanks to which the organism of man functions in harmony with the organism of nature and governs it."[7] This statement brings me back to Ticio's writings, which also persistently challenge the monolithic, one-directional reading of old and new civilizations while dealing on a daily basis with "the business of poets and artists" through their words and images.

Ticio argues in this volume: "Representation occurs through two simultaneous movements [...] The first movement has a poetic function: revelation [...] The second movement involves the aesthetic function that avails itself of beauty [...] Superimposed, these two movements say more about the object than it is in itself. They eventually cover it up (making it more true, perhaps)"[8]. In this passage, typical of Ticio's writing style in its linguistic structure and logic, the two polarities –"poetic" and "scientific"– appear as equal structural and logistic components of his writings, and both speak with great persuasion.

Ticio titles one of the essays in this volume *Nandí verá*, which in the Guarani language means "the brilliance of nothingness." He uses these words in his discussion of the 2005 work of the same title by the Paraguayan artist Osvaldo Salerno. In that artwork, Salerno wrote the words *nandí verá* on tulle fabric veils covering a small quadrangular window when it was presented at the Museo de Artes Visuales in Santiago de Chile. Describing this piece and its impact on the viewer –conversing with the artist– Ticio might, in fact, be commenting on his own writings when he states: "Given

---

7   Ibid, p. 373.
8   See p. 170 of this volume.

Preface   161

that the veils are transparent, the texts appear superimposed and inverted in respect of each other and so are scarcely legible: their opposing scripts neutralise each other out. That clouded window seems to form a small vault offered to/removed from the gaze. But it also establishes the field of representation, the one that outlines and opens that duplicitous scene in which the object testifies to its own absence"[9]. The words "transparent," "clouded," and "absence" belong to the lexicon of Ticio's favourite expressions, and —as they allude to the fragility of experience— in his writings they may point to their own disappearance on another journey, this time perhaps toward a brilliant nothingness of thought, which, as Derrida reminds us, "belongs to philosophy or to poetry."[10]

The essays that constitute this volume produce deep reflections on the condition of contemporary art and artists —revealed through staging encounters with critical thought and praxis— while exposing their past and present endless paradoxes and conflicts, cherishing the absence of obvious purpose and exploring the broken promises of such an engagement. Ticio writes: "These are the conflicts which are addressed, from a variety of angles, in the essays that make up this book. It can all, perhaps, be reduced to an operation of managing distances. Contemporary art lacks a headquarters of its own and a definitive position: located in uncertain spaces, it swings between the shelter of language and the harsh outer world of the unrepresentable."[11] We might agree or disagree with the recent assessment of contemporary art and art criticism as being devoid of

---

9 See p. 228 of this volume.
10 Jacques Derrida, *The Truth in Painting*, transl. Geoff Bennington and Ian McLeod, University of Chicago Press, Chicago, 1987, p. 378.
11 Ticio Escobar, *La mínima distancia,* Ediciones Matanzas, La Habana, 2010, p. 11.

clear direction and the suggestions that our communication is more fragmented than ever. We might be too close to our times to call them, like Hegel, not propitious for art.[12] For now, the reading of this unique, highly-engaging book will suggest something more essential about his art criticism: we communicate with each other best when our voices belong to individuals "looking out towards the infinite"[13] (Ticio again), while carefully looking at art right in front of us.

On behalf of AICA International, I thank Ticio Escobar for giving us the rights to publish his writings in this volume. I want to express our gratitude to Adriana Almada, Vice-president of AICA International, and all other members of the Publications Commission of AICA International, chaired by Jean-Marc Poinsot, for their total devotion to publishing this book; Christina MacSweeney for her superb translation from Spanish to English; Marjorie Allthorpe-Guyton, Henry Meyric Hughes, Sara Hooper, and Christian Holland for helping proofread in English; Pilar Parcerisas for helping proofread in Spanish; and AICA Paraguay and Fausto Ediciones for being co-publishers. Finally, this book would not be possible without the continuous support of our activities by all AICA members, whose devotion to our association is the main reason why it has been in existence for over sixty years.

— MAREK BARTELIK [*], President of AICA International

---

12 Georg Hegel, *Introductory Lectures on Aesthetics*, transl. Bernard Bosanquet, Penguin Classics, London and New York, 1993.
13 See page 174 of this volume.
[*] Polish-born, New York-based art historian, art critic, and poet. He has taught modern and contemporary art at, among other universities, MIT, Yale, and The Cooper Union for the Advancement of Science and Art in New York.

A FEW PRELIMINARY WORDS *

Ticio Escobar is a prominent figure in Latin-American criticism. His thinking abounds in philosophical reflections, ethnographic observations, multicultural studies, art theory and criticism, and curatorial practice. The title of this volume enunciates one of the crucial points that the author tackles in the four essays of which it is composed: distance, as a necessary condition for confronting the work of art. Ticio not only addresses the specific cultural processes in his own country and the region of South America, but attempts to develop valid criteria for evaluating artistic phenomena in their multiple guises and possibilities. He does this within the framework of Western thought, from Kant to Hegel, to Didi-Huberman, via Heidegger, Benjamin, Lacan, Derrida, Žižek and a host of other intellectuals who have propagated contemporary art practice and criticism. He has done this on the basis of his own personal background with the profound knowledge he has of a number of native peoples of Paraguay, whose social, everyday, aesthetic, and shamanic practices about which he has studied and written in a number of books.[1]

---

* Translated from Spanish by Henry Meyric Hugues.
1 Prominent among them, *La belleza de los otros*, CAV-Museo del Barro/RP Ediciones, Asunción, 1993 and *La maldición de Nemur*, CAV-Museo del Barro, Asunción, 1999.

At the beginning of the 1980's in Latin America, staking a claim to the aesthetic value of indigenous art and placing it on a level with well-known examples of contemporary art amounted to making a political gesture: it underscored the right to difference. That is what Ticio has done, in his investigations into "the beauty of the Other," by throwing a spotlight on the symbolic universe of those who used to be treated by the cultural authorities as simple "artisans" or were marginalised from any type of cultural consideration. His critical work has been permeated with the ethos of the Ishir people, who live in the Chaco of Paraguay, and by the visions and imaginings of rural people, far distant from the usual artistic circuits.[2] We can relate Ticio's disquisitions, here on the extravagances of form and the power of the word, to his long experience of living in indigenous communities and taking part in their ceremonies and festivals. As he has been able to observe, the signs of primal cosmic visions still give sustenance to a particular way of living, and of being in the world, in the midst of the alluvial soil, contaminated with "occidental and Christian" beliefs, that has been laid down over hundreds of years. There, Ticio has discovered one of the keys to analysing contemporary art: the symbolic capacity to disrupt the flow of events and install a space outside time that restores humanity to a sense of wholeness or, at least, to exorcise, if only for a moment, the horrific apparitions with which it is threatened.

---

2   It will be sufficient to cite here the ceramicists, Juana Marta Rodas and Julia Isídrez, who live in a small village in Paraguay and whose work has been presented by Escobar in several international exhibitions. Pieces by Isídrez, selected in Asunción by curator Chus Martínez, were exhibited in the Rotonda of the Fridericianum, in Kassel, in the section considered to be "the brain" of dOCUMENTA (13).

Returning to the question of distance –and the greater or lesser distancing of the gaze required to take in a work of art, and that the work of art requires in order to be understood– it has to be said that taking our distance from something amounts to taking a position on it. As Didi-Huberman puts it, it is a matter of "keeping on the move and constantly assuming the responsibility for our movements."[3] The movement of approaching something, or distancing oneself from it, needs to be gauged in the presence of every single artistic act that unfolds or retracts before our gaze. An attitude such as this, which holds the memory of the graceful gestures of the shaman or the versatility of the analyst, has left its mark on the writings of Ticio Escobar.

In Paraguay, we celebrate the appearance of this bilingual edition, which will permit us to spread Ticio's ideas of great relevance to the global artistic scene far more widely among English- and Spanish-speaking readers than would otherwise have been possible.

— ADRIANA ALMADA [*], Vice-president of AICA International

---

[3] Georges Didi-Huberman, *Cuando las imágenes toman posición*, A. Machado Libros, Madrid, 2008, p. 12.

[*] Art critic, poet, and curator. She is member of AICA Publications and Languages Commission, and Chair of AICA Fellowship Fund Commission. She served as president of AICA Paraguay from 2008-2012.

ART BESIDE ITSELF

*Twenty-six fragments
on the paradox of representation
and a question about the aura*

> *Art lets go the prey for the shadow.*
> LÉVINAS

This essay attempts to link two elusive concepts: representation and art. Such an enterprise is complicated since the insurmountable logical difficulties of the former are added to the paradoxes of the latter: equivocation is central to this two-fold shadow theatre. Thus, the text is not presented sequentially: the sections which compose it do not flow steadily forwards, they turn back on themselves to reconsider earlier questions, they linger: they both develop a theme by means of consecutive points and jump from one topic to another, spiralling, zigzagging, incapable of maintaining a relationship that does not perhaps exist.

[1]

The concept of representation is a troublesome one because it promises to reveal to the viewer an idea or object which is irremediably absent. In the sphere of art, this deceitful expedient requires the slippery agency of form: it is aesthetics that, inevitably, mediates the diverse contents of art, which can only become visible by means of the sleight of hand of appearance, which heralds the object, but only shows its image.

[2]

Representation occurs through two simultaneous movements. Through the first, form becomes a symbol and principle of delegation: it takes a lateral step and *represents*, embodies, an object which is on the other side, summons it to present itself cloaked in image. By means of the second, form acts upon itself, *represents* itself in its own theatrical artifice, betrays the principle of its own performance: the very act of representing becomes part of the representation. The first movement has a poetic function: revelation. It seeks to exhibit artistic content and, for that reason, involves the enigmatic task of making a truth which lies deep below or has been lost blossom. The second movement involves the aesthetic function that avails itself of beauty: by offering itself to the gaze, form eclipses the manifestation of the object. This is the ironic mission of form within the game of representation: it evokes content, but ends up supplanting it by its own manifestation. Superimposed, these two movements say more about the object than it is in itself. They eventually cover it up (making it more true, perhaps).

[3]

When modern art challenges representation, it is referring to the *verismo* modality of classical naturalism: the modality which, through form, promises to reveal the fixed order from which it originates. Form, here, is the mould that confers shape on matter, that knows in advance matter's most appropriate destiny, that presses down on it and stamps it. Matter, thus, is en-formed with the appearance of its truth: it reveals its essence in the generation of beauty. Representation, then, functions as an act of symbolic transparency responsible for form. Modernism cannot uncover representation's ploy but reformulates it, emphasising its aesthetic, self-reflexive dimension at the expense of the referential: reality is important, but only in terms of language, to the extent to which it is negotiated by form. The tools of representation become the object of the representation.

[4]

Not only does representation survive the modern rupture, but it also constitutes an indispensable expedient of modernity; it is part of the script of modern aesthetics, centred not so much on the appearance of the object as on the troubled experience of the subject, whose gaze opens the scene and initiates the action. Since Kant, since the beginnings of its modern version, representation is conceived as following the script of a transcendental dispute related to the conjunction/disjunction of the subject and object. There is no going back. And the tragedy is based on an essential and insuperable discordance. On a double discordance: on one side, the modern subject does not coincide with himself, is irredeemably split; on the other, summoned by form, the thing never appears whole (nor presents itself in the same way) in the scene where the representation takes place. So, representation ceases to be understood as the sudden emergence of a higher truth, prior to all acts of enunciation. And the subject, as we know, ceases to act as the master of a clear consciousness, capable of deciphering the ultimate meaning: the first. It is the metaphysical concept of representation that is at risk: the concept that formulates mimesis as full presence signed with the rubric of beauty, as the revelation of an earlier, transcendent truth. As a subjective thrust that elucidates the secret by means of exact form.

[5]

The schisms of modernist representation constantly impede the meeting of the sign with the thing. This distance, which cannot be cancelled out, is the very condition of art, whose perverse, neurotic game is based on the non-consummation of its passionate intent. Modernist aesthetics is born impregnated with the negativity of desire, destined to failure: the thing always remains outside the circle of the representation: it can never be fully symbolised. The thing remains outside but does not withdraw: it is there patrolling, laying siege, battering at the impenetrable walls of the sphere of art, leaving dents, stains, and marks. If it were not there, irritating (asking for explanations: looking), all the tension in the work of art would subside and it would lose the power of its secret (which is nothing: a sharp-hewn absence that slashes its task almost before it is initiated).

[6]

As with every moment that imagines itself to be heralding a new era (the old modernist illusion which cannot be forgotten), contemporary art casts doubt on the conditions of representation from which it takes its origin. But it turns out to be impossible to get out of the mode of thought instituted by the domain aesthetics, a mode which stipulates the rules of the game. As long as one insists on talking about art, there is no choice but to accept the points which define the term: there is no alternative model for art than the one which functions through the mechanism of representation (that mobilises content through the trick of appearance, the work of the gaze). For this reason, in the long term, what art ends up doing is to radically take on those points, carry them to their extreme position, reduce them to absurdity. It is not enough to denounce the artifice of the scene; one must assume the disguise and finish the script in order to fulfil the unspeakable destiny of substitution, to conjure up the tragedy of absence. To make of this conjuring trick the beginning of another possible scene.

[7]

Modern thought insidiously insists on the disharmony between the subject and the object; it gloats over subjectivity's lack of unity and the chronic deferment of the objective presence. The fact of the existence of an essential impossibility traumatises the aesthetic experience, but does not dismiss it; ultimately, it simply exposes the hidden resources without which that experience would not flourish. All this has grave consequences. It provokes a crisis in the symbolic model of beautiful form, which can no longer fully reveal the content of art or constitute that content in a single whole; it can no longer rescue an external, prior truth to offer it to perception. That is to say, beauty no longer has a place as an indulgent stamp of conciliation, as testimony of the fulfilment of a whole presence. And in this way, the classic tradition of beauty is shattered. When Kant introduces the sublime into the formerly serene field of aesthetics, he is hastening that rupture. As is well known, in contrast to the pleasurable contemplation encouraged by beauty, the sublime (faced with what is excessive, impossible to represent) generates conflict and disquiet, the mixture of delight and sorrow which makes up melancholic pleasure. The alliance between imagination and cautious understanding is no longer enough: in the face of the sublime, Kant forces the imagination to seek complicity with, or the aid of, Reason. [Reason: that faculty which, looking out towards the infinite, suspends closure and keeps the wound of distance open]. The sublime stealthily covers the entire modernist itinerary, but only acquires full recognition in the context of the critique of modernity: a critique which simply radicalises the negativity of the modern experience; the debate about its own expedients, the mourning over the loss of a final reconciliation, the moving insistence of its passion.

[8]

Despite its refusal to accept its own paradoxes, counter to its aspiration to reconcile everything, the art of modernity is as contradictory as that of any other historical moment. On the one hand, it is formalist: it functions, shielded, within the secluded cloisters of language; on the other, it launches itself outwards, with the intention of influencing the non-artistic world, rectifying the errant course of history. Conversely, its negative impulse and ironic temperament lead it to mistrust its own tools of signification and, thus, to accept its restrictions, its incapacity to offer a clear account of what it names. Yet, its Utopian vocation and its enlightened historicist affiliations lead to a persistent zeal for conciliation: the hope of a total, redemptive synthesis. Contemporary art (one face of modernity) assumes its insurmountable logical difficulties with enthusiasm: it stops precisely at that negative moment that prevents closure and works there. It does not consider the opposition between the sign and the thing (form-content, appearance-truth, etc.) to be an essential disjunction which seeps through, from the outside, into the course of history, but as an insoluble tension continually generating struggle and variable repositioning: a factor in diverse confrontations that have to be assumed by means of contingent practices. And that can never be fully resolved.

[9]

(In this scenario, aesthetic delight has lost its innocence. The restorative pleasure of the encounter is followed by perverse enjoyment, the painful delight posed by lack.)

[10]

There is no way out: its stake in its own rigged game; the movement towards criticism of representation is enunciated from within the scenario and, therefore, ends by reinforcing the representation. The (romantic) melancholy of modernism (the equivocal reaction to an essential question that cannot be answered) is assumed by the thought and the practice of present day art, which turn that impossibility into a functional credential. Art shifts its position: it no longer privileges the aesthetic-formal scenario, the apparent; it now regains its interest in the ontological moment; it resituates itself in the place from which its truth content is invoked. But this content, as we know, never appears. It is beyond (just beyond, perhaps) the reach of symbolic form. And from that new position it sends signals: it demands reparation, returns menacingly, comes close to the limit, produces a desperate tension. Its vestiges, its remains, its ghostly visions, appeal to an ever anxious, trace-tracking sensibility. Now the compositional powers of the symbol are no longer enough; allegory is more apt for taking on the paradox of dissatisfaction that plagues and seduces art.

[11]

Allegory refuses to recognise an original meaning that can be revealed in representation: for that reason, it irresponsibly, uncontrollably unleashes an infinite play of fragmentary, provisional significations and so promiscuously mixes genres, styles and media: in so far as it refuses to acknowledge transcendence or foundations, it does not allow hierarchies. And, on impeding the gelling of meaning, it produces a haemorrhage of signification. Allegory highlights the paradox of representation (the impossible quest to manifest an essence), but cannot eradicate it. It must move away from representation even to question it. This is the trap which deconstruction enthusiastically accepts: representation cannot be named from outside of its own territory. One cannot capture the thing without representing it, without detaching it from its reflection, without peeling it from its own image, which is the thing-in-itself and more than the thing-in-itself. Heidegger reminds us of the original meaning of the term "allegory" is *allo agoreuei*, that is, to say it "says something other than the mere thing itself is."[1]

[12]

"Reality is not only what it is, what it discloses in the truth, but also its double, its shadow, its image," says Lévinas.[2] Thus, things are stamped by their own reflection, stained by the shadow they themselves project. (They are split by representation: they are things and non-things, things and appearances of things.) In its intent to express a being that coincides with itself, classical representation conceals its dark side. In this way it seeks to correct "the caricature of being," the defect of difference. In order to present it in its entirety, to disperse its shadow and shut off its reflection, the aura illuminates the object, directly from above. Present-day art takes on the shadowy side of the being, the side it displays, obliquely, in its retreat. Allegory involves "an ambiguous commerce with reality in which reality does not refer to itself but to its reflection, its shadow...."[3] From this stems its dissatisfaction (from this its melancholy...). "Art, then, lets go of the prey for the shadow."[4] But from the detour of the shadow, which is the nocturnal aura of excess or lack, it desperately desires the distant, different, prey.

---

1 Martin Heidegger, "The Origin of the Work of Art" in *Off the Beaten Track*, Cambridge University Press, Cambridge, 2002, p. xi.
2 Emmanuel Lévinas, "Reality and its Shadow" in *The Lévinas Reader*, Basil Blackwell, Oxford, 1989, p. 135.
3 Ibid.
4 Ibid., p. 141.

[13]

Contemporary art is less committed to the all-encompassing virtues of the symbol than to the disseminating spirit of allegory. It is more interested in the fortune of the non-aesthetic than the charm of beauty; more interested in the conditions and effects of discourse than in the coherence of language. Contemporary art is anti-formalist. It privileges concept and narrative over formal resources. The devaluation of beautiful form has its origin in the crisis of representation: representation ceases to be conceived as the epiphany of a transcendental truth and becomes a system of games between the sign and the thing: a game of contingent thrusts which, while failing to settle the dispute between the two terms, generates the confused excess of signification art requires to continue functioning as such. Form loses its power to summon (it no longer awakens the subject matter, no longer represents the entire object), but it does not withdraw: it continues to be a key character in aesthetic representation. It keeps its (minimal) distance, ensures the leeway required by the gaze.

[14]

Form keeps its distance. I shall keep this concept in mind and mention another great contemporary, anti-formalist principle: the reaction to generalised aestheticism. Paradoxically, the old Utopia of the aestheticisation of every sphere of human life comes into being not as the liberating conquest of art or politics but rather as an achievement of the market (not as the principle of universal emancipation but as an indication of profitability on a planetary scale). The global society based on information, communication and spectacle defines everything that crosses its path aesthetically; and that everything is everything. This spillage of instrumental reason denies art's loss of autonomy any chance of revolutionary outcomes. And so, suddenly, art's old avant-garde dream is purloined by design, advertising and media images. In the face of this serious defeat, art must remake a place of its own, the headquarters of its difference. As it can no longer utilise the reasoning of aesthetic form to mark out its territory (until then, autonomous), it turns its serious gaze to what is beyond the ultimate limit: the non-artistic, the outside world, the passage of history, foreign culture; in short, confused reality. Art tilts its vertical, diachronic axis (that of forms) to the point where it becomes horizontal, synchronic, and so able to slide toward the world of social content, discursive circuits and information networks. From that place, it is no longer considered in terms of its logical coherence, aesthetic value, or formal autonomy, but in its social effects and ethical opening up; in the pragmatic usages it encourages beyond its own boundaries. Art is now less interesting as language than as discourse, the performative powers which displace it from its own centre and push it outwards. And for this reason, the work of art is increasingly evaluated, not by the degree to which it fulfils the aesthetic requirements of order or harmony, formal tension, style and synthesis, but by consideration of the conditions of its enunciation and pragmatic reach: its social impact, historical inscription, narrative density, or ethical dimensions. What's more, not only has art become an-aesthetic, but a great part of its subversive energy, of its old avant-garde impulses, are now defined as criticism of globalised aestheticism.

[15]

If, in order to escape from aestheticism, art topples its vertical axis and slides outside of itself, it once again runs into the problem of non-differentiation, equivalent to that produced by the metastasis of form. The terms of the dilemma have been inverted, but its logical mechanism continues unchanged. Both the excess and the lack of form leave art without a place of its own.

[16]

To recapitulate: indolent market aestheticism swamps the entire sphere of sensibility and ends by cancelling out the specificity of the aesthetic experience (the greater the scope of beauty, the less intense the experience: if everything is art, nothing is art; that is to say, if everything is aestheticised, nothing will be aestheticised strongly enough to provoke artistic experiences). Another location, then, is needed for art. But if art moves out from the hallowed circle of form and, illuminated by the aura, dissolves in extra-mural reality, it is swallowed up by formless content that cannot be reduced.

Conclusion: art cannot dispense with the mediating functions of form; it must maintain the minimal distance for ensuing room for manoeuvre in order to be able to filter that content, to keep the threat of the real at bay.

[17]

Art cannot dispense with form; but it can perhaps dis-form it. Or reform it: free it from its transcendental mission: consider it the precarious outcome of historical work, the perishable fruit of context. Form based on sensibility, taste and beauty is no use now. And neither does prior essence form, that imprinter of meaning, function; form as *eîdos* or *morphé*, the corollary of closure (Derrida). The distancing-presentation struggle that defines the mission of form must now be practised outside the rigid script which pits it against its successive opponents (material, content, essence, function). Unloosed from that essential jointure, the opposing terms are left exposed to the buffeting of contingency and the bustle of constant back and forth movements. But they are also free to situate themselves around provisory boundaries that know nothing of the axis drawn by that oppressive script. From those positions, they can dispute the insuperable space of distance: that superfluous thing art requires to mobilise meaning, confronting what is real with what is named (to re-inscribe the vestiges of the being in retreat).

[18]

The distance which art requires for manoeuvre is, today, a precarious terrain: a slippery mountain ledge. "The conditions of our present time are not favourable to art," lamented Hegel, predicting the instability of a space that was beginning to flounder and retreat, to disappear.[5] Representation, conceived of as a mechanism of pure appearances which hide and reveal an essential backdrop, is under suspicion. But the negative model of art with which we work (modern, enlightened, romantic: so far there has been no other) is not only based on that conception but also on full consciousness of its limits: based on a ferocious, clear-eyed vigil that leads it to question its own dearly won autonomy. Art *knows* that its convocation of the real drags along with it a metaphysical pretension and is destined to failure; but it cannot stop insisting upon it because it is that insistence which defines its task. One way out might be to stop using the term "art." But the word continues to circulate, is valid, is everywhere. There is, then, no alternative but to finally assume the fault in its origin, revert to its negative sign, and make a strength of it: the strength that protects the secret (the silence: the endorsement of the word of the scream, sometimes).

[18]

Various means have been attempted to resolve the jurisdictional dispute between art and aesthetics, when the boundaries of the former are encroached upon by the latter in its global-market form. The proposals occupy two contrary positions, favouring one or the other of the terms in question ("aesthetics" or "art"). The first proposals include the general aestheticisation of experience, which, explicitly or otherwise, involves revisiting the old, recurrent theme of the death of art. The second challenges the frivolity of global,

---

5   G. W. F. Hegel, *Lectures on Aesthetics*, Vol. 1. Clarendon Press, Oxford, 1989, p. 10.

media-influenced aesthetics and seeks to recover the density of an an-aesthetic art, free from the systematic ordering of form. This notion of complacent aestheticism is the most widely disseminated critique within the panorama of contemporary art. By way of an example of these two positions, I could point to their respective strategies aimed at exacerbating one of the terms in order to dim the other and access an extreme point which makes the work shine with a peremptory, limitary strength. Following in Baudelaire's cynical footsteps, Baudrillard claims that the work of art endlessly promotes the logic of merchandise, its unconditional circulation, to become resplendent with veniality, with special effects, with mobility. From this viewpoint, art must take on the aestheticism of fashion and advertising —what he calls the "fantasy of the code" to shine in the pure obscenity of commodity.[6] Perniola takes the opposite course. He opposes that aestheticism of fashion and communication in so far as it dims the power of the real and ultimately weakens the radical quality of the work in the networks of the imaginary. He places the work before the splendour of the real and makes it lean towards "an extreme beauty," capable, despite its "magnificence", of maintaining a margin of shadow and remainder: what resists the banalisation of that all too lax aestheticism.[7] Seeking to bring the places of art closer together, and so make them accessible, massify them, Benjamin proposes cancelling out the aura (the halo of originality, the irradiation of the desire that produces distance).[8]

---

6   Jean Baudrillard, "Aesthetic Illusion and Disillusion" in *The Conspiracy of Art,* Semiotext(e), New York, 2005.
7   Mario Perniola, *Art and its Shadow*, Continuum, New York and London, 2004, p. 13.
8   Walter Benjamin, "The Work of Art in the Age of Mechanical Reproduction," in *Illuminations*, Schoken Books, New York, 1968.

But this proposal oscillates between the above-mentioned opposing positions. On the one hand, it entails an anti-aesthetic position: cancelling out the aura involves dismantling the formal autonomy of art and opening its terrain to the outside of beautiful form. However, on the other, it also entails eliminating the distance of representation and the intense experience of reception; and this is another way of saying the death of art.

[20]

It seems unlikely that a definitive solution will be found by setting fatal disjunctions against each other. It would perhaps be more fruitful to assume that, exiled from itself, art wanders around searching for the traces of a place that no longer has either an assured location or firm foundations, that no longer occupies an exclusive preserve: that is, in fact, a non-place, a dis-place without thresholds, perhaps without a floor. But though deprived of all hope and lacking privilege, it does not resign itself to losing its old vocation and attempts to make every open space a new position in which to situate itself. It will be a transitory, oscillating position. A junction, a cross, capable of momentarily registering the mark or shadow of its errantry. An unceasing nomadic journey across enemy terrain, across its own former enclaves, now captured. Across lands without borders: when there is no inside or outside, there is no way out, just a passing through.

[21]

There is another possible reading of the issue that does not exactly contradict those given above. Let us recall the problem: in a scenario filled to overflowing with global aestheticism, saturated with form, how can the contour of what is artistic be drawn without resorting to beauty? Nowadays, the place of art is not so much determined on the basis of the properties of the object as by its enlistment in an institutional setting which regulates the creation, circulation and consumption of works of art or by its reading in discursive and informational networks that treat it as a text. It is these circuits which, today, finally determine whether something is or is not art. Art is what an artist does, what a critic deals with, what a gallery exhibits. Nevertheless, in order to make the work into a work of art, those circuits need to direct the public's gaze, place it at an angle from which the object is looked upon as an artistic piece. That is to say, for a document, a text, an idea, any situation (all in themselves devoid of beauty, aesthetic form and, even, of an object-based dimension) to attain the status of art, it needs the seal of the artist, the signage of the gallery or a discursive setting. It needs the halo of authorial authority, the pedestal or *passe-par-tout*, real or virtual, offered by inclusion in an exhibition, the conceptual trimming practised by theory. And it does not need those expedients as a guarantee of originality, but as a distancing procedure. It needs, then, to be isolated, circumscribed by a tremulous edge of emptiness, a border which will never be stable but will permit the trick of distance. It once again requires the gaze, form. Another form, of course.

[22]

(On the other hand, although today the institutional context is the main provider of the status of art, there is no doubting the stubborn persistence of a remnant of artistic autonomy, based on its own cultural tradition, and certain intrinsic qualities which, for better or worse, art preserves. A sliver of independence with respect to the corridors of power, a margin of difference where, also, critical art and thought take refuge, breathing quietly.)

[23]

Global aestheticism unconditionally disseminates the exhibitive moment of the object, its exhibition. This requires the concealment of the origin of the object (thing, act, text, image) and the diversion of its function. In addition to galleries and other spaces of exhibition, the media, advertising, design and the cultural industries, confer exhibitive value on this object (they convert it into an aesthetic object, formalise it) stressing its visibility over and above any other of its meanings. There are two strategies for discussing this excess. One radicalises visibility to the point where it explodes or flashes like lightning, or until it dissolves into some unknown vanishing point. The other restricts the image of the object, the meaning of which then depends on conceptual operations which displace its context. "Primitive" ritual also employs these resources for distancing the object, auratising it: either it appeals to the compelling reasons of pure appearance or removes the object from everyday experience, positioning it within the hallowed circle. (This latter movement is equivalent in today's art to that which, beyond the reasons of its own form, confers the title of art on a work on the basis of whether or not it is to be found within the space of a gallery or a media showcase. Here, the object becomes artistic by being placed in a certain context: not only to the extent that it is *exhibited* there, but also in so far as it makes *known* that it is located there. It is the idea of location at a certain level which produces estrangement: that shady manoeuvre with which art operates.

[24]

RECAPITULATION

Representation has two expedients for showing the thing in its absence: the sensible image and the intelligible concept (both furtively bound together). In the context of the contemporary overflowing of the image, a certain trend in art either tries to dissolve itself, fake suicide in the torrent of pure visuality, or attempts to give battle using the enemy's own weapons, resorting to the exaggerated beauty of brilliance. In order to confront this same abuse, another trend challenges perverse aesthetic pleasure and opts for the ascetic route of the concept: what confers artistic value on an object is not its *mise en image*, but its inscription. (But this tendency cannot dispense with the minimal services of the image, which testify to the positioning of the object.)

[25]

One of the tasks of art is, perhaps, to imagine games which outwit the enclosure traced out by the circle of ritual or the showcase, the wall of the gallery or museum, the surface of the screen. Games that leap over it, from within or without; cross it, in defiance of the gaze. It will not escape from the scene of representation in this way, but will continually dispute the stability of its boundaries.

[26]

It is already known that art cannot escape the circle of the representation. This sentence darkens its task with the anticipated memory of failure. But art does not accept this tragic goal, it does not resign itself to its straightforward destiny as image. Art may not have a place, but it has its own position that obstinately lays its stake on the possibility of an impossible dimension. A position which seeks to denounce the imposture of the sign, take the scene apart and touch the thing it names: to reveal, once and for all, the enigma of the real with a well-aimed, final blow. Critical art always starts by rejecting the artifice of representation. Duchamp wants to replace the figure of a urinal with a real urinal, except that, almost as soon as it is named, the real urinal internally incubates its difference from itself, it breaks down into sign and thing, reinstalls distance. Magritte attempts the opposite course: he shows up the fictitious status of the painted pipe so that it can recover its reality as image, but this reality also splits up: becomes the image of an image. Fontana tears the surface of illusion, the partition which separates what appears here and what waits there, but the edges of the torn material are left inflamed with signicity: they hog the gaze, become ciphers of their own defeat: painting is sutured by the symbolic force of the gesture which tore it. These desperate measures are the only, the last chance art has: they cannot resolve the paradox of the scene but by converting it into question and issue they displace positions and switch roles. And in the extreme state of tension required by the effort to do this, they allow a momentary glimpse of another scene, another place, in the wasteland made ready by lack.

[1]

The question of aura: is it capable of assuming the crepuscular position required by the register of shadow?

THE INCOMPLETE FRAME *

INTRODUCTION

This text considers the place of art within global scenarios. In these settings, the autonomy of artistic work suddenly appears to be called to question: the continued existence of a territory of its own is endangered by the advance of two invasive fronts, driven by non-artistic content and forms, respectively. Superimposed, these two forces unsettle the concept of art and are related to the question of the critical possibilities of artistic production today within a scenario that is aesthetically over-determined by the communicative, commercial, and political logics of mass culture.

REAPPEARANCES

After the long modern predominance of the signifier, a strong counteroffensive on the part of the thematic, discursive and contextual contents of art occurs. Suddenly, semantic and pragmatic dimensions acquire an irrefutable presence that is detrimental to the hegemony of language: both questions concerning the real nature of things (the return of ontology) and those about the conditions of

---

* This essay is based on the curatorial text written by the author for the 5th Mercosur Biennial, Porto Alegre, Brazil, 2005.

enunciation and reception of the work of art —its social effects (the notion of performativity)— cause havoc in the sphere of art. What this implies is the return of narratives, of interdisciplinary mixtures, the invasion of social contexts, the besieging presence of realities —or of the spectres of realities— that surround and infiltrate the previously fortified walls of art, causing the stronghold to implode.

When art stops basing its arguments on the pure values of form and manages to disrupt the circularity of its own language, leaving it open to the stormy weather of history with its dark winds and turbid flows, then its well-ordered precincts are healthily contaminated by concepts and discourses, texts, questions and statistics from outside their walls. Other systems of expression and sensibility, signs of remote —subordinate, foreign— cultures take up residence in the aseptic cloisters reserved for erudite art. And political issues, prohibited by postmodernism, are admitted. These issues initially appear, in small format and with a low profile, as micro-political topics, more closely related to demands motivated by identity than by great global (or anti-global) causes; but they progressively thrust themselves into the public sphere and attach themselves to wider debates, including the transgressive vocation of art itself and the redefinition of concepts that seemed to have died out, such as Utopia and emancipation.

Ideas from alien fields also come into play: anthropology, sociology, psychoanalysis and, increasingly, philosophy itself. And lastly, concerns about the ways in which art circulates —its institutional mechanisms, the economics of its distribution and consumption— hurry to join the queue. All these forms of content have a discursive sense centred on the Concept —first raised by the notion of art as an erudite activity and brought to completion in the modernist perspective. Modernity in art reaches its peak in conceptual art, at the apex of a long self-referential process, throughout which artistic production operates in closed circuit, driving itself forward by the analysis of its own languages. The return of the conceptual –the so-called post-conceptual– is now located elsewhere, outside the circle of representation. The concept no longer seeks to identify a pure analytical mechanism, the ultimate mechanism of form –the one that succeeds in producing the click, in causing the flash of meaning– but is concerned with thoughts, documents and stories referring to events that occur somewhere else, but which demand to be included in the "here and now." But "here" is undefined with respect to "somewhere else," and can be of little use as a space of inscription since it lacks depth and an outline, can neither mark pauses nor establish differences in its confused sea of voices and the traffic hurrying across its surface. The confusion of contents reveals a paradox central to contemporary art. If the boundaries have been erased, then there is no outside or inside, and it is difficult to register something that happens right here, no distance away; that is to say: once the scene of representation has been dismantled, everything becomes immediate and present, and no margin is left for the gaze.

With that distance –that is, the enclosure imposed by form– removed, artistic images overflow the edges of the scene and move democratically closer to other cultural forms: the occurrence of prosaic realities, the concrete course of life and the organisation of the public sphere. But, of course, things are not so easy. If art sacrifices the line marking out its space, that space will merge into the infinite plains of the global landscape. But it can also blend into the very institutions of art itself. Particularly in the late 1990s, there were exhibitions in which it was very difficult to distinguish the work from the discourses that completed or had supplanted it. The re-emergence of the conceptual not only encourages the hegemony of texts, discourses, and narratives, of contents that go beyond the limits traced by form, but also reflection on the scope of those limits. That is to say, it promotes discussion of the contingent status of the artistic: a work is granted the title of Art not by the investiture of form, but according to its inscription in a specific text, a place, a given position of enunciation. And this fact destabilises the space of art. It makes it depend on a historical, pragmatic construction, on a decision that has performative effects, not only in the aesthetic dimension, but also in the field of social practice.

THE ONSLAUGHT OF FORMS

In parallel to the first front of non-artistic content, a second front opens up, driven forward by forms –by an onrush of forms– and this corresponds to the so-called generalised aestheticism of present-day culture. Thus, the wide panorama of public and private experience is, today, dispassionately designed around advertising and media concepts of beauty. A bland beauty, formatted by the culture industries and backed by slogans, logos and brands, is to be found above and beyond the brutal conflicts that tear through the dark side of globalisation –and which serve, in stylised form, as melodramatic ingredients of the entertainment industry and show business. Here, beauty is understood in the classical sense of conciliation and harmony: adversity is not so much ignored as reformatted in a more consumer-friendly version; wrinkles are smoothed out, enigmas are deciphered; occurrences are explained, clarified to the point where they become events. And in this way, the inexplicable arouses curiosity and the brutal excites; a minor scandal can occur without raising new questions. The disasters of war are not concealed: their impossible aftermath is on display. That operation, which balances out dissonances and clarifies meaning, is a serious obstacle to art's transgressive mission.

THE UNMANAGEABLE AGENDA. Traditional avant-garde strategies, based on impact, provocation, and constant innovation, are adopted with ease by an omnivorous cultural-economic system, capable not only of neutralising disobedience, but also of feeding on it, of provoking and demanding it, of paying high prices for its gestures. It is not, therefore, only that "perversion is no longer subversive," as Žižek claims,[1] but –what is more serious still– that subversion moves on to become productive. The fact is that the modern Utopian ideal of taking art to the masses, and so aestheticising life, has been attained, not as an achievement of the ethical and political avant-garde, but as a victory for triumphal capitalism. Both the commoditisation of culture and the culturalisation of the market have brought about a world of consistent images. And this metastasis of beautiful form entails another offence against the space of art, which today seems to have lost its foundations, and can no longer disassociate its signs from what is displayed in shop windows, on catwalks and on screens.

It could be claimed that we must simply accept this epochal (epistemic, in the Foucauldian sense) paradigm change: the model of art conceived in avant-garde, intellectual terms, based on the autonomy of form and an intense encounter with the work, may have finally been replaced by design, advertising, and communication's

---

[1] Slavoj Žižek, *The Fragile Absolute*, Verso, London and New York, 2000, p. 25.

modes of lightweight, mass reception. In our present times, art is entrusted with new responsibilities which now depend on the needs of pancapitalism; Henry Fuseli had already stated it bluntly at the end of the 18th century: "In a religious context, art produces relics; in a military one, trophies; in a commercial one, articles of commerce."[2] In the same way, the era of critical, elitist and minority art may have been abolished in favour of the democratisation of aesthetic consumption. Based on this assumption, Benjamin's prognosis of the death of the aura has been fulfilled, and the distance that isolated the work of art and made a profound, dramatic appeal to the subjectivity of the receiver has been wiped out.

But, once again, things are not so simple. Hyper-aestheticisation cannot cover certain zones of experience that present-day culture stubbornly maintains in currency. Rather than zones, they are perhaps the outer borders and margins that form lines of conflict and negotiation —sometimes trenches— along which positions are disputed and agreements, truces, or understandings reached. Clearly, for a variety of motives springing from different, sometimes conflicting positions, Western culture is not willing to throw overboard its critical, erudite tradition. This is a venerable inheritance that ensures the continuity of an emancipative outlook for certain people. Yet for many others it provides the endorsement of profit-making subjects for the culture industries. It also enables the continued existence of sectors that obstinately go on consuming their products and, even, the emergence of new targets who consume sophisticated products and extravaganzas. In fact, the art of erudite affiliation continues. And it does so as much in its avant-garde,

---

2 Quoted in José Jiménez, *Teoría del arte*, Tecnos/Alianza, Madrid, 2002, p. 191.

experimental versions as in those of the academy (*bel canto*, classic ballet, the fine arts in general).

A TRIBUTE TO THE AVANT-GARDE

> *Ally yourself with the smallest group.*
> GOETHE

The survival of the avant-garde is undoubtedly an expression of the promiscuous nature of a scenario which favours the mixing of pluricultural registers. The current panorama, hybrid and definitely impure as it is, is composed of matrices that mix pre-modern, modern, and contemporary elements: the figures, images and concepts derived from popular culture (indigenous, mestizo-peasant, popular-mass cultures); those of erudite culture; the techno-media and forms of culture applicable to industrial design and advertising. Culture's critical impulses –those that dispute the limits of established meaning and challenge the stability of social representations– can manifest themselves inside any one of these scenarios, affect the others and so alter –if only minimally– the intricate, provisional map of each and every cultural situation.

Nevertheless, some areas may have greater opportunities than others when it comes to taking these impulses on board. The rhetoric of advertising and mass media is severely limited by the instrumental logic conditioning its every move, leaving no room for the gratuitous, excessive, or inexplicable. Design, fashion, and the applied arts in general –indisputable suppliers of artistic products in any culture– have forgotten –in this instance– the reasons behind ritual connections and obscure social meanings that know nothing of the logic of profit. Determined by consumer logic, they seem to only have a right to the soft side of beauty: they seem to have closed up the space for question. So, delirium becomes extravagance, glamorous caprice that flirts with the border without crossing it. It is possible that, in this field, there may be opportunities for violating the code. Certain creative people may be able to operate in the areas hegemonised by the new advanced capitalism with a degree of autonomy with respect to the communication industries, design, and advertising. This margin forms a space in which the form/function opposition follows the impulses of desire or takes on the disquiet of beauty – its other flank, the flank which covers the hidden meaning. But such instances are rare: as Perniola points out, in the vaporous, seductive terrain of advertising, information and fashion, the imaginary clouds the radical appeal of the real.[3]

Although seriously committed to the triumphal progress of mass culture, the old avant-garde modernist model seems, therefore, to find itself, if not less exposed, at least better positioned to offer a refuge to principles of resistance in the context of that complex map. The avant-garde's own history has provided it with non-conformist experience: it emerged as an immediate consequence of the mission to occupy the "other" place, to explore the moment of otherness, suspect its own mechanisms of representation and imagine other futures. It would be a sign, not only of innocence, but also bad faith, to claim that that mission has been fulfilled, but the determination to do so has provided many artistic practices with a certain amount of

---

[3] Mario Perniola, *Art and its Shadow*, Continuum, New York and London, 2004, p. 26 onwards.

dissident skill and, in the best of cases, has succeeded in precipitating a certain degree of dense output and making pinpricks that indicate possible lines of flight, alternative courses.

What's more, despite the fact that art sees its circuits progressively cut off by the logic of mass spectacle, its minority tradition has not only led it to forms of elitism, but has also allowed it to defend obscure areas of collective experience, mobilise historical imaginary, and add increased complexity to the matrices of social sensibility. Thus, while denouncing avant-garde elitism, its authoritarianism and redemptive vocation, art should grasp the fertile moment and recover its valuable input. This restorative operation might be capable of invoking the specific, minority character of art, seeking protection in the recognition of difference that our present age proclaims.

In the same way, as diverse works of signification are admitted to the disparate fields of present-day culture, the "culture producing minorities," as Juan Acha terms them, should not be considered as possessors of the final solution, representatives of the social whole, and guides to the right path, but as alternative sectors acting in parallel to the many others which inspire the cultural scene and the hegemonic forces that command that scene. From their disperse locations, their multiple forms of resourcefulness, these minorities can once again make use of forward-looking strategies, even if these are no longer designed to save history or signal its true course, but simply to keep open spaces of questioning and suspense that encourage (contingent) plays of meaning.

Reconsideration of what constitutes the avant-garde leads to two issues. The first reminds us that the critical minorities of art must take on the challenges faced by every minority: breaking out of sectarian enclosure and seeking articulations with other sectors about the reach of public space. The second demands the deconstruction of certain high-flown terms, such as *avant-garde*, *emancipation* and *Utopia*. In order for them to justify their continued presence, after their prohibition by postmodernism, they must foreswear their essentialist origins and so be confronted as hazardous historical products. Then they will be able to continue to authorise a certain necessary instant of suspense, some deferment mechanism that impedes the form of conciliation proposed by the ubiquitous aestheticism of transnational markets.

THE AVANT-GARDES OF THE SOUTH. In fact, in spite of nostalgic or enthusiastic support for the mixing of all aesthetic forms, erudite, fiduciary modes of great art undoubtedly continue to exist. And although many of them are transmitted to mass audiences via the media, the traditional system of art lives on in close relation to, or entangled with other influential areas of contemporary culture, such as industrial design, advertising, the cultural industries, information and communication technologies, and new forms of mass-popular culture —all of which are intermingled and scarcely distinguishable from each other. Clearly, in order to survive, that system has had to readapt its institutions to accord with the scripts of hegemonic cultural logic and, as a result, share quotas with the market and retreat, at times, to the point of dissolution. But to one side or in the middle of the mega-galleries-as-spectacle (the Guggenheim effect), the art-fair-biennials and images-as-media, alternative forms of authority or outlying practices endure, positioned in opposition to officially authorised meaning. In peripheral regions, local art is not sufficiently profitable in transnational-market terms, and for this reason, the production of such art enjoys a certain amount of autonomy in respect of the power structures (with the contingent result of a lack of security and institutional support). Although, today, any concept of identity non-contamination is untenable, it is inadvisable to overlook certain specific characteristics that the traditional specialist system of the arts (galleries, museums, criticism, publications) acquires the moment it becomes disassociated from transnational networks.

Setting aside the temptation to welcome isolation and condemn massification, and beyond any fantasy that aspires to a position outside market hegemony, it is evident that this marginality, while postponing agreements, opens up possibilities of alternative practices. The extremely small budgets of galleries, shows, and publishing houses necessarily entail serious restrictions, as does the media's failure to address local production, and the lack of support from business sectors and the State. But, in parallel, these pernicious effects bring secondary benefits, deriving not only from the greater independence gained through the impact of production-oriented thinking on the global art world, but also from the positive aspects of the ingenuity and inventiveness prompted by the shortage of resources ("the virtues of adversity," as Toynbee would put it). This fact determines another typical characteristic of the cultural task developed in the peripheries: the need to construct institutional connections, and to demand that the State fulfils its obligations in the area of culture. Not only should State administration guarantee that cultural rights remain in force, but it should also formulate public policies to ensure the continued existence of minority local-culture producers faced with the oppressive expansion of communication and commercial models of mass transnational culture.

The above situation has two basic consequences for the course of critical art developed on the Latin-American peripheries. Firstly, it involves it in the construction of a public sphere (local, but also regional and, in principle, global) and, consequently, forces it to link itself to the establishment of an effective civic space (fundamental tasks for democratic consolidation in the Southern Cone, tasks to which contemporary art cannot remain indifferent). Secondly, it distances critical art from a certain Euro-North American tendency to base critical art strategies on an aggressive reaction to the very institutions that channel it. The point is that challenging the art system makes little sense in regions which do not have deeply rooted institutional forms in that field —institutional forms that, in part, need to be supported, and even constructed, rather than dismantled. For this reason, part of the response generated in peripheral places, rather than rejecting local art institutions —without power or solvency— seeks, in various ways, to create a distance from generalised flabby aestheticism and recover the conceptual tension and poetic sinew that could differentiate them.

ART UNDER SUSPICION

The light forms —and foreign content— that have flooded the art world are a condition or consequence of its loss of autonomy. Artistic production is no longer separated from the complex tasks of the social sphere, and this seriously disrupts a concept of art based on the fatal separation of content and form, with the ultimate predominance of the latter. Its forces liberated, its actions crossed, the focus on content in contemporary art, and the aesthetic formalism that invades it, attack this concept on both flanks and displace the point of equilibrium of its basic attributes. In logic, any concept is defined by the interplay between its comprehension (the attributes that constitute its content) and its extension (its scope, the number of objects to which it can be applied). These two instances are inversely related: the greater the comprehension, the less the extension; in other words, the more attributes a concept has, the more it condenses and restricts itself and so can be applied to fewer objects: its extension decreases. And vice versa. When the extension of art becomes infinite, the requisite attributes that define it (its comprehension) tend to disappear to the point of including all objects. (In Hegelian terms, the abstract universal being corresponds to Nothingness.)

According to a certain anecdote –the source of which is somewhat uncertain, but which is credible and thought provoking– a somewhat affected woman commented in Oscar Wilde's presence that the world would be marvellous if it were all poetry. "It would be horrible," answered the writer. "It would have no poetry." If everything were art, nothing would manage to stand far enough out from the rest to be really art. Aestheticism usurps the space of art. The attributes of art, based on the distance imposed by form, dissolve when form allows everything to get too close. This is the logical contradiction, the aporia, of the spaces of art. It is the challenge that contemporary artistic production must address in as much as it does not accept the death of art. Because that demise could have been a way out: indeed, since Hegel, it has been put forward as a possible designation for the radical change modernity has been incubating since Kant. But no: art goes on and it has to be given a name.

A reasonable reaction is contemporary anti-aestheticism. One means of ensuring a space of its own for art could be to establish a parallel terrain, distinct from that ruled by aesthetic form. This option is one of the dominant tendencies today. It is true that modern art questioned a concept of beauty based on the canons of taste, style and harmony, but it never, or almost never —remember Duchamp— abandoned the privileged perspective of the aesthetic realm, based on a hierarchy of disciplines, retinal perception, and formal conciliation. The tendency nowadays is to judge a work of art more by its social performative value, its orientation to the real, and its narrative and conceptual density than by its technical or compositional qualities, or even its assignment to a particular genre or tendency. The problem is that the most radical anti-aestheticism ends up again coinciding with the cult of content: the deficit of form produces an abusive increment of content, a disordered retreat, the inverted reflection of formalism. In this case, the attributes of art are again diluted and it once more loses its outlying zones: without the distance of form, which marks a minimal space, works of art dissolve into ideas, documents, personal biographies, political protest, into a parody of exotic rituals, or a literary text.

In the context of contemporary thought, it may be possible, if not to resolve an issue that is justly deemed to be insoluble, at least to mobilise it and develop provisional locations from which to consider the concept of art, not as an essence but as a historical construct. It is not a matter of annulling the form/content opposition, but of positing it as a contingent tension, excluded from the script of a priori concepts and predestination. By disconnecting the two terms and allowing them to exist outside the scenario of a fatal disjuncture, they are both left oscillating, freed to the possibilities of unpredictable moves: the disputes, alliances and failed agreements that encourage risky manoeuvres and disparate projects.

If no predetermined posture is to be found within the uncertain limits of culture, this is even truer of the open ground of art. Derrida explores a potent concept which furthers the course of this reflection and that of many others to be found in contemporary thought: the *parergon*. This term calls into question the conception of the frame as the window of representation, the uncrossable threshold of the space of art, the boundary that sharply separates the image from its context, the interior from the exterior: that is, what belongs to the intrinsic realm of the work of art from what is alien, contextual, or accessory to it. The *parergon* is an "unsayable" concept: "half work, half outside the work, neither work nor outside the work,"[4] it does not seek a synthesis between inside and outside, but is located in the place of *between both* and, thus, enables a zone of oscillation –a fold that postpones full presence and impedes full closure. The place –the non-place– where the concept of *parergon* situates us allows the destabilisation not only of the enclosure of the physical frame of the work and the fixity of the space of representation, but also the institutional forms of framing: the circuits and discourses that sustain the system of art and form a wall around its space. And this position turns out to be appropriate for discussing the concept of art based on the opposition between its own uncontaminated inside and a threatening outside; for deconstructing the disjuncture between the urge to totally erase the frame (diffuse aestheticism) and the desire to definitively stamp it (the autonomy of art).

This aporetic, fluctuating stance allows us to postulate the construction of essentially artistic spaces, contested spaces, never definitively conquered, permanently crossed over by figures and discourses native to the other side, projected onto the fortuitous

---

[4] Jacques Derrida, *The Truth in Painting*, University of Chicago Press, Chicago, 1987, pp. 20-21.

terrain of history, tilting towards the shadowy outside world of the real. The concept of art based on the form/content antithesis is no longer sustainable. On the one hand, form does not now constitute the rubric of meaning; on the other, content has lost the function of endorsing presence, summoning truth. With the fundamental pact dissolved, these two elements slip from their places and confront each other in largely insoluble conflicts which must be addressed through interim moves. In the fallout from this never-resolved dispute, new, always-provisional spaces can open up, spaces in which art can process its claims, spaces that act as precarious emplacements and parapets rather than fiefdoms or enclaves. They are spaces without clear boundaries, unprotected by walls, but marked by transit, by the hurried steps, the hasty encampments of the new avant-gardes (of the usual avant-gardes) which know —or should know— that if there is no longer either inside or outside, everything is open air or everything is entombed, and that each stretch of terrain to be won in the pursuit of meaning is fought over blindly, without any preordained objective and on a boundary that does not enclose anything.

NANDÍ VERÁ
The Brilliance of Nothingness

> *The conditions of our present time are not favourable to art.*
> HEGEL

INTRODUCTION

This section is divided into two parts. The first considers certain concepts of contemporary –basically European– thinkers, relating to the topic of representation in art. These include the boundaries of language and art's anxiety when faced with the need to take all that resists the action of the symbol under its wing: the negative space of lack that demands to be inscribed or represented. The second applies those concepts to a critique of specific works by Latin American artists: two Paraguayans, one Chilean and a Guatemalan.

PART I: BRIEF NOTES ON REPRESENTATION

The whole structure of the notion of art as an erudite activity –the one used here– is threatened by the collapse of the classical concept of representation, the basis of that troubled idea. The concept of representation is burdened by an idealistic, metaphysical original sin that casts doubt on its veracity within the context of contemporary thought. It involves unacceptable dualisms, such as those which oppose form and content, presence and absence, and reality and appearance. However, that notion and, hence, these unsustainable, binary dichotomies continue to constitute necessary conceptual devices for thinking about art. This is the paradox of representation: even though it is impossible to name what occurs outside its bounds, it is imperative for art to do so. That logical dilemma is the mobilising force behind the most critical pursuits of present-day art. In Western theory, art is the sum of the formal manoeuvres capable of generating a surplus of meaning. That is, it refers to operations carried out on the sensible plane which give rise to a productive upheaval in terms of truth, and cause latent meanings to bloom. Representation, the inevitable expedient of such operations, is based on an irreconcilable duality: on being represented, the thing splits into its own silent entity and the appearance it offers to the gaze. This division is irreparable: once produced, the image can no longer coincide with what it represents. Why is this so problematic for art? Because art not only implies the moving apart of the object and the sign which names it, but exacerbates that divergence; it makes the opposition between the thing represented and the thing that represents a central mechanism of its complex machinery.

The economy of representation has two movements. The first presents the object to be represented, refers to it; form –the object's substitute– embodies it, in the theatrical sense of the term. The second privileges form, which takes over the role to be enacted and exhibits itself in that performance: that self-display enters into the representational script in such a way that the object is simultaneously summoned up and supplanted, referred to, and veiled.[1] The first

---

[1] By playing with the language a little, we could speak of form as the presence of absence, and content as the absence of presence.

instance belongs to the poetic dimension of art, aimed at summoning a truth content. The second responds to the aesthetic dimension of that same mechanism, and is based on the ploys of beauty and the mediation of the form which comes between the gaze and the object and maintains the latter's distance (and simultaneously guards its own distance).[2] Modernity privileges the aesthetic instant –the basis of the autonomy of form– while contemporaneity appears to be engaged in recovering the privileges of the object, the ontological density of what has been left outside. But both imply the fatal frustration of their enterprises, or the paradox that sustains and unsettles them: the impossibility of closing that minimal distance, "no matter how close it may be."[3]

Whatever the case, representation is a strange game that exhibits an object by means of its distancing. The intention of art is to make that movement increase meaning: vested with absence, that object finally reveals more of itself than is contained in its own being. This is the secret of the aura, which haloes the thing with the brief brilliance of desire: distanced, the thing stands before the gaze as the principle of estrangement, as the disquieting figure of otherness. Thus, if art is defined on the basis of the *Fort/Da* which unshackles representation, it cannot dispense with representation.

---

[2] These instances roughly correspond to the two basic concepts of the modern scheme of representation: the Vorstellung as representatio, mimesis, the place of the appearance, of form, and the *Darstellung* as a space open to the presentation of content.

[3] Benjamin does not clarify if the proximity mentioned in this concept refers to the object or to the distance itself, but that ambiguity could be part of an essentially aporetic movement. (It would be strange to think of a distance proximate to itself, but the aura feeds on such absurdities: they may point to a solution for this condemned concept). See Walter Benjamin, "The Work of Art in the Age of Mechanical Reproduction" in *Illuminations*, Schoken Books, New York, 1968, p. 222.

But neither can it take on representation. To do so would imply acceptance of the rules of a metaphysical game, based on binary oppositions of presence-absence, form-content, etc.

It would also signify surrender to the limits imposed by the representational mechanism: the impossibility of crossing the boundary of the circle established by this mechanism, of tearing the veil and grasping the whole, real thing. Another paradox is, thus, raised in this uncertain field: art seeks to make use of the strategies of representation without accepting the conditions it imposes. Art wants to benefit from the brilliance produced by the separation of the thing and, simultaneously, abolish that distance.

THE CALL

> *Art lets go the prey for the shadow.*
> LÉVINAS

The fact is that it is only through the shadow which it casts beyond itself that the object can show its other side, its dark back. Only through this dark, unstable, evanescent procedure can it open itself to its other, provoke allegory: say "something other than the mere thing" (as Heidegger translates the term *allo agoreuei* [4]). Art does indeed let go of the prey for an instant; but, covetous, it immediately wants to retrieve it, illuminated as it is by its shadow, completed by its lack. Art puts itself at stake in the eager determination to retain the

---

[4] Martin Heidegger, "The Origin of the Work of Art" in *Off The Beaten Track*, Cambridge University Press, Cambridge, 2002, p. 8.

real booty and its shadow; tense, edgy, it leans over the impassioned frontiers of language; it attempts to make out the forbidden realm that begins after the last sign. This attempt tenses forms, forces them to the limit, and summons up audacious, desperate images. The desire to capture the real reaches an extreme moment: art's forward thrusts cause a sharp twisting in the auto-reflexive circle that conditions it, a point of rupture that makes it turn against itself and jeopardise its own language. There on the edge of the abyss, signs tremble with the effort required by its longings, with the fear of and desire for the bottom(less). Art's forms freeze on the edge, in their moment of extreme tension, at the peak of the attempt to pass over it, to leap from the window of representation in order to outwit its frame. Lacan sees in this defenestration the leap into the abyss, the exemplary model of suicide. The figure of the *Niederkommen* refers to a desperate lunge in the attempt to identify with the real. In this sense, art is defined by its suicidal component: the negative movement that forces it to repeatedly refute its own foundations.

That auto-sacrificial dimension of art sets its activities apart from others associated with the image. Design, fashion, and advertising can also mobilise connotations and language games, plus introduce inflections of and deviations from their codes and daringly explore their limits. But this cannot be done to the point of compromising the functioning of those codes, to the point of aspiring to dismantle them and destroy the very base that supports them, because, ultimately, they are ruled by the strict imperatives of an instrumental logic generally unwilling to accept fatal leaps. It is common to set a boundary between art and other cultural systems by stressing its connotative character. In contrast to referential and denotative languages, such as those of the sciences, art acts indirectly, obliquely, by mobilising the allusions, insinuations and suggestions that make its meanings more complex. But the use of connotations is not enough to define the poetic task: advertising makes use of them to enrich the perception of the object, adding an extra impulse that increases its value and mobilises desire around it. In other words, advertising adds aura to the object by complicating the procedures of the gaze, not allowing it to exhaust its meaning in its simple consumer value.

Lyotard has demonstrated that connotation does not have, in this case, the function of encouraging polysemy, but rather that of manipulating language, briefly fogging it, so that the receptor does not realise that, by this means, he is being induced to do something by the emitter: in contrast to art, it seeks to disguise rather than shatter the code that supports it. Hence, connotation becomes a frequent resource in the sphere in which communicational function is the governing force: "...advertising, propaganda, audiovisual instruction [...] use images as a vehicle capable of transmitting significations and orders without incurring the receiver's scrutiny. [...] The poetic metaphor is the opposite, [it] achieves poetic status not when it refers to [...] a code generally accepted by the speakers, but when it transgresses it."[5] In this way, the languages of advertising can flirt with their own boundaries to increase the "sex appeal of the inorganic" or disguise the promotional manipulation, but even if they perform pirouettes on the boundary and show signs of crossing it, they cannot; they cannot debate the circle of representation. And, programmatically, they turn a deaf ear to the siren song of the real.

---

5   Jean-François Lyotard, *Discourse, Figure*, University of Minnesota Press, Minneapolis and London, 2011, p. 317.

KANT'S [USELESS] FLOWER

Strangely enough, this notion of form at the limit of its deployment ─produced in this case by the attempt to exceed the order of the symbolic─ approaches, for an instant, the Kantian idea of beautiful form defined in the terms of *an end without end*. Derrida's[6] interpretation helps understand the scope of this paradoxical expression in the sense that the flower (to use Kant's example) is beautiful when its form responds to the call of its own completion, but, if interrupted in the course of doing so, cannot manage to accomplish its end. That is to say, ready to carry out its mission, the flower reaches full bloom, deploys the full potential of its form, fulfils its promise, but, at that instant, is diverted from the function proclaimed by its fullness of form. Its consummation is interrupted by a clean and emphatic cut that freezes it in its moment of completion, at the zenith of its harmony. Form is, then, defined in terms of an act of deprivation, a sharply drawn boundary that detains it in its culmination. And that sets up a paralysing impossibility. Whether that impossibility is marked by the slashing cut that limits language or by the one that impedes it from fulfilling its mission, form achieves its apogee and splendour on the very point of reaching an unreachable destination.

But these models separate immediately. Once fixed in its moment of pure beauty, Kantian form folds back and closes ─perfect─ in the face of the contingencies of function and the concept. Plethoric, it leaves no adherences or remains. Alternatively, the detention of contemporary form does not express the moment of

---

6   Jacques Derrida, *The Truth in Painting*, University of Chicago Press, Chicago, 2001, pp. 85-87.

the stability that follows the peak of its own development, but that of the failure to move beyond the limit, which it repeatedly recalls through the errantry of its figures and the continual displacement of its positions. The ideal of conciliated beauty has been replaced, as is well known, by the troublesome concerns of allegory, which can no longer rest trustingly on the pure endorsement of the symbolic. Allegory is a symbol open to difference: a riddled symbol that allows its own other, which accommodates each thing exposed to the gaze, to show through. Art has had to resign itself to losing fullness of form and, for an instant, exhibits its disquieting core of absence, the pure nothingness that simultaneously sustains it and impels it to follow, again and again, the trace left by lack. Liminal mechanism par excellence, art explores this limit, works it. The imminence of the other at the very centre of the most personal is what Freud terms *das Unheimlich*, the disturbing strangeness of difference. All contemporary art, but also –perhaps in silence– modern art, perversely feeds on this threat (on this promise?). With the coming of fullness, it has lost tranquillity.

A SUBLIME OBSESSION

We have moved a long way from Kant, but not too far: the same area that he would close off with the concept of beauty is opened up on one flank by the concept of the sublime. This notion, which has disrupted the course of aesthetic theory since its conception, allows Kantian thought to be seen not only as the provider of the grand concepts of modern art, but also as being responsible for certain central issues that obsess contemporary art. (Or which perhaps allows the latter to be considered as basically a phase of the former:

the moment that radically accepts awareness of its own boundary). The notion of the sublime addresses contemporary thought from two directions. On the one hand, it confronts the concept of what exceeds representation and poses the problem of the limits of language. But, on the other, the concept of the sublime is coupled to the present collapse of formalist hegemony: signifying a change in terms of content. Given its colossal weight, the sublime breaks through the foundations of form, deforms it, and so, by necessity, refers to a place beyond purely formal aesthetic. This leads to a scene criss-crossed by the returns of the real, assailed by different models of art (of art?), invaded by forms of socio-political pragmatics and disturbed by the vengeance of the referent and increases in conceptual value. The sublime revives issues of what lies outside art's walls or, better still, the walls of aesthetics: not everything concerning the production of work fits into the circle of representation; there is always a surplus which, due to its enormity, goes beyond the contours of form. However, posed in this way, this question relates not only to the uncertain place of present-day art (mentioned below), but also ends up by coinciding with the first direction discussed earlier, and returns to the theme of the –at least partly– unrepresentable. How can what exceeds the format of the symbol be addressed? If we assume the existence of the unrepresentable, does this exempt us from the need to imagine it?

IMAGE IN SPITE OF ALL

Lyotard's work on the sublime –as experience in the face of an excess that goes beyond sensibility and reveals, therefore, an impassable limit in representation– becomes problematic when it touches on sore points in history which demand an apology from the name or the image. Although he does not intend the attempt to demonstrate the unrepresentable to be abandoned, Lyotard, taking Auschwitz as his example, maintains that that tragedy transcends any capacity for expression and imagination; it can be conceived, but not put into words or expressed in images: it calls to the most radical silence.[7] This has generated a debate with serious consequences for the theory of contemporary art. Two important positions follow.

One relates to Didi-Huberman. Despite the fact that we are immersed in a world crammed with images, asphyxiated by imaginary commodities, and in spite of the existence of situations whose fierce excess exceeds the unrepresentable, it has become an ethical imperative to construct other images capable of forging a path through that suffocating excess and taking charge of these extreme situations. The image asserts itself precisely when thought is blocked, when language cannot find words to say what exceeds it. But the task of exploring memory requires an ethics of the image. This will inevitably be an incomplete and inexact mechanism, but one capable of capturing an instant of the confined real. Through creative activity, fiction, imaginary construction, it is possible, if not to unveil the truth of the catastrophe, at least to produce a discharge capable of briefly illuminating an aspect of the unrepresentable. In the absence of truth, says Hannah Arendt, we can find instants of truth, and Benjamin concludes: "The authentic image of the past appears only in a flash."[8]

---

[7] Jean-François Lyotard, *The Differend: Phrases in Dispute*, University of Minnesota Press, Minneapolis, 1989.

[8] Georges Didi-Huberman, *Images in Spite of All: Four Photographs from Auschwitz*, University of Chicago Press, Chicago, 2008.

The second position is occupied by Rancière, who distinguishes two moments in present-day art. One, conciliatory and conservative, light, rests on consensus and seeks to repair the flaws of the social bond. Another, schismatic and critical, springs from the impossibility of representation, and is embodied in the figure of an infinite catastrophe that cannot be symbolised. According to this second position, the contemporary avant-garde constantly attests to the unrepresentable, not now in order to keep the promise of emancipation alive, but to set an interminable work of mourning in motion. This second model, put forward by Lyotard, involves an inversion of the Kantian sense of the sublime and transforms contemporary art into the infinite repetition of a failed gesture.[9] Both Didi-Huberman's and Rancière's positions allow for the idea that the melancholic paralysis caused by the unrepresentable can be shrugged off through an exercise of the imaginary capable of fleetingly reporting what exists offstage. It is important to stress here the fleeting nature of the event: challenging the absolute unrepresentable by defending the presentable would be to return to the position of classical realism. Only the image can dare trace the impossible contour of a necessary but missing figure.

THE FACES OF NOTHINGNESS

The above consideration is also related to another: the task of art as imaginary restorer of a space of absence. An important part of contemporary thought has taken on certain Lacanian concepts in this direction. The triple Lacanian register (that interweaves the real,

---

9 Jacques Rancière, "The Ethical Turn of Aesthetics and Politics" in *Critical Horizons*, Vol. 7, N° 1, 2006, pp. 1-20.

the imaginary and the symbolic) allows for an understanding of art in an unstable position between its linguistic regulation, its concern to name the (non-representable) real and its appeal to the image as a resource for exploring the void opened up in representation. "The function of art is... to imaginarily maintain the unbearable void, offering it a wrapping, finding it an image," says María Eugenia Escobar, after noting that certain works of art could constitute "garments, images for the *petit a*."[10]

For Hal Foster, contemporary art is assailed (and supported) by the return of certain dark forces of the real which demand that the hole in the symbolic order be repaired.[11] Foster understands the real in a sense which is close to the Freudian concept of trauma, but other authors, following closely on Heidegger, consider this concept to be linked to a principle of radiant manifestation. "The beauty of the image, its aura, its brilliance, brightness, and sparkle are provided by the void, by that *invisible presence* of what is not there," writes María Eugenia Escobar in relation to the imaginary effect of the localisation of a void that allows art to ingeniously produce the fascinating power of distance.[12] So, what is not there –the void– is transformed by means of the image into a driving principle of the artistic image. This is how Lacan conceives it when he brings into play the figure of the potter, capable of creating around nothingness; of surrounding the hollow of lack with a form. "It is from this fabricated signifier, this vase, that emptiness and fullness

---

10 María Eugenia Escobar, Seminar *La imagen del objeto*, Asunción, September 2003, unpublished notes.

11 Hal Foster, *The Return of the Real: The Avant-garde at the End of the Century*, The MIT Press, Cambridge MA, 1996.

12 María Eugenia Escobar, "Salerno: una poética de la huella" in *Me cayó el veinte. Revista de Psicoanálisis*, Vol. 12, Mexico, 2005, p. 183.

enter the world, just as they are, and with the same meaning."[13] The *ex-nihilo* creation Lacan postulates should not be understood here in the sense of a founding origin, but as the operation which confers a "visible face" on nothingness, on lack. It is for this reason, as Melenotte points out, that in Lacan the brilliance of the aura does not refer to the splendour of classical beauty, but to dirty, anguished traces related to the uncanny, the *Unheimlich*.[14]

To sum up, it can be argued that art operates by actively assuming the nothingness incubated by the object, impeding its closure, opening it to its difference. This nullifying, negative operation is the basis of the Freudian *Unheimlich*, the threatening imminence of the other in the arena of what is most personal. But the restlessness of the thing that stalks but does not show itself is, in turn, what produces distance, and with it the aura, the brilliant display of something by means of surrounding its own absence. Confronting the void that sustains it, working on it through the image, art offers an exit for the melancholy produced by the failure of representation. It is a momentary, contingent emergency exit capable of stopping, for an instant, the tides of an uncontrolled meaning. The point is that, with any guarantee of origin or stable sense lost, untied from a central meaning, the play of forms throws itself into free fall, resentful of the snubs of presence. Only by the use of a rapid, precise turn of the stop tap can art stem the uncontrolled outward flow produced by allegory, imaginarily plugging the fissure of lack and so checking the haemorrhage of the sign. These specific, incisive operations leave marks, produce pockets of turbulence; they once again generate

---

[13] Jacques Lacan, *The Seminar of Jacques Lacan: The Ethics of Psychoanalysis*, W.W. Norton, New York, 1997, p. 120.
[14] María Eugenia Escobar, op. cit., pp. 181 and 183.

brief sparks of light. For an instant, form is frozen before the gaze, removed from the impetus of its headlong fall. For an instant, distance is safe. Without that minimal moment of removal and distance, the procedures of art would be impossible.

BRIEF DIGRESSION ON A RUSE FOR CAPTURING THE GAZE

Artistic processes would be impossible if the object could not be presented to the gaze, if it could not be represented. So, how can that moment of removal and distance be constructed? How can the object be detained before the gaze or the gaze before the object? Once again a Lacanian concept may provide clues to answering these complex questions. *Bâti*[15] refers to an ingenious montage that frames the scene of representation, the space of the illusion that sustains desire. In order to give the unrepresentable a form, the artist must make use of tricks ("swindles" as Lacan puts it) that attract the gaze; to imaginarily capture the void, he must trace a frame in the air, a cut-out backdrop against which the object distances itself, emphasises its appearance, shines. The function of the *bâti*, then, is to act as a screen on which is raised a point (a *punctum*, Barthes) capable of ensuring that the gazes of the object and the subject meet, and of bringing about the elusive spark of the aura.

BOUNDARIES

In his work *Language and Death*, Agamben proposes a way of addressing the topic of negativity that provides valuable insight into the issue of the unrepresentable. Given the fact that the negative

---

15 Jacques Lacan, *The Object of Psychoanalysis, 1965-1966*, unpublished, session on March 30th, 1966.

has taken up residence in the usual abode of man –and has even become a basic artistic device– the author asks himself how it is possible to escape from pure nihilist negativity and how ethical projects can be constructed against that backdrop of pure absence. The text is based on the work of Heidegger, for whom human beings are the substitutes of nothingness, and Hegel, for whom the human being is basically negative in that he is what he is not and is not what he is. For Heidegger, negativity derives from the definition of *Dasein* ("the being-there," referring to the human being). *Da* (there) nullifies, introduces negation into the being in order to establish its opening-up, the possibility of unveiling. In Hegel, the negative has its origins in a lexical item connected to *Da*: the demonstrative pronoun *dies* (this). As a pronoun, *dies* is an empty sign which only gains weight in discourse; it acts as an index: it exists while indicating something, it ceases to exist when what is shown is not present. The indication marks the limit of signification, of language: it no longer says anything, it only indicates. Thus, both *Dasein* and *dies* refer to something external to the linguistic regime.[16]

This outward movement reveals two uncertain spaces. On the one hand, it points to an opening, a free zone which, located on the borders of the symbolic order, allows movements back and forth, oscillations between what is inside it and outside it (and opens chinks through which the dark and foreign place that begins after the last sign can be scrutinised or imagined). On the other hand, that same opening, considered as a gap, installs a negative moment in the plenitude of the symbolic order; a hole that decentres it around a

---

16 Giorgio Agamben, *Language and Death: The Place of Negativity*, University of Minnesota Press, Minneapolis, 2006.

point of pure absence. That fissure, the principle of negativity of representation, introduces an irreconcilable disjunction between the sign and the thing. If there were a place for contemporary art, it would be in those doubtful spaces, oscillating between the shelter of language and the outside world of the unrepresentable. It is there, wandering between outer regions, wastelands, and cliffs, where it faces the challenge of making a scene from pure absence.

PART II: FOUR BLANK WORKS OF ART

1. CURTAINS

The series by the Paraguayan artist Pedro Barrail entitled *FREE* consists of a set of 34 representations of empty advertising billboards located along a particular stretch of road. The artist takes these images with an ordinary digital camera and then intervenes in them, using minimal operations that make their dimensions uniform (following the Fibonacci sequence) and introduce almost imperceptible numbers and letters that take the place of the advertisement without actually occupying it. This strange work of art, desolate in terms of its visual effects, offers several possible readings. One of them points to the unknown numbers which –using the "blow up" effect of photographic amplification– reveal any blank scene oppressed by the gaze. Another reading notes the ironic destiny of vacant advertising surfaces in times overwhelmed by avalanches of images that fill to overflowing any public space which comes in their path. I would like to pause here to consider a third reading, which is not the last and should not be considered as separate from the others: one that considers the space of contemporary representation.

As is well known, present-day art, has turned narcissistically in on itself and is preoccupied by the mesh of its own languages, the operation of its own institutions, the logic of its expressive devices and the restlessness of its many frontiers. But today that disquiet has focussed obsessively on the space of representation: the screen on which the scene of art is imaginarily projected; the theatre in which form acts out its part. Lacan has found a concept for referring to the materiality of the art scene. He terms *bâti* the montage that frames (and sets up) the space of the illusory function. That supports the painting, but also the fiction it covers. Art's mission is to produce the artifice of the image on this framed plane. To do this, it opens a window that captures a moment of becoming of the gaze. Examined from behind, seen in a dismantled, empty form, the *bâti*, the structure that supports the image, is barely a silent surface. A mere physical plane subjected to the uncertainties of the outside world, incapable of summoning desire, challenging the gaze.

When illuminated, occupied by the image, the sign holder supports the artifices of the fiction and enlarges its dimensions and depths. Deserted, emptied out, it becomes the pure possibility of fact, dull and faded matter, deactivated stage machinery. It is at that moment that Barrail intervenes, setting up another scene over the one that has been dismantled. The blank backdrop awaiting an image, the structure of the stage scenery, the materials that set up the plane, all auto-represent, perform themselves appealing to the trick of the gaze from the script established by lack. The blank surface is filled with itself and exhibits its blatant absence; the void turns in on itself and becomes a space of captured writing, the blind window patches the mutilated real landscape. When the information and spectacle society invades the space of the visible with torrents of unruly icons, the act of appealing to radical silence and stealthily inhabiting it, marking the interval and making it the site of other words, other coded, precise numbers, makes it possible to relocate the scene of art and defer the threatened place of the landscape.

2. LOST SOULS

ONE. With the canonical order of the arts revoked, genres overlap or their contours mingle, they interchange missions and invert their defended positions. It is now a long time since sculpture was converted into object, installation, a medium for intervention or element of a montage. And, deprived of privileges and pedestals, it has to fight for a position at the centre of a shattered scene, earn a moment in the course of promiscuous, all too rapid times. In this way, traditional sculpture has lost the meaning of its presence, has forgotten its principles and direction, lost its soul, its inner support.

TWO. While working on a photographic advertising project, Chilean artist Rosa Velasco was visiting sculpture foundries when she came across the disquieting presence of formless figures suspended from the roof of a warehouse. They were the armatures of sculptures, commonly called "*almas*" in Spanish, that is, souls. Beyond the figurative meanings they activate and the suggestions they bring to life, the *almas* denote the supports that fill the sculpture while the metal hardens and which, once removed, open an empty space within the works, with the purpose of economising on materials and lightening their weight. These figures comprise complex meanings, depending on the courses of their different periods. On the one hand, they conceal the absence that undermines the image and secretly forge the misshapen contour of the sculpture; its dark counterpart: the one that establishes what cannot be seen or named. On the other, they betray the empty space they themselves have created. The hole hidden in the inner sculpture sees its own contour expelled and sees it pressing the body of the soul —the *alma*— in retreat. Though it does so without losing the stigma of being lack, the void has now become compact. Exhibited in positive, the cavity has taken on a form: the non-form of another sculpture, a spectral figure that can only be spoken through the silence it has left behind.

THREE. The *almas* of the sculpture are degraded models that precede the assembly of the piece and, upon completion of the casting process, become its debris. Embedded in the depth of the work, they mould its protected interior; detached from the forged image, they become witnesses of an imposture and the beginnings of new castings, of foundations of new lack. In 2001, faced with the challenge of occupying a new hall in the *Galería Animal*, in Santiago de Chile, Rosa Velasco recalls the complex vicissitudes of the *almas* and, on the basis of its related paradoxes, considers certain issues related to the critique of representation she has been exploring. On the one hand, the ambiguous relationships between what is inside and what is outside, between the mould and the formed object, between the exposed omission and the subtracted presence. On the other, the theme of the basic lack that motivates art's games: that final place, the impossibility of which triggers the desire to signify.

FOUR. The artist proposes to animate the new space of the gallery which, as yet unused, does not contain the void excavated by memory. But when she comes to positioning the *almas* —those formless scraps, hung like fossilised beasts after absence has been sculpted– she is faced with another paradox: the opposition of concept and image. Located in that space without a history, the *almas* become impersonations of sculptures: they lose their mould-like, empty character to become autonomous masses, curious figures freed from their dramatic missions; in other words, they are no longer *almas*. Rosa Velasco cannot bore through that space using innocent forms, exempt from the weight of lack: she cannot move the *almas* there because their spectral quality is completed when they lose the reference of nothingness: what she must do is to create an *alma* for that vacant space. And given that this space is a void, she has to disrupt it, turn it inside out like a glove, transform it into the womb of an absent sculpture, a new void. She, therefore, creates a non-space in the middle of the salon, a reverse mould, an inexplicable –weightless, suffocating– parallelepiped that occupies practically the entire area, fits its irregular contours and leaves –as a remainder– only a narrow surrounding corridor.

FIVE. To show the *alma* in this way –the only way to exhibit not a work of art, but its captive interior– the artist transforms the sculpture into the absence of itself and converts the time of the work into its "dark back." As a species of mould that guards the internal void of the piece, the *alma* exists only while waiting for the metal to harden; then it is removed, converted into waste material or into a wedge awaiting another assignment. But Rosa works in a parallel time frame: she stops the creative instant of a void, which, constantly deferred, becomes pure idea. The place of the sculpture, then, is cancelled out; it is now a passage, the leftover site between the mould –created by the walls, ceiling, floor and entryway– and the reverse mould –formed by the parallelepiped: the *alma*. The visitors moving along this narrow corridor are passing through the inside of the salon-sculpture. They can only see the internal side of the supposed figure and the external face of the presumed cavity. But neither the external outline nor the internal cavity exists. The moulds and the figures, the absences and the fullnesses, the hidden and the manifest, exchange their names in silence.

SIX. In the end, only the idea of an original, inaccessible lack remains, and all that is left is the presence of a hermetic emplacement that threatens to spread out until it occupies the whole area; until it ousts the last stronghold of sculpture and, for an instant, refutes the illusion that an object might be conquered by the gaze.

3. A SMALL WINDOW WITHOUT A LANDSCAPE

In the final salon of the *Museo de Artes Visuales* in Santiago de Chile –which, being underground, acts as a crypt– a small quadrangular window opens up unexpectedly. Osvaldo Salerno intervenes in this window to close his exhibition and installs there a work entitled *Nandí verá* (2005). Both sides of the opening are draped with tulle, on which the words of the title are written. These words have been traced out with beeswax and, as the wax fill the pores of the two gauze meshes (orifices that can be linked to the hexagonal cells of a honeycomb) during the course of the writing, they pierce the shiny body of the material through to the other side: the internal hole which separates the two veiled openings and functions as a mute space, enclosed on all its six faces.

In this instance, as in most of Salerno's work, consideration must be given to the symbolic weight of the material which intervenes in the assembly: beeswax has a strong presence in Paraguayan indigenous culture in the manufacture of everyday and ritual objects and the creation of demarcated areas. And, as also happens in other offerings, the unexpected reference to a strange register in this one unlooses the meanings of the work, suggesting other, more complex readings. But, above all, the reading is made more complex by other measures. Given that the veils are transparent, the texts appear superimposed and inverted in respect of each other and so are scarcely legible: their opposing scripts neutralise each other out. That clouded window seems to form a small vault offered to/removed from the gaze. But it also establishes the field of representation, the one that outlines and opens that duplicitous scene in which the object testifies to its own absence. And, by doing so, it renews the desire of the gaze, its perverse game: the dispute between the gaze and that object over the lack that makes the object shine brightly. Art insists on that moment. It insists on the inflection of intense estrangement produced by something that is there and is not there; something that names what is not, obscures what is written, refers to an enigmatic something outside of itself. That is the principle of the aura in Benjamin, the disturbing presence of what is not at hand.

In the Guarani language, *nandí verá* means "the brilliance of nothingness," which in common parlance would be to say something is "conspicuous by its absence." Salerno takes this image to explore the surplus of meaning produced by the oscillating gaze. This is the gaze that follows the strange pendular motion of the object when it shows itself in its withdrawal; the gaze that must stand beyond the visible, in the void, over nothingness, in the margin opened up by the deferment of presence. That gaze is held in suspense at the threshold and makes this an intermediary position: a non-place of pure waiting, the lintel of the Kafkaesque door. In that extreme edge between gazing and losing, the aura –the brief sparkle of distance– shows itself, "unrepeatable," as Benjamin puts it. The open question left by the trace.

It is in that non-localisable margin that the impression of objects operates, that boundary on whose fine edge forms crowd in order to hurriedly, desperately, register what is lost, what has already moved away. This requires a space, or better still, a spacing device, to provisionally frame a screen, a support for the gaze. Salerno examines the materiality of this liminal mechanism, the frame. A special frame, says Lacan. And he gives it a name, the *bâti*, the physical prop of fiction. As an example, he offers the work of Magritte based on "the image that results from placing a picture which precisely represents the landscape behind it within the frame of a window."[17]

But, what is the landscape behind when the window opens to illegibility suspended in mist, when it shows pure nothingness? It may be the landscape that occupies, from this side, the one that is gazing: the one, therefore, that is being gazed upon. And this double appeal, this play of gazes, allows the blank space to imply a constant, watchful, displacement of the gaze. Hence it does not refer to a non-entity but to a vacancy, a crafted, operating void, ready to receive the veiled signs that anticipate other places.

Žižek argues that the challenge of traditional art consisted of filling in the hole of the sublime, while the great task of present-day art –crammed with signs and images, without sacred zones– is based on maintaining the available space, making a space for the

---

17   Quoted in Mayette Viltard, "Foucault, Lacan: La lección de las Meninas" in *Litoral. La opacidad sexual II. Lacan, Foucault,* École Lacanienne de Psychanalyse, *Edelp*, Vol. 28, Córdoba (Argentina), October 1999, p. 129.

space: "The problem is no longer that of *horror vacui*, of filling in the Void but, rather, that of creating the Void in the first place."[18] The problem, then, is to maintain the scene, the minimal and unstable space of the event, ready for use. The final exit of Salerno's exhibition leads to a vault, a place without exit. In the face of the exhaustive stridency and over-saturation of images, the wasteland of the public space, lies the crypt, the place of stubborn silence; the urn that guards a distance, however small it may be.

4. CUSTODY

The work by Aníbal López formed part of the *Tres Fronteras* (*Three Frontiers*) program of the 6th Mercosur Biennial, Porto Alegre, 2007. From the outset, a point of intersection of the borders of three countries sets up a problematic three-edged figure. When the Iguazu River flows into the Parana, it forms a T, the triple frontier. One river separates Brazil from Argentina; the other, the Parana, acts as the border between Brazil and Paraguay, to the North of the Iguazu; and to the South it is the border between Paraguay and Argentina. This cartographic and geopolitical muddle seems to represent the complexity of an area scarred by three simultaneous cuts. It is as though, given the sharp limit imposed by the frontiers, the coincidences and conflicts involved in every meeting have been condensed; or as if history had to intensify its predicaments and expand its hopes to the point of anxiously squeezing them against the fine border drawn by customs departments. These waves of unease are not only due to the capricious geometry traced out by rivers and confirmed by impenetrable political rationales; they are, above all,

---

18   Slavoj Žižek, *The Fragile Absolute,* Verso, London and New York, 2000, p. 27.

based on the peculiarities of a region that is particularly unstable due to the various historical, geopolitical, economic and socio-cultural conditions that seem to be concentrated there, summoned by the perverse illusion of closeness and distance, the dislocated sense of ours and theirs. The *Three Frontiers* zone is shaken by tensions that alter the landscape of its cities and countryside, the choreography of its inhabitants, the seething, exaggerated images that tend to grow in these subtropical confines. All oppositions seem be heightened in this extreme scenario: the obscene technological opulence of Itaipu (one of the largest hydroelectric dams in South America) versus the radical poverty of the indigenous peoples; the excess of Ciudad del Este, the mansions of the clearings and private riverbanks and the prosperity of Foz de Iguazu as opposed to the poverty of peasant farmers and displaced people, of beggars and those evicted from the land. Lush clearings and waterfalls on one side; on the other, infinite lands devastated by the vandalism of single crop farming.

The shadows of memory are long in that divided part of the world: the remembrance of the War of the Triple Alliance[19] is distorted, the Jesuit missions move closer and retreat, the Utopia of Mercosur is roughly drafted. Diversity thrives in this overly fertile soil: the various languages (Portuguese, Spanish and Guarani; English and German, Oriental languages), the indigenous, Islamic and Christian religions, the intercultural clash –the melting pot– of urban, aboriginal and rural traditions. Babelisation, migration, violence, and the corruption of customs officials also seem to flourish there. (Desperate trading,

---

19   In the 19th century, Brazil, Argentina, and Uruguay signed the Triple Entente against Paraguay. The war began in 1864 and ended in 1870 with the defeat of Paraguay.

furious trafficking). As do, of course, counterfeiting and contraband: the zone is a paradise for the illegal trafficking of goods and the adulterated, clandestine reproduction of every imaginable brand name. There is also an increase in a form of tourism that anxiously seeks out exotic landscapes and cheap products, luxury original Louis Vuitton handbags and legitimate Armani jackets, all produced right there. But strands of difference are also holding out in this area, reserves of other ways of imagining the world and explaining it. Although harassed by the chaotic expansion of the cities and hemmed in by soybean fields, the immigrant, peasant and Guarani cultures are capable of renewing the alchemy of meaning by the use of clear, distinct forms: vigorous images, superimposed on the metastasis of property speculation and the toppling of the last forests. The frontiers, then, mobilise strange cultural constellations, tough, incompatible worlds.

As is known, positions of urgency and intensity —as liminal places, thresholds— form privileged strongholds of art. On the one hand, artistic operations feed on the conflictive knots of history: they moderate its forms through the great effort that unravelling the knots, or at least taking accepting them, entails. Located on points of high tension, artists manage to reverse this unfavourable lot through the production of dense works which, while not exactly signifying the calming of conflict or expressions of its veiled reality, are potent ciphers capable of poetically interpreting the great questions of that moment. On the other, contemporary art, with its disinclination for fixed categories and stable settlements, finds in the concept of the frontier a possibility for breaking through the hermetic circle of formal autonomies: or the chance of going beyond the limit of there and back, furtively transgressing the outline of the scene, oscillating between the dark outside world of the real and the orderly shelter of forms. Located on the Paraguay-Brazil border, opposite Foz de Iguazu, Ciudad del Este is a large free zone, an enormous duty-free shop supported by the powerful counterfeiting and imitation industries. But also by smuggling networks. Two-way contraband: every month, merchandise from the free zone of Iquique, in Chile, with an average value of forty million dollars, enters that city, and tons of adulterated and smuggled articles, purchased by *sacoleiros*, leave. The term *sacoleiros* refers to the approximately two hundred thousand small traders who continually cross the border from Foz de Iguazu into Paraguay to buy the goods.

Despite the fact that this dishonest system equally benefits the two neighbouring cities, crossing the border is becoming increasingly difficult due to new, restrictive policies and, in the background, the ambiguities of diplomacy and the hypocrisy of state officials. On their return to Brazilian territory, the *sacoleiros* have to undergo checks by the military, the *Policia Rodoviária* (Highway Police) and the prosecutors of the *Receita Federal* (Brazilian Tax Revenue Service) and must walk a tightrope to get their merchandise through. This situation has generated ingenious systems for furtive border crossings, complex methods of bribery, and generalised corruption in the Customs Department. It has also led to the organisation of an intricate underworld of efficient illegal businesses and, above all, to the establishment of a deep-rooted culture of smuggling that taints a wide variety social practices and representations.

This is the context that Aníbal López decides to explore. The possible transformation of this enormous system into a work of art demands a strategy for approaching and stalking the topic using subtle, precise and vigorous moves: a rhetorical movement capable of introducing a distance from the topic. This separation must be minimal because if the artist were to move too far away, he would lose the energy released by the situation.

A BRIDGE UNDER THE RIVER. Aníbal decides to make his point of departure a simultaneously sophisticated and aggressive strategy established in the zone for surreptitiously crossing the border. The products (mainly electronic appliances, clothing, perfumes, toys) are taken from shops, generally Arab in ownership, and transferred to clandestine warehouses where they are carefully sealed in watertight boxes. A group of operators transfers these boxes at night to the bank of the Parana River, which runs under the Puente de la Amistad (Bridge of Friendship), the "legal" connection between the two cities: this imposing construction was, at the time of its completion in 1962, considered the largest such concrete structure in the world. At some precise moment —marked by the direction of the flow of the waters, the degree of darkness and the coordinated movements of the border guards— the boxes are thrown into the river from the bank, which, in the area around the bridge, reaches over sixty meters in height. The boxes, therefore, fall very heavily but, if the operation is well planned, they immediately float and are abandoned to the complicit flow of the river, which, after subjecting them to a series of jolts and pirouettes, finally deposits them on the other bank, the Brazilian side of the Parana. There, another gang (or the same one that threw the boxes into the river and then crossed the bridge) quickly gathers up the merchandise and transfers it to trucks which, in turn, carry it to different Brazilian cities.

This arduous task entails not only a high degree of daring, but also efficient organisation. It requires a well-run business with competent staff and dedicated specialists to plan and coordinate each stage: from dealing with the purchasers and suppliers of merchandise to hiring and managing the clandestine packagers, drivers, and the local experts in the behaviour of the river waters and the vulnerable points of customs and road controls. To address this complicated manoeuvre from the perspective of art, Aníbal uses two procedures. First, he repeats the operation step by step (the clandestine contacts, hiring, packaging, the illegal river crossing, the concealed transport of the goods in pirate trucks). Then he sends 500 packages to Porto Alegre and there, in the context of the Mercosur Biennial, uses them to create a sculpture-installation; that is, he exhibits them as works of art. Once installed, the work is entitled *Escultura pasada de contrabando de Paraguay a Brasil* (*Sculpture Taken as Contraband from Paraguay to Brazil*). The title itself creates, from the outset, a problem: the literal way in which he describes the operation corresponds to the fact that the movement produced by Aníbal mechanically repeats a routine that, however illegal or adventurous it might be, is no more than an ordinary action. But even if it had been an exceptional gesture, it can be asked what Aníbal has added for it to become a work of art, a production of his own. The issue here is that Aníbal does not add anything. In fact, he does the opposite: he removes the content of the boxes, empties them. In this way the movement becomes useless: the collusion of the offenders, the transfer to warehouses, the operation on the riverbank, the throwing into the river (the violence of the fall), the nocturnal wait on the opposite bank, the salvage, the silent trucks.

LIGHT TRAFFIC. But we could reconsider this same issue by turning it around, changing the statement "Aníbal does not add anything" into "Aníbal adds nothingness." In this case, the artist confronts nothingness as an active principle in the Nietzschean sense: the result of a constructive action. Here the term *nothingness* does not signify an abstract nullity, but an available vacancy, a constructed void: the space of lack, always open to other meanings. This absence sets one of art's expedients in motion: the strange presence of something that has been removed, that shows itself through surrounding its own hiding of itself. And in this way it appeals to the principle of representation, the secret of the aura: the disquieting appearance of something that is not there, that is somewhere else. Positing the situation in this way means highlighting not the moment of emptiness, but the excess of signification, the surplus of meaning generated by the object in a state of lack. The gaze is left in suspension before the vacant space and makes it an intermediate position: the open scene of the question. The greatest challenge for art in a landscape oversaturated with signs —crammed with representations, information, with pure image— is to prepare a scene in which to represent what happens, what will never stop happening, from the other side —on the opposite bank of the river, behind the recently crossed bridge, far beyond the strident cities, with the impossible backdrop of the boxes.[20] In a place like Ciudad del Este, bemused by promiscuous advertising iconography, it is increasingly necessary for art to install silent pauses (so that other words can resound), to defend blank spaces (so they act as surfaces of

---

20 In this sense, Žižek states that if the mission of art before our own period consisted of filling up the vacant niche of the sublime Thing, the great task of present-day art —deprived of enchanted zones, of consecrated circles— is directed at preserving the open space, at making space for the place. To repeat what I quoted earlier: "the problem is no longer that of the *horror vacui*, of filling the Void, but, rather, that of *creating* the Void in first place." Slavoj Žižek, op. cit, p. 27.

inscription for different forms). For this reason Heidegger maintains that sculpture should be the custodian of a void, the defence of the very possibility of sculptural space.[21]

THE PANDORA PACKING BOXES. By taking charge of the sealed boxes that contain pure void, Aníbal opens them up to questions that go far beyond the anecdote of a smuggling trip. Art operates by intercepting the normal course of things in order to shake them up and force them to reveal their links with other things, their commitments to other situations. By seriously disrupting a routine smuggling operation, the artist forces us to reflect on situations and problems that transcend the fact of that operation, that move beyond its own implementation.

The nothingness tightly packed within the packages impedes any fixed reference from installing itself there. Those unoccupied boxes, then, can serve to siphon off concepts from other stories, a few of which I shall mention here. Firstly, Aníbal's contraband evokes the subterfuges to which the artist must resort in order for his work to circulate in peripheral countries, even those supposedly integrated through regional networks: the much vaunted Cultural Mercosur is still only a Utopia; at best a hope, since there are no cultural policies and, therefore, no agreements or regulations to facilitate exchange between Mercosur countries.

Secondly, the work confronts us with a shadowy parallel reality that involves us in many ways: an illegal world of cultural models and forms of subsistence that offer us innocent articles, cleaned of their

---

21 Martin Heidegger, "Building, Dwelling, Thinking" in *Poetry, Language, Thought*, Perennial Classics, New York, 2001, pp. 141-160.

dubious past. In the countries and regions of the extreme periphery, worsening poverty and the proliferation of informal trade give rise not only to ingenious mechanisms of desperate subsistence, but also vast mafia-based fortunes. They also encourage the emergence of symbolic representations and collective imagery that ensure the social acceptance of these underground circuits: languages, concepts, signs of identity, and alternative ethical and aesthetic codes that protect the circulation of the boxes. Moreover, the void in these boxes makes it possible to speak ironically about the functioning of a system ruled by maximum productivity: the fact of transporting simple, useless packaging at such high cost and risk produces a strong interference in the instrumental logic of hardcore capitalism, the paradigm for all possible practices.

Aníbal López's work moves radically across ambiguous places, areas of risk. Linking the world of art with this cultural background is a disconcerting operation; but that disruption finally allows discussion of the topic of the institutional status of art, which every coherent work of art should bring up, even if only in passing. Why do boxes arranged in a warehouse not become works of art or exhibits in a biennial? This is the paradox of contemporary art, whose domains have lost their official property rights and must be re-conquered each time. It is a border problem, a question of passage, sometimes of contraband.

THE UNREPEATABLE APPEARANCE OF DISTANCE
A Political Defence of the Aura

> *Sometimes an expression*
> *has to be withdrawn from language*
> *and sent for cleaning,*
> *then it can be put back into circulation.*
> WITTGENSTEIN

MODERN DESIRE

Driven by technological expansion, the crisis of craftsmanship questioned the meaning of aesthetic experience, hastened the formation of a mass public, and installed the regime of modern phantasmagoria; but, above all, it stalled the progress of artistic modernity: it rocked the foundations of the autonomy of the newly inaugurated aesthetic. In "The Work of Art in the Age of Mechanical Production" (1936), Walter Benjamin proposes a radical solution: to accept the sacrifice of the autonomy of the work imposed by its reproducibility: to remove the distance that keeps form open, cancelling out the aura. The aura, vested with the authority of cult –in which it has its origins– crowns the elitist symbol with the bright glow of originality and unrepeatibility. Stripped of this halo, art would be finally purged of the mystic, idealistic residues it carries over from cultural representation. But it would also be absolved of all guilt concerning its privileges: in conjunction with the distance imposed by its forms, art would lose the exclusivist sign that denotes its elite origins and gives the seal of authority to bourgeois property.

Benjamin's essay ends with the proposition of responding to the aestheticism of Fascist politics with the emancipatory politicisation of art. This, as we know, did not happen: the new aestheticism appeared in a market format; capitalism anticipated the avant-gardes, took on infinite reproducibility, and removed distance and the autonomy of art in search of other objectives, opposed, of course, to those guiding the Benjaminian Utopia.

With distance inverted rather than revoked, the cultural industries and mass media attempted to bring everything too close together; so much so that things and events ended up flattened, plastered onto the eyes, the television screen or computer monitor, all, in effect, the same thing. However, converted into commodities, dressed up for greatest consumption, things and events were finally re-authorised, were distanced once again since the "glamour" produced by the market also needed distance to make the gaze a place, desire an empty space. In this way, commodities became fetishised through a movement which highlighted their exhibition value, covered up the conditions of their production and reified them, made them once again autonomous: abstract signs of exchange. That is to say, commodities became fetishes by means of a procedure which distances the object and surrounds it with aura.

To sum up: the explosion of commodities required mass production and, therefore, coincided with technical reproducibility and the appearance of the masses: the sentencing of the aura had been prepared. But the industrial fabrication of goods gave them a new aura: the mythical phantasmagoria of the always-new, the enchantment of fashion, the seductive power of things in showcases, brought closer, moved away, desired.

CIRCUMSTANTIAL EVIDENCE

Benjamin lays out sombre, succinct clues to the aura and offers few and, at that, very short definitions of it: "the unique phenomenon of a distance, however close it may be,"[1] "a strange weave of space and time,"[2] and "associations which, at home in the *mémoire involontaire*, tend to cluster around the object of a perception."[3] One particular reference has the feel of a quick sketch, an enigmatic sign left almost in passing: "...looking at someone carries the implicit expectation that our look will be returned by the object of the gaze. Where that expectation is met... there is an experience of the aura to the fullest extent."[4] Others make use of the indirect route of metaphor: the aura as a veil produced by the tears of nostalgia or the wrapping which surrounds the object and must be eradicated by means of mechanical reproduction.[5]

The first two definitions of the aura imply a critique of the modern (Kantian) system of representation. They involve the juncture of the categories (or pure forms) of space (distance) and time (the pure present) which determine the appearance of something that is more than its own appearance as a phenomenon: something transcendent. What is at stake here, then, is the judgement in the dispute between being and appearing, the basis of aesthetic representation. Essence shows itself in a unique presentation. Yet, in so far as it retains its distance (however close it might be), it is

---

1 Walter Benjamin, "The Work of Art in the Age of Mechanical Reproduction" in *Illuminations,* Schoken Books, New York, 1968, p. 222. This same definition appears in "On Some Motifs in Baudelaire," op. cit., p. 188 and "A Short History of Photography" in *One-way Street*, Verso, London, 1997.
2 Walter Benjamin, "A Short History...," op. cit., p. 250.
3 Walter Benjamin, "On Some Motifs...," op. cit., p. 186.
4 Ibid., p. 188.
5 Walter Benjamin, "The Work of Art...," op. cit., and "A Short History...," op. cit.

not completely present, it continues being appearance, the image of itself, always skewed towards its own proscribed reality. It is an image marked by the presence-absence of the being and, defined in advance by this loss, constitutes a primordial lack. This is a summary of modern negativity, the tragedy of representation. And it must be remembered that the remnant of the unrepresented real prowls like a threat; like a dark promise of meaning.

THE GAZE

"A strange weave of space and time," the aura elaborates, plots the scene of representation, the place of the gaze. The place of gazes: "the aura, then, would be like a crafted originary spacing of the one who looks and the one who looks back, a spacing of the looker crafted and originated by the one who looks back," says Didi-Huberman.[6] What representation does is to overplay the game of the gaze. Exposed to the gaze, the object is no longer the same, it is split between its identity and its appearance, its image. The distance of the subject, what allows it to be seen, breaks it down into a presence and absence of itself. "What is visible carries the trace of a lost, ruined likeness," states Didi-Huberman.[7] And for this reason the image finds itself sustained by a loss: to see (something) is to lose (something). (And for this reason it involves melancholy).

In this context, the following comment by Benjamin is worth noting: "To perceive the aura of an object we look at means to invest it with the ability to look at us in return." And also his quote from

---

[6] Georges Didi-Huberman, *Lo que vemos, lo que nos mira*, Manantial, Buenos Aires, 1997, p. 94.
[7] Ibid., pp. 17-18.

Valéry: "The things I see, see me just as I see them."[8] Auratised, the object acquires the insolent power to return the gaze, to look at the person who looks at it. And, so, the gaze –like an object ready to enter the stage of representation– is divided, in turn, between its being and its image, and is, therefore, invested with the power of desire. Benjamin again cites Valéry, who identifies the work of art "by the fact that no ideas it inspires in us... could exhaust or dispose of it."[9] According to this, Benjamin comments, the auratised work would reproduce "that of which our eyes will never have their fill," and he claims that "what it contains that fulfils the original desire would be the very same stuff on which the desire continually feeds." This would be the difference between the gaze that can never be satisfied with the painting (the auratised work) and the one which calms desire with the photograph (the non-auratised work).[10] To de-auratise would, then, mean to halt the economy of desire, the dispute around representation.

The topic of the duel of gazes would be dealt with later by Lacan in his 1962 Seminar: looked at by the object, the subject loses its dominance in representation, it is objectified, split. It lowers its own gaze to avoid that unbearable thing which filters through the bar of its subjectivity, or protects itself through the symbolic –form– to avoid being blinded by the real.[11] Thus the aura's own mechanism produces a refraction of the gaze. In this sense, Žižek uses the metaphor of anamorphosis to represent the gaze distorted

---

8   Walter Benjamin, "On Some Motifs...," op. cit., pp. 188-189.
9   Walter Benjamin, "On Some Motifs...," op. cit., p. 187.
10 Ibid.
11 See the development of this topic in Hal Foster, *The Return of the Real: The Avant-garde at the End of the Century*, MIT Press, Cambridge MA, 1996, p. 140 onwards.

by desire, by distance: the aura presents the tilted, stretched object; it makes it necessary to look awry in order to perceive what does not exist for the frontal, objective gaze.[12] This is why Benjamin delights in the way Baudelaire's poetry avoids the gaze, and, in doing so, is able to escape from the aura's desiring game.[13]

THE SACRIFICE

As mentioned above, carrying through the sentencing of aura would block representation's move and prevent the crossing of gazes: it would stop the insatiable labour of desire. Without the interval of distance, the object would coincide with itself and, reduced to pure actual presence, would see its mystery dwindle (the enigma injected by lack dissipated in its interior).

Benjamin not only admits, but actually seeks out these consequences. In the context of his work, dissolving the aura forms part of a programmatically designed package for auctioning off the estates of the erudite subject: including the experience of truth, tradition, writing, and absorption in the work of art, along with other concepts that drag down critical intelligence in their fall.[14] The exchange of profound experience for the phantasmagorical experience of shock softens the perception of the work of art, converts it into trivial sensation, distraction (in both its meanings as relaxed inattention

---

12 Slavoj Žižek, *Looking Awry: An Introduction to Jacques Lacan through Popular Culture*, MIT Press, Cambridge MA, 1992.
13 Walter Benjamin, "On Some Motifs...," op. cit., p. 72.
14 Benjamin offers scattered references to this sombre gaze in *One-Way Street*, op. cit. The concepts of the "destruction of free intelligence" and "the humiliation of the spirit" that Benjamin sets out are discussed by Vicente Jarque in *Imagen y metáfora. La estética de Walter Benjamin*, Servicio de Publicaciones de la Universidad de Castilla-La Mancha, Cuenca, 1992.

and entertainment).[15] Advertisements —which fascinated Benjamin— illustrate the inevitable replacement of prolonged auratic contemplation by the fleeting, commercial gaze. The closeness encouraged by advertising signs, newspapers, brochures, magazines and films, imposes a vertical —interrupted, collective— reading that renews the intimate (and archaic) horizontality demanded by the book.[16]

Elizabeth Collingwood-Selby understands that this closeness removes the distance of the aura, its double distance: the distance that separates the observer from the observed, and the one which "separates every event, every being, from itself."[17] The press, on erasing that distancing in information, closes down and, hence, annuls the events,[18] it denies them the "the ability to raise the gaze..., it reproduces them as dead things."[19] And that movement is in the opposite direction to the Benjaminian conception of history as untimely.

Resigned to —at times pleased by— the tragic destiny of his contemporary times, Benjamin turns melancholically back to the ruins of the Enlightenment. The concepts of the flattening of the world and the humiliation heaped on the word must be inscribed on the darkening outlook of Europe at that time. But his position is not only taciturn impotence in the face of the rubble of one war and

---

15   Walter Benjamin, "The Work of Art...," op. cit.
16   These positions are argued throughout *One-Way Street*, op. cit.
17   Elizabeth Collingwood-Selby, *Walter Benjamin, la lengua del exilio*, ARCIS-LOM, Santiago de Chile, 1997, p. 128.
18   "The here and now of every event —a here and now that is the unique manifestation of a distance (the distance of the being from itself), a here and now that is the desire to be, that is a call and, at the same time, a reply to another call— that is what information ignores. This manifestation is the aura." Ibid., p. 129.
19   Ibid.

the bleak prospects of another: it is also based on an authentic enthusiasm for new technical forms of communication, and responds, above all, to an emergency political exit, a strategic gamble; almost a *reductio ad absurdum*. In his infuriated radical stance, he is prepared to take gamble to the limit, not to be stopped by any consequence, however devastating it may be. (However close to the suicide which was hastened by his fright).

As will be seen below, Benjamin's radicalness, tensed between mutually incompatible positions (Jewish messianism, the Bolshevik revolution), leaves his extremism in despair, exacerbates the paradox to the point of delirium. At the incomprehensible end point of his excesses, Benjamin simply accepts the curse of a project which, being based on Reason, cannot accept that curse. And he names this misfortune so forcibly that his grim words fill the times to come with portents. And, counter to his own direction, he even, at times, sketches a blurred sign of hope.

But, of course, the historical circumstances of the interwar period cannot be discounted. Hemmed in by the escalation of Fascism, which will eventually take his life, Benjamin operates on a black and white set. Between the aura committed to idealist aesthetics and Fascism and the possibilities of mass reception that mechanical reproduction is bringing closer, he, obviously, opts for the latter. And this despite the fact that these possibilities are destined to serve a form of modernity conceived in capitalist terms and condemned, therefore, to fatten the market. In spite of the fact that art will have to pay a high price for this sacrifice: its very space, as we now know.

But Benjamin's trust in the transformative technologies of mass reproduction (basically photography and cinema) must also be seen in the context of these historical conditions. His model of cinema was that of the revolutionary Russia of the 1920s and his example of artistic innovation, that of the first avant-garde movements. His political optimism was backed by Marxist theory stating that the conditions of capitalism generate productive forces which will bring about its own downfall. The modernisation of the image, its reproducibility, could, then, still be thought of as outside the scheme of capitalism or, if inside it, as a dissolving factor. So, though possibly aware of the gradually accelerating seizure of mechanical reproducibility by capitalism, Benjamin gambles on that reproducibility, at the expense of the aura which, in this context, could have a transformative character.

THE BARBARIAN TIMES

However, it is worth remembering that the concept of the aura was immersed in the Enlightenment tradition, the other great enemy front against which Benjamin positioned himself. The Berlin philosopher recognises an authoritarianism in auratic distancing that appeals to his religious tradition, his elite status and bourgeois individualism. The aura fetishises the elite objects of private property with the disdainful charm of its own distance; it erases its mythic origins, removing the traces of its historical past, its technological materiality and ideological inscription. Its spell cancels the conditions of production, consecrates the art product and moves it away from the masses.

Benjamin starts from Baudelaire's biting modernist criticism of the evocative, nostalgic aura proposed by erudite idealism. In such conditions, the desire for the pleasure of the beautiful object becomes insatiable because it falls back on a pre-idealised world, "veiled by the tears of nostalgia" (veil = aura). Representation turns to beauty in order to conjure it up again ("as Faust does Helen," he says). "This no longer happens in the case of technical reproduction. (The beautiful has no place in it)."[20] To further explore this idea, Benjamin uses a text by Baudelaire ("Perte d'auréole," in *Le spleen de Paris* [21]) which allegorically defines the aura as the "halo" of the "antiquated" lyric poet. It is a satirical fantasy converted into the case of a writer who "sips quintessences" belonging to a decadent universe of muses, lyres, and ambrosia. Startled by the bustle of the modern city, the poet sees his halo fall to the muddy pavement. He is relieved: this loss allows him to free himself from prudish dignity and give himself over to unfettered depravity.

In this short fable, the aura is the halo irradiated by the satisfied symbol, a distinctive, nostalgic Parnassian.[22] The poet (identified by Benjamin as Baudelaire himself) loses the privilege of his refulgent diadem, shaken by the experience of modern "shock," but also impelled by the vagaries of the market: he is now a producer, more subject to prosaic commodity values than the dazzling tremors of beauty. To push the experience of modernity to the limits, Baudelaire's poetry launches itself into its depths: stripped of aura, it is imprinted "by the sign of the commodity" and alienates itself in its pure exhibition value; degrades itself without inhibition.

Despite the apparent lightness of his tone and the deceptive ingenuousness of his moralising, this short, biting story related by Benjamin, gives a good idea of a certain dark side of his thoughts,

---

20   Walter Benjamin, "On Some Motifs...", op. cit., p. 187.
21   Ibid., p. 192.
22   Didi-Huberman recalls the origin of the classical concept of aura: "in Greek and Latin it was simply a sensible exhalation, therefore material...," op. cit., p. 109.

the side whose sharp inflection rips the aura. I refer here to that disconcerting movement which, after the stubborn hope of a possible "redemption," leads him to accept all the consequences of the fall of erudite culture. Benjamin does not excuse Baudelaire's commoditisation; he celebrates it as a fierce gesture of radicalness, as an occasion for bourgeois outrage. He thinks that, hurled into freefall, the poet will finally find the key to capitalist vulnerability.

Set to confront traditional, erudite culture, Benjamin is not disheartened by the results of his offensive. He knows that, with the last glint of the aura dimmed, the contours of art will dissolve into the pure exhibition value of modernity. He is conscious that the toppling of "experience," the profanation of "the spirit," the dishonouring of epic narrative, and the loss of tradition will free the world from its spell and expose it to the barbarian forces of unfettered capitalism. But, even so, he celebrates art's exile and goes so far as to greet these obscurantist forces and propose –though not for long– "a new concept, a positive concept of barbarism."[23] It is understandable, then, that the grave Adorno should reproach him for his dangerous sacrifice of the intellect, his identification with the aggressor and his propensity for ceding his spiritual strength to what is most opposed to it.[24]

Freed from historical connections, Benjamin's fragmentary, sacrificial thinking can infiltrate the enemy camp, lose itself in it, feel at ease in the contested position, imagine that this position can be redeemed, and lead to an "awakening" of the emancipative,

---

23 Walter Benjamin, "Experience and Poverty" in *Selected Writings: Volume 1, 1927-1936*, Harvard University Press, Cambridge, MA, 1999, p. 232.
24 Theodor W. Adorno, "Portrait of Walter Benjamin" in *Prisms*, MIT Press, Boston, 1986.

dialectical consciousness. Erudite culture has been cornered by technology, and technology by capitalism. Such is the incontestable fact to which *experience* succumbs: the reserved arena of critical intelligence, of the dense word, the enigma of the aura. It will be necessary, then, to travel to the ends of a phantasmagorical land ruled by market alienation: a drowsy, barbarian land whose rubble hides hints of redemption. Jarque feels that the heroic aspect of Benjaminian thought lies precisely in his desperate effort to save this barbarian universe, demonstrating, in spite of all, its emancipative potential.[25] According to him, Benjamin's resistance ends as "a fatal leap towards the place of the collective 'aggressor.'"[26]

THE GAZES OF JANUS

So Benjamin's contradictions should be considered in the context of a confused programme which often took him in opposing directions. And he journeyed, as much urged on by an almost innocent Utopia as made hopeless by an almost cynical despair. His certainties –split between mystical theology and Marxism– added to his critique of a totalitarian vision of reality and a linear conception of history, encouraged impenetrable theoretical constructions: literary and philosophical hybrids, labyrinths of tangled times. But they also, in Adorno's words, raised the peremptory need to think dialectically and non-dialectically at the same time.[27] Benjamin himself spoke of his "Janus face" when referring to the irreconcilable dualities of his

---

25 Vicente Jarque, op. cit., p. 211.
26 Ibid., p. 212.
27 Theodor Adorno, *Minima Moralia: Reflections on a Damaged Life*, London, Verso, 2006.

thought.[28] This is why Rouanet says that there is not one Benjamin but many: the one who applauds the decline of the aura and the one who is frightened by the reality of a disillusioned world; "the one who welcomes the advent of a purifying barbarism and the one who is made to panic by the absolute barbarism of Fascism; the one who deplores the atrophy of experience in a completely regulated world and the one who attributes a revolutionary value to the loss of *experience*."[29]

It should be no surprise, then, that Benjamin gambles on lost causes or simultaneously believes and disbelieves in the transformative potential of the artistic avant-garde, the masses, the cultural industries –not then called that, but which already operated as they inevitably do now, and will continue to do. Perhaps his brilliant incongruities confuse the cautious trajectory of concepts, but what is certain is that they form fruitful challenges which shake up critical thought and hasten, kick forward, its progress: they brutally reveal the apocalyptic paradoxes of history and make it necessary to search among its rubble and ghosts for the disconcerting signs of a form of salvation that can only be thought of in collective terms.

Benjamin's methods are disconcerting, not only because of the surprising manoeuvres that lead him to make unexpected turns and counter-turns, and not just because of the radical nature of his positions, which move him to rather carelessly topple basic categories of thinking, but also because of his own "negative" way of approaching topics from the opposite direction, beginning from

---

28 Gershom Scholem, *Walter Benjamin. The Story of a Friendship*, New York Review of Books, New York, 2001.

29 Quoted in Ricardo Forster, *Walter Benjamin y Theodor W. Adorno: El ensayo como filosofía*, Ediciones Nueva Visión, Buenos Aires, 1991, p. 30.

the "negative side," from the ruined object disturbed by error[30] and advancing in search of a misdirected goal. "'Comparison of others' attempts to setting off on a sea voyage in which the ships are drawn off course by the magnetic north pole. Discover *that* North Pole. What for others are deviations, for me are data by which to set my course."[31] In a discussion on Brecht, Benjamin defends the use of certain oblique paths that delve deeply into history to arrive at its antipodes: to enter from the side of the capitalist society, excavate its site, cross it, and leave by its own opposite side.[32]

Benjamin's "barbarian moment" must also be understood in the context of his line of thought which, being based on Marxism, sought to empower art's emancipative function through the use of modern technology. However much technical reproducibility might be in the service of capitalism, the structural imbalances of the latter allow the productive forces it generates to be turned against it. In "The Work of Art...," but also in *The Author as Producer*, Benjamin shows that capitalism takes longer to change the cultural superstructure than its economic base; this time lag allows revolutionary possibilities of art technology to be identified, even if that technology operates within opposing infrastructural conditions. Located thus, fighting barbarism with its own weapons does not sound so unreasonable, and neither is it outlandish that the Marxist Benjamin should celebrate capitalism's seizure of the aura or even its conversion into a commodity. At this point it may be useful to remember the double

---

30   Walter Benjamin, *Charles Baudelaire: A Lyric Poet in the High Era of Capitalism*, Verso, London, 1997.
31   Walter Benjamin, *Philosophy, History, Aesthetics,* Gary Smith (ed.), University of Chicago Press, Chicago and London, 1989, p. 43.
32   Walter Benjamin, "Conversations with Brecht" in *Understanding Brecht,* Verso, London, 1998.

mission Benjamin ascribes to art, which, on acting as an expression of a historical circumstance, clears the ideological torpor that clouds its truth and offers clues, fragmentary indications, for unmasking the face of an emancipative political project.

REVELATIONS

Although Brecht does not deal with art separately and systematically, it occupies a central position in different areas of his wide-ranging thought. Utilising an extreme simplification —only justifiable in this text as an isolated discursive resource— the issue can be formulated in the following way: to the extent that its images (its forms) represent the truth of a world (its content), art acts as the symptom of a historical reality and allows its vulnerable flanks to be identified in that reality which makes change possible: the awakening of the collective consciousness and the possibility of redemption. In this way, art is not only a representation or expression of truth content but also a condemnation of what is revealed and the beginning of its own sacrifice and salvation. I would like to use the work of Ana Lucas to address (minimally and schematically) two periods: the baroque (discussed by Benjamin in *The Origin of German Tragic Drama*) and modernism (dealt with mainly in *The Arcades Project*).[33] Despite their differences, both periods dissipate the illusion covering the truth of history in order to reveal its content and, so, redeem it. In the baroque period, art represents an image of the world; in capitalist modernity, it expresses its material conditions, the infrastructure of the modern. In the former case, artistic representation allows

---

33 Ana Lucas, *El trasfondo barroco de lo moderno (Estética y crisis de la Modernidad en la filosofía de Walter Benjamin)*, Cuadernos de la UNED, Madrid, 1992.

art to turn against what it represents and regain the meaning of life among the petrified remains of history; in the latter, the form of expression of modernity encourages the "awakening" from the somnolence produced by modern phantasmagoria and opens itself to the possibility of revolutionary action. In both cases, art encourages a Utopian sense and appeals to a messianic dimension. The whole of Benjamin's critical work, according to Lucas, is centred on "a truth which has to be sought among the ruins of history, on the awakening of the phantasmagorical objectification of the modern world, and on the redemption of the defeated."[34] Thus, phenomena must be reconnected with their origins in order to regain their essential truth, removed by ideology. This demand for truth gives Benjaminian aesthetics a strong ethical dimension.[35]

The revelation which art produces (and which Benjamin calls *representation* in the former case and *expression* in the latter) fulfils all the stages of aesthetic representation: it involves the movement of images capable of summoning up the hidden meaning of the world. But, according to the economy of representation, this truth does not docilely answer the summons, nor does it appear fully in the historical scene.[36] Ever incomplete, broken up, baroque allegories wander aimlessly, disturbed by lack, in contrast to the forms of the symbol which confidently set out to rescue content and discover it

---

[34] Ibid., p. 170.
[35] See the above author's development of the theme. Ana Lucas, op. cit., p. 167.
[36] "From the point of view of the Baroque," writes Benjamin, "nature serves the purpose of expressing its meaning, it is the emblematic representation of its sense, and as an allegorical representation it remains irremediably different from its historical realization." Walter Benjamin, *The Origin of German Tragic Drama*, Verso, London, 1998, p. 170.

intact.[37] Hence, the dialectical synthesis of allegory "should not be considered so much as a peace as *tregua dei* between the two opposed positions."[38] Neither do the dialectical images (modern version of baroque allegories) succeed in conciliating their contemporary oppositions or dissipating the fogs that distort those times: taking their direction from traces, echoes, remains, entangled in the objectification they express, like short streaks of lightning, they will illuminate the twilight scene of modernity.

But the idea of representation that Benjamin explores is essentially anti-aesthetic. In *The Origin of German Tragic Drama*, allegory "declares itself to be beyond beauty"[39] and manifests itself in the enigmatic figure of the death's head; lacking expression and formal classical beauty, it connects the most crucial point of meaning with the idea of death.[40] In the commentary on Goethe's *Elective Affinities*, aesthetic appearance is frozen through the concept of the *inexpressive*, which paralyses live beauty with cadaverous rigidity and results in the sublime (a theme which, once again, refutes the "totality" and "unity" of the symbol, conceived of as the appropriate manifestation of a truth). The notion of the *inexpressive* impedes representation being posited in the metaphysical terms of essence-appearance and, therefore, the action of a covering/uncovering veil of an essential truth. "So, in the face of all that is beautiful the idea

---

37 "The desire on the part of (allegorical) writing to safeguard its own sacred character... drives it to the formation of complexes, to hieroglyphs... It is hard to imagine anything so fiercely opposed to the artistic symbol, to the plastic symbol, to the image of organic totality, than this amorphous fragment which is the allegorical graphic image." Ibid.
38 Ibid.
39 Ibid., p. 178.
40 Ibid., p. 166.

of the revelation of a mystery becomes the impossibility of revealing it. This is the idea of art criticism."[41] But to the extent that criticism has the task of interpreting the "truth content" of the work, it must be destructive: "criticism is the mortification of works" whose aesthetic appearance it must abuse to recover the essence.[42]

THE AURA

We shall now return to the aura after a brief digression, made to suggest, not expound, the complications of the line of thought in which this theme must be considered. The model of art used by Benjamin is clearly auratic. Beautiful appearance is attacked, but its suffering has a redemptive sense of essential truth. That sacrificial operation involves a distance with respect to the object, and the unrepeatable appearance of truth. Both allegory and dialectic images debate the organic exactitude of the symbol (the auratic figure par excellence), but the distance between the image (the images) and the thing is not removed: rather, it is widened by its own constant metonymic drift, by so much dispersion and signifying excess, so much stampeding of erratic expression.

Backed up by the concept of representation, Benjamin, thus, works with an auratic conception of art. However, condemnation of the aura is quite common in his line of thinking. As has been shown, this is explained not only by the oscillations of his thought, but also by the daring of his strategies. But it is also justified by the paradoxes

---

[41] Quoted in Winfried Menninghaus, "Lo inexpresivo: las variaciones de la ausencia de imagen en Walter Benjamin," in Nicolás Casullo et al., *Sobre Walter Benjamin. Vanguardias, historia, estética y literatura. Una visión latinoamericana*, Alianza Editorial, Goethe-Institut, Buenos Aires, 1993, p. 46.

[42] See Vicente Jarque, op. cit., p. 94, from which the above concepts have been taken.

of his times. Given this, the extinction of the aura can be considered not so much a lapse caused by Benjamin's many contradictions or a desperate broadside, but as a political manoeuvre –risky, of course– which allows for the visualisation of certain fundamental issues in contemporary art.

With the sharpness of his long-sighted gaze, Benjamin was keeping watch over the situation in which we today find ourselves, where the cultural industries have hegemonised aesthetic production to the extent that art is exiled from its own space and, so, exposed to the predicament of dissolving into the harsh outside world. It may be possible to explain the dilemma of contemporary art in the following way: if it accepts a globalised aestheticist format, it exposes itself to the danger of sinking into the tepid tides of commodities; but if it decides to renounce the formal protection of beauty, it runs the risk of breaking up into pure concepts. Either it accepts the *splendor formae* the market holds out to it or resigns itself to wander –faded and dull– through strange lands. Apocalyptic or integrated: the dilemma set out by Eco at the end of the 1960s is still perfectly valid, and it is a difficult one to get around. It is not so easy to simply decree an opening of the borders between "high" and "low" culture. If the preservation of erudite aesthetic autonomies encourages elitist disdain of "inferior" forms of art, the hasty celebration of multicultural hybridity puts the difference underlying globalised promiscuity at risk. No, the issue, then, is not so simple. It requires political inscription, reference to the collective construction of history. The destructive solution proposed by Benjamin has a politically constructive sense: it offers the possibility of action and historical transformation, it gambles on new revolutionary conditions of the production, distribution, and consumption of art which promote an increased closeness to the masses and, therefore, involve the dismantling of the erudite tradition of aesthetic reception (secluded, individual, unique, distant, specialised).

Benjamin surveys the scene which modernity is constructing around him and is excited by the new sensibility brought about by technological transformation. Susan Buck-Morss outlines Benjamin's position in the context of the urban-industrial landscape by opposing it to that of the Romantics and Surrealists. The former sought a solution in traditional pre-industrial culture "rather than the creativity of industrialism" on which Benjamin laid his hopes.[43] For their part, the Surrealists believed in the creative potential of the "marvellous and mythic" capitalist industrial culture, but ran aground on their dreams and did not, as did Benjamin, attempt to wade across by means of awakening. "Benjamin's goal was not to represent the dream, but to dispel it."[44] He knew that, in the hands of capitalism, the revolutionary possibilities of technology are blocked off, so, referring to the case of film (the paradigm of technical reproduction), he writes: "So long as the movie-makers' capital sets the fashion, as a rule no other revolutionary merit can be accredited to today's film than the promotion of a revolutionary criticism of traditional concepts of art."[45] But he does not renounce activating the possibilities to be found in the collective re-appropriation of technology, possibilities which lead in the opposite direction from the paths of capital.

---

[43] Susan Buck-Morss, *The Dialectics of Seeing: Walter Benjamin and the Arcades Project*, MIT Press, Cambridge MA, 1989, pp. 255-256.
[44] Ibid., p. 261.
[45] Walter Benjamin, "The Work of Art...," op. cit., p. 231.

The affirmation of a different direction from the one indicated by capitalism marks a fundamental political shift: it demands contestation of the new tools which will make emancipation possible. According to Benjaminian logic, each present moment incubates the conditions of its own future, the meanings of which must be found by clearing the mists of ideological illusion. But not every mythically veiled situation is right for every moment: in Benjamin's time the powers of the aura do not deserve to be rescued because the bourgeois (contemplative and individualist) forms of perception they mobilise are incapable of leading to action. But the dream of reproducibility gives refuge to revolutionary energies which justify its awakening: they promote forms of mass aesthetic reception, different forms based on disjointed images and the distraction caused by the stimulus of shock. The self-absorbed, serious ritual of auratic perception is followed by a new *sensorium* which connects nerve tissue and imagination and, through this link, triggers action.[46] The art/technology alliance makes the artist into a producer, it spreads specialisation and topples the privileges of erudition.[47] So, "art has left the realm of the 'beautiful semblance'"[48]: it has dissipated the luminous breath of the aura. The removal of auratic distance allows

---

46   In Benjamin's words: "Only within it, when body and image realm so interpenetrate that all revolutionary tension becomes bodily, collective innervation, and all the bodily innervations become revolutionary discharge, has reality surpassed itself to the extent demanded by the *Communist Manifesto*". Quoted in Susan Buck-Morss, op. cit., p. 270.

47   "It is inherent in the technique of film... that everyone who witnesses its accomplishments is somewhat of an expert," writes Benjamin; and later, referring to the democratizing possibilities of the press: "Thus, the distinction between author and public is about to lose its basic character... the reader is ready to turn into a writer," becoming an expert and gaining "access to authorship". In "The Work of Art...," op. cit., pp. 231-232.

48   Ibid., p. 230.

the masses to become the subject of new aesthetic sensibilities and critical attitudes. "Mechanical reproduction of art changes the reaction of the masses towards art. The reactionary attitude toward a Picasso painting changes into the progressive reaction toward a Chaplin movie," and this occurs because, on cancelling that distance, film allows the masses to hold a critical, fruitful attitude which, in elitist art, is reserved for experts.[49]

The Benjaminian Utopia, therefore, allows sacrifice of the aura to be inscribed in an emancipative, messianic worldview. And although Benjamin says little on the subject, his interest in forms that have grown on the margin of the models consecrated by the Fine Arts allows a breath of fresh air to enter those stale confines. Benjamin takes everyday images, street sensibility, the aesthetics of minor genres, seriously. He stops in front of advertising hoardings, gives himself up to the fetishised charm of the object as commodity, the seduction of its "profane" collective iconography: fashion and design, architecture, mass media, advertising. He trusts in the electric force of the rhythm of the city, its uneven pulse, and its powerful voice. He is in tune with the alternative tastes generated by film and photography; he has no problem with the metonymic wandering of the copy, with indexical rhetoric. He likes the irreverent spirit of all that is peripheral, fragmentary, residual. In short, he finds himself at a crossroads of a certain contemporary aesthetic consciousness, in love with technology but unhappy to know it is in the hands of capitalism. It is this uncomfortable position that again and again renews his thinking and makes it relevant to the spirit of present-day opinion.

---

49   Ibid., p. 234.

In his analysis of the disagreement between Adorno and Benjamin on the value of mass culture, Albrecht Wellmer holds that the perspective of the former not only expresses a valid critique of the cultural industries, but also a "traditional prejudice" that prevents him from recognising the contribution of the Benjaminian position. Although less engaged theoretically, this position allows Benjamin to explore without fear of contradiction and identify the aesthetically new which forges a route through such contradictions.[50] "In Benjamin's analysis, there is, at very least, an insinuation of the potential of the modern art of the masses –from film to rock music– that Adorno was unable to see."[51] Many alternative and non-conformist tendencies have started from this point, and, though they have moved beyond its orbit, their imagery feeds on mass culture.

It is reasonable to suppose that Benjamin would not have remained optimistic in the context of contemporary mass cultures, when, co-opted by capital, the main forms of technical reproduction have become the cornerstones of global cultural hegemony: design, architecture, mass media, the cultural industries in general, act as great transmitters of the vapid aestheticism of transnational markets, as the official sources of present-day aura-lite. And although it would be a serious error to deprecate the technological, aesthetic and political (not to mention economic) possibilities of the culture industry, it is now difficult to find there (as in culture in general, perhaps) consistent principles of emancipation or autonomous support for critical art and thought. We have arrived again at the old dilemma: to be shocked by mass culture reveals reactionary elitism;

---

50   Albrecht Wellmer, "On The Dialectic of Modernism and Postmodernism: The Critique of Reason Since Adorno," in *Praxis International*, Vol. 4, N° 4, 1989.
51   Ibid.

simply celebrating it expresses a dishonourable capitulation or, at very least, an unclear temporary arrangement. (The fact is that the global scene does not allow external positions: even challenges to it have to be made within the borders of the challenged territory. And this loss of an inside-outside reference disorientates even the most resolute progress).

Given these serious dilemmas, Benjamin's contribution should be seen as a political gaze set before the contradictory situations of each historical present (swollen with past, trembling with reflections of the future): "In every era the attempt must be made to wrest tradition away from conformism that is about to overpower it,"[52] he writes in "On the Concept of History." The gaps between technology and infrastructure allow the "awakening" of any situation to its latent liberating possibilities. The basic requisite for the completion of such a task is its collective quality; its inscription in a political project. From there, "redemptive" (in the Benjaminian sense) furrows can be ploughed in the territories occupied by the pure logic of capital. One indisputable fact is that the aura goes on shining and, so, guarding its distance and summoning the gaze. It does this through flickering universal screens, tame reflections and the minor splendours of global showcases; through neon signs and newsflashes, the marquees and commercial breaks of spectacle. It goes on operating from the spotlights of museums and galleries. And it goes on acting as the glint of cult value, even in certain pirated objects of forgotten cultures. In many cases, it continues to be a nostalgic sign of origin and the stamp of authority: the lustre of

---

[52] Quoted in Andreas Huyssen, *After the Great Divide: Modernism, Mass Culture, Postmodernism,* Indiana University Press, Bloomington and Indianapolis, 1987, p. 161.

a bourgeois trophy. In others, it becomes a brief lightning flash of silence, a luminous indication of the being in retreat.

Under the following subheadings, the various scenarios in which the radiant distance of the aura occurs will be considered in order to examine how that distance offers possibilities for directions opposed to those utilised by the market. The choice of these diverse scenes in which the aura occurs in contemporary society corresponds to a discursive resource rather than a logical, qualifying criterion: the spaces of many of them overlap and at times they become confused. In fact, it is almost impossible to maintain the partitions between old administrative divisions whose boundaries –pushed by the promiscuous spirit of the times and the forceful arguments of globalised reason– are increasingly weakened by overflows and mingling.

MASS AESTHETICISM. The situation: the autonomy of art flounders in the diffuse empire of the image, outside any emancipative programme. The neutral aestheticism of the cultural industries, mass media, industrial design and advertising –in its multiple modalities– displaces the distance between everyday reality and aesthetic experience and once again sets the aura, the new principle of display, in the centre of transnational showcases. Glowing with aura, the commodity guarantees the distance of the object, emphasises its form and invests it with desire, covers the signs of its materiality, and guarantees the space of the gaze.[53] This context concentrates and exacerbates the faults of a model which, to the extent that it is

---

[53] Terry Eagleton refers to the polite character of the commodity "which lovingly returns the gaze of every potential customer while secretly maintaining a frosty indifference to them," in *Trouble with Strangers: A Study of Ethics*, John Wiley & Sons, Chichester, 2009, p. 73.

hegemonic, is present to a greater of lesser degree in all others (from which it is not, of course, divorced).

Proposal: in this promiscuous scene, the task is to find opportunities for resistance; to imagine new modes of critical and creative appropriation of mass imagery and its innovative technologies. The task is, in the end, to utilise their democratising possibilities. And this cannot be done without the counterpart of favourable historical conditions, in the framework of collective projects and with the guarantee of State policies.

OTHER FORMS OF REPRODUCIBILITY. Partly coinciding with mass media, is the more restricted space occupied by information and communications technologies. The emergence of these technologies causes an abrupt change in the area of reproduction and, therefore, the aura. As Foster points out, there is a difference between the era of mechanical reproduction of the 1930s, the cybernetic revolution of the 1960s, and the technoscientific and technocultural revolutions of the 1990s.[54] The reproducibility that operates via information and telecommunication networks has a new logic: in a multimedia setting, the relationship of the original to the copy (supposing that it is possible to maintain a distinction between the two terms) involves completely new modes of representation which do not annul the subject-object movement, but do displace it: the invocation of the absent –the basis of representation– occurs on new bases of materiality, new assumptions about virtual reality, and new codes of (pure) visuality. The system of production and reception also changes; the concept of contemplation is disrupted and the notion

54   Hal Foster, op. cit., p. 218.

of public participation acquires a different meaning. According to the Benjaminian prognosis (and project), mechanical reproduction cancelled the distance of the object and dissolved the aura. So, what happens to the multiplication generated by the electronic revolution in the setting of information and communication industrialisation? Brea maintains that, although disturbed by the change in register of reproducibility, our present era has not lost the aura: if the expectation of the return of the gaze is a basis of reproducibility, it will naturally survive in a space where the media sets up a "large window/screen that articulates all gazes"[55]: "more than ever before, the work of art behaves like a magnet to our submissive, adoring eye."[56]

But something important has changed: the aura no longer singles out certain objects (first religious, then artistic) for privilege, but labels everything that circulates in media channels (this is one of the principles of generalised aestheticisation). In other words, the aura no longer emanates from the object but is the result of its public circulation.[57] In contrast to Benjamin's diagnosis, reproduction does not dissipate the aura: it limits itself to lowering its temperature. Cold auras, those that impregnate the mediatised object, do not now indicate an autonomous territory or a cultured or privileged relationship, "but the full recognition on the part of aesthetic knowledge of any other order of event, in its *media* administration."[58]

---

55 José Luis Brea, *Las auras frías. El culto a la obra de arte en la era posaurática*, Anagrama, Colección Argumentos, Barcelona, 1991, p. 40.
56 Ibid., p. 41.
57 "The aura now appears as nothing more than an electrostatic effect, the fruit of pure public broadcast that is imprinted on it by the quasi-ubiquitous circulation of its reproductions". Ibid.
58 Ibid.

Can the computerised, multimedia aura re-establish itself and return to the notion of critical action? The possibilities of doing so depend on the degree to which it can avoid its instrumental fate and link itself to a political programme for the circulation and reception of auratised products. The technological input and communication resources which illuminate, however coolly, a certain area of contemporary production can encourage critically expressive and analytical operations, promote alternative habits of participation and consumption, and foster resistance strategies against total, indiscriminate aestheticisation. As in any other historical moment, technological transformations offer new opportunities for complexifying experience and stimulating sensibility. But they simultaneously carry certain new risks related to the impoverishment of experience and loss of sensibility. While it is the law of capital which guides these changes, their critical use will require skilful negotiation and tough political argument focussed on meaning.

OTHER AURAS. In the process of consolidating its autonomy, says Benjamin, art separates itself from religion and magic but, on doing so, seizes the secret of primitive cult, whose objects –heavy with numinous power, throbbing with mystery and desire– manifest themselves, unreachable, in a unique experience. Separated from functions and beliefs, the new art reformulates the aura according to the demands of its newfound autonomy. From that point on, auratic irradiation is based not on the fascination of the consecrated circle, but on the spell of the separated scene, on the charms of autonomous appearance. The aura now derives from the synthesis and organic nature of forms, the uniqueness, authenticity, and originality of the work, from the genius and transgressive impulse of its creator, the modes of its technical execution, and the conditions of its circulation and institutional inscription. These features —absent from cult— go on, abusively, to set themselves up as essential attributes of modern aesthetics and a canonical, universal model of art.

This displacement of the aura changes the scope of what can be considered artistic and reinforces the privileges of its liberated realm. In classical Western art theory, this is seen as part of an obscure coincidence of two moments: the aesthetic (that of form: the scene of sensible appearance, the place of beauty) and the poetic (that of content: the lightning flash of a sign of the real, the bloom of a subtracted truth). But the complexities of hegemony produce a conjuring trick when it comes to dealing with the definition of the artistic. What can be considered art, then, is not defined on the basis of that coincidence, sign of all that is traditionally understood as art (be it pre-Columbian or Assyrian, African or European), but on the fulfilment of the requirements of modern aesthetics. The characteristics of the term "art," then, are related to those which define a specific historical model of artistic production. In other words, although modern philosophy of art proclaims that such production is a human universal, in fact, the only system to which it clearly grants the title of "art" is produced in Europe —and later in the United States of America— during a brief period (roughly the 16th to 20th centuries).

Nothing can be described as artistic production which does not share the features of that system: formal autonomy, innovative rupture, and the uniqueness of the work. The aura —the distance that makes the object radiant and desirable— is committed to such characteristics. All this disqualifies any artistic practice produced outside the programme of modern Western art.

I would like to refer here to certain indigenous art forms, since they are most closely related to the conservation of the cult aura. In the gaze of modern art, such forms are acts of craftsmanship, folklore, "intangible cultural heritage" or "material culture" they do not meet the requirements of modern formal autonomy: they are not autonomous, are not useless, in the Kantian sense; they are committed to archaic rites and prosaic functions, they are bogged down in the density of their turbid histories and burdened by the materiality of their mediums and the processes of their rudimentary techniques.

The dichotomy that exists between the grand system of art (fruit of a noble creation of the spirit) and the circuit of minor art (trade products, testimony to simple beliefs) consecrates the realm of that system. On the one hand, the territory of art falls into the possession of superior truths, which are freed from the conditions of production that mark craftsmanship, and from the liturgical expedients demanded by the barbarian cult. On the other, they become the secluded reserve of the artist as genius, as opposed to the ingenious, practical artisan or the superstitious, impassioned tradesman. I will not mention here the dynamics of form in indigenous and popular systems of art or the use of these rather unclear and, moreover, dangerous terms, since such matters would only defer the line of argument I now intend to set out.[59] It would be better, therefore, to set those thorny terms to one side and confront

---

[59] For a discussion of the terms "indigenous art" and "popular art," see my earlier works: *El mito del arte y el mito del pueblo*, RP Ediciones and CAV-Museo del Barro, Asunción, 1986; *Misión: etnocidio*, Comisión de Solidaridad con los Pueblos Indígenas, Asunción, 1988, and *La belleza de los otros (arte indígena del Paraguay)*, RP Ediciones and CAV-Museo del Barro, Asunción, 1993.

the heart of the issue of the origin of the aura: cult. It appears that those cultures running parallel to the flow of modern art, those same cultures whose most intense expressions are grudgingly granted the splendour of the universal aura, are the very ones that conserve the proto-aura, the original one, linked to complex ritual forms that are the props of the social world and suspend it over the essential distance that keeps representation open in the face of the impossibility of naming the real (and the desperate need to do so).

The scene of ritual representation is marked out by a finely drawn circle. When they enter it, people and objects are bathed in the luminous distance that involves being from the other side, beyond the possibility of being touched, out of the reach of ordinary time and ordered meaning. The –unrepeatable– manifestation of something occurs under the protection of a distance, however small it may be: from this side of the line marking the ceremonial space, men, and things are defined in terms of their names and functions: they are no more than profane utensils and a sweaty, expectant throng crowded around the stage. On crossing the invisible line that maintains the distance and opens the game of the gaze, objects and men are split apart. No single one now coincides with itself and, beyond itself, becomes a celebrant, god or sacred element. What has auratised them?

That question leads to two almost always intertwining paths which are, with some hesitation, followed by art in general: the path that makes a change in the concept and the one that privileges appearance. (That is, the synchronic vertical axis and the diachronic axis, to simplify a topic that should not be simplified). So, faced with the question of what has auratised the people and objects who appear, radiantly, on the ritual scene, one route leads to the following response: they have been auratised by the fact of *knowing themselves* to be placed inside the circumference of what separates them from the everyday world and offers them to the gaze. This is a long path which, stretching the terms a little, could be classified as conceptual. Conceptual in the sense that it coincides with, for example, the route opened up, or instated, by Duchamp: it is the notion of the inscription of objects which auratises them, whatever their expressive or formal values. Outside the circle established by the museum or gallery, the urinal or the bicycle wheel do not shine, do not distance themselves, do not exhibit themselves to the gaze: they signify nothing more than the thing marked by their prosaic functions. Here beauty has no place: only emplacement matters. Distance is marked by the concept.

I would like to offer some examples from my own country in order to retake this path in the context of indigenous culture. I will specifically refer to cases related to the ethnic groupings on which I have worked systematically: the Guarani linguistic family, to be found, fundamentally, in the Eastern Region of Paraguay, and the Ishir (Chamacoco) group, belonging to the Zamuco linguistic family, found in the jungle regions of the Paraguayan Gran Chaco.[60] In addition to the rhythm of the masculine maracas, and with the tremulous background of collective song, the Ava Guarani feast,[61] *jeroky ñembo'e* ("dance-word"), requires the percussion

---

[60] I have explored these topics in two specific texts: *La belleza de los otros*, mentioned above, and *The Curse of Nemur: In Search of the Art, Myth and Ritual of the Ishir*, University of Pittsburgh Press, Pittsburgh, 2007. Many other cases of ritual auratisation can be found there.

[61] Two clarifications are necessary in relation to the use of indigenous terms. Firstly, this text respects the convention of using the singular form of the names of ethnic groups, on the assumption that they have their own systems of

accompaniment of the *takuapu*, the booming rhythm sticks used by the women. These thick pieces of *tacuara* (a bamboo-like plant) need no adornment: they shine splendidly as soon as they enter the scene of the dance and share the superior qualities of the original stick, called *takua rendy* (literally: "blazing *tacuara*"). Many profane objects, such as beeswax candles, figures of sky-blue birds carved in wood, and small baskets holding cult objects are filled with distance and an exceptional quality –acquire auratic energy– on being hung from the framework of cedar branches which makes up the altar, called *amba*.

Among the Ishir, the great annual ceremony, *debylyby*, renews time, the bases of meaning, and negotiation of the social pact. It is a complex rite: in one part, the men dress up in clothing and other articles provided by the women to trick them by taking the place of the gods the men themselves have killed. These articles are domestic items only made by the women: skirts, hammocks, mats, baskets woven from the fibres of bromeliads named *caraguatá*. When these undistinguished articles enter the *harra*, the scene of the ceremony, they are no longer ordinary baskets, mats, and hammocks, but ostentatious pieces of ritual costume: part of the divine investiture and, as such, they are filled with *woso*, the potent energy of the numen which, in its extreme form, acquires the energy, beauty, and the brightness of a lightning flash. (And its destructive power, of course.)

The second path is that of the sensible form: in this case beauty is the auratising factor, the principle which maintains distance, veiling objects and people with the resources of appearance and,

---

pluralisation. Secondly, in the case of Guarani names, the final vowel is stressed: for example, ava has stress on the final a.

so, removing the immediacy which obstructs the work of the gaze. In the cultures considered here, aesthetic forms are not separated from other forms which articulate the social whole (economic, religious, political etc.), but they exert pressure from within by their own strength and serve as forceful arguments for reinforcing various aspects of collective activity. Here, there is no aesthetic autonomy, but there is an aesthetic moment. An intense moment, but one which is contaminated by trivial, utilitarian functions or exalted cultural ends, tangled with residual unknown forms, darkened at borders which will never coincide with the sharp outlines of a pre-artistic notion. Beauty goes beyond harmony and aesthetic fruition: it awakens the dormant potential of things and clothes them in surprise and strangeness; it distances them, shatters their ordinary presence and wrenches them from their habitual setting in order to confront them with the inconclusive experience of the extraordinary.

In these cases, the contours of religious beliefs and mythical figures that breathe life into the ritual representations are retraced by the manipulation of sensibility and the management of forms. The most vivid images and seductive colours, the lights, compositions and the unsettling figures, assist in making the world show itself in all its complexity and with its shadows; display itself in its radical uncertainty, suspended over the primal questions: those that know no answer. In Guarani culture, cult objects and participants are auratised by means of the intense sign of the feather. Covering or marking the person or ritual equipment with feather ornaments confers them with a special dignity, and opens them to a transcendent dimension: separated, exalted, the body and things emit a halo of meanings veiled by lay routine. The shamans' diadems are mainly adorned with yellow and red macaw feathers, hues which relate to essential concepts in Guarani culture: the brilliance of the sun, the golden ripeness of maize, the red glow of the flames that prepare the new grounds for planting, and the flash of divine lightning. The aura is basically conceived of as a splendid manifestation, in some cases a flame producer. The *akangua'a*, the crown of the Ava Guarani, is anointed, using the feathers, with the golden powers of the Sun; the Sun who made the crown to confront the ominous, mythical jaguar, striking it down with its rays.[62] Among the Païs Tavyterã, another Guarani group, men and women wear a forehead diadem in ceremonies which is called *jeguaka*. It is made of feathers, the glowing colours of which share the regal attributes of divine powers; *vera*, shining brightness of lightning; *rendy*, the light of flames; *ju*, golden splendour of the sun and *ryapu*, the sound of thunder.[63]

In all these cases auratic splendour displays ontological dimensions[64] and transcendental faculties. Among the Mbya-Guarani, the female ceremonial garland, called *jasuka*, etymologically signifies a source of revelation, an act of showing and the epiphany of something which auto-manifests;[65] in other words, it designates the mo-

---

62 Miguel Bartolomé, *Shamanismo y religión entre los Avá-Katú-Eté*, Instituto Indigenista Interamericano, Serie Antropología Social, 17, Mexico, 1997, pp. 37 and 51.

63 Bartomeu Melià and Georg and Friedl Grünberg, *Los Païs-Tavyterã. Etnografía guaraní del Paraguay contemporáneo*, Centro de Estudios Antropológicos de la Universidad Católica, Asunción, 1976, p. 43.

64 The aura, here, has a foundational sense; according to the grave Païs ritual song, our Great Grandfather, The First One, says: "through the intermediary of the brightness of jeguaka, I made this earth grow larger; through the intermediary of the flames of jeguaka, I made the earth grow larger...." Fragment of a Païs text compiled by Marcial Samaniego and translated in to Spanish by León Cadogan, in Augusto Roa Bastos (ed.), *Las culturas condenadas*, Siglo XXI, Mexico, 1978, pp. 266-267.

65 Félix de Guarania and Angélica Alberico de Quinteros, *Lo sagrado en la cultura guaraní*, Arandura/Colihue-Mimbipa, Asunción, 2000, p. 67.

ment of the phenomenal appearance of something that is located beyond itself. The Ishir lavishly adorn their bodies and the objects used in rituals. Body painting inflames the skin, puckers and glorifies it. Once again: beauty does not have an absolute value; it serves as an assertion of other truths. According to the great Ishir myth, the first women were seduced by the gods due to the attractiveness of their colours and the designs of their magnificent skins. Through *splendor formae,* the women gained access to experience of the supernatural. As has been mentioned, in Ishir terms, the auratic principle can be related to *woso,* the power that tenses and shakes things and makes them stand out against the backdrop of dark essential meanings. *Woso,* the great power, at times manifests itself in the form of lightning or even thunder, by means of images tensed with beauty, weighed down with anxiety: as with any extreme power, it can signify both a benefit or a threat. *Ashnuwerta* is the great Ishir goddess. Her name literally means "The Lady of Red Brightness" and she is associated with the concentrated, glowing powers which animate and destroy the indigenous cultural worldview. Her stage costume is designed for spectacular effect: her complex feather finery —depending on the occasion, this can include ankle bands, skirts, bracelets, neckbands, bandoleers, coifs, and garlands, sometimes heaped one atop the other and liberally covered with feathered rods— reinforces the provident appearance of her many powers based on a magnificent model of a radical aesthetic project. Off stage, the preparation of the goddess's ceremonial finery and that of her retinue goes on for hours, but the figures offer themselves to the gaze for only a very short time.

I would like now to mention one last case which offers a good illustration of the process of beauty among the Ishir. In the final phase of the great annual ceremony, the officiants bind together, around a thick rope, all the ritual feather objects with fiery colours. With these items, they construct a form of luxuriant mallet which will be spun around rapidly during a strange dance. The large, brightly coloured feather artefact is known as *kadjuwerta*, a term which means "blazing discharge of power" and suggests the explosive manifestation of an unbearable presence. This imposing conjunction creates a situation capable of absorbing, condensing and later freeing —with the strength of a flash of lightning— the power accumulated during the long development of the sacred period of time.

In so far as it exceeds everyday experience, the concentration of such extreme power and blossoming of such intense beauty become an overflowing matrix of vital impulses, but also an inevitable, destructive principle. This tense ambiguity, an attribute of all that is numinous, requires the piece to have a disturbing appearance and a radical distance. During the time that the dance lasts, it cannot be touched (it has to be spun in a windmill fashion above the head without touching the body) and can only be looked upon by adult male initiates: the women are not present at this ritual and, while it is in process, the children and young people throw themselves to the ground, cover their eyes with their hands and press their faces to the earth in fright.

The *kadjuwerta* necessitates a lowering of the eyes, in the Lacanian sense: it is impossible to hold a gaze that dazzles with the fearful reflections of concentrated reality. The fact is that whatever is numinous is marked by the unease produced by an attempt to symbolise a fundamental but unnameable experience. "The sacred is the real par excellence," says Mircea Eliade;[66] the real, to the extent

---

66   Mircea Eliade, *The Sacred and the Profane*, Harper Torchbooks, New York, 1961.

that it is saturated with being, brimming over with representational acts. The sacred object, therefore, simultaneously produces fright and seduction: *mysterium tremendum et fascinans*, in Rudolf Otto's words.[67] When faced with the obligation to give an account of what cannot be revealed, art makes its signs more ardent. The enigma of the real is the principle of the aura.

DIGRESSION I. ARGUMENT IN FAVOUR OF THE AURA

I hope that this luminous diversion will help make it possible to argue in favour of considering alternative auratic models: to secularise the concept of the aura. In recapitulation: the aura was challenged by Benjamin as soon as it became an obstacle for the democratisation of art. But when instrumental globalised reason finally takes the baton of that lingering ideal, things become more complicated. True to its voracious vocation, the market wants to keep everything: it wants to blandly aestheticise the world by bringing all objects closer together, making them transparent products, attainable consumer goods. But it also wants to maintain the minimal distance needed by desire to operate smoothly: it seeks to preserve the glamour and "sex appeal of the inorganic," to employ Benjamin's own figure of speech. It is a complex, contradictory operation: diffuse aestheticism deploys, exhibits and approaches everything but, in doing so, is careful not to lose the appealing lure of seduction, the coquetry of regulated distance. It has to achieve a mild enchantment, a subdued delight, sanitised of the dark, perverse side of pleasure, an impact leaving no room for questions.

---

67   Rudolf Otto, *The Idea of the Holy*, Oxford University Press, Oxford, 1931.

Taking up again Otto's model, this sanitised, sparkling aura has to conserve the *mysterium fascinans* while also stifling the disturbance of the *tremendum*. That is, it must preserve the exciting moment of strangeness but abolish its other, distressing face: deactivate the sinister (*Unheimlich*) operation that threatens eradication and speaks the loss. This operation involves a trick: it makes the distance of representation vanish and proclaims the fulfilment of the impossible pledge to offer the object, freed from the threat of the other side.

With the thing exhibited in showcases, and redeemed from anything but the trivial surprises that make it exciting, re-conquering the dark place of art, regaining the deep subversion of excess and lack, the disturbance of difference —in short, the density of auratic experience— can be a politically rebellious gesture: a way of resisting the authoritarian levelling of meaning formatted in the logic of profit. Mario Perniola puts it more bluntly: "the vindication of the aura of works of art and the autonomy of symbolical worlds would take on today the meaning of social contestation because it would constitute the last defence with respect to the total and direct dominion of capital."[68] In fact, the autonomy of art has been annulled, and not with a view to liberating the creative energies constrained by the bourgeois canon. It has been done in terms of the new imperatives of global production which make the various factors involved in art (beauty, innovation, provocation, surprise, experimentation) the stimulus for information —an ingredient of advertising and the seasoning of spectacle. Clearly, what is posited here is not the restoration of the reactionary, idealist tradition of the aura, but an analysis of its alternative, resistant potential: the above examples of

---

68   Mario Perniola, *Art and its Shadow*, Continuum, London and New York, 2004, p. 49.

the aura linked to indigenous cult (art) only hope to demonstrate that the main features of that tradition are contingent and allow one to imagine other ways of defending enigma and maintaining the viability of the distinguishing, differentiating play of gazes.

The aura of indigenous art keeps open both a space for questions and the channel of desire without including the features which form the basis of the exclusivist privilege of erudite art: its individualist obstinacy, its longing for synthesis and conciliation, its all-embracing mission, its aspiration to uniqueness, the boast of authenticity or the dictatorship of the signifier. In ritual "primitive" art, the aura that distances the object veils its mysteries and snatches away its hermetic brightness, it has nothing to do with the blunt insolence of self-sufficient form. It limits itself to registering the silence of lack.

DIGRESSION II. THE AURA OF THE FOLK TALE

One of Benjamin's less cited texts has, to some extent, the same slant as this other interpretation of the aura. "The Storyteller,"[69] written in 1936, in the same year as "The Work of Art...," seems to hold a surprising debate with the latter work, and can be considered as its other face or, at least, its complement. The folk tale piously gathers together concepts stigmatised by technical reproduction: on the one hand, it involves the density of experience, the clarity of tradition, the value of epic narrative, and craftsmanship: on the other, the opening of the work to religiosity, a sense of the extraordinary and the prodigious that produces the enchantment of the world, the seal of the archaic, the inexplicable presence of eternity, the image

---

69. Walter Benjamin, "The Storyteller," in *Illuminations*, op. cit., pp. 83-109.

of man's interior being signed by death, the authority of the tale, and its potential for embedding the events "in the great inscrutable course of the world."[70] Everything Benjamin celebrates in "The Work of Art...," he laments in "The Storyteller:"the displacement of narrative vividness by the obviousness of information that has to explain and demonstrate everything;[71] the substitution of "the oldest forms of craftsmanship" by the advance of industrial technology;[72] the replacement of the "slow piling one on top of the other of the fine, transparent layers" which make up the "perfect narrative" by the clumsy "short story" that disdains oral tradition.[73]

Let us listen to Benjamin himself: "Just as a sequence of images is set in motion inside a man as his life comes to an end... suddenly in his expressions and looks the unforgettable emerges and imparts to everything that concerned him that authority which even the poorest wretch in dying possesses for the living around him. This authority is the very source of the story."[74] To sum up, what the author of "The Storyteller" proposes is an emphatic defence of the aura in all its plenitude and with its authority intact. Over and above the logic of the disconcerting swings and counter-marches that characterise Benjaminian discourse, it is worth addressing the meaning of that opposition. It appears to justify itself through the fact that the circumstances determining the bourgeois aura are different from those which frame the aura of the traditional story, which, being still in the charge of a narrator, is strongly linked to anonymous,

---

70. Ibid., p. 96.
71. Ibid.
72. Ibid., p. 91.
73. Ibid., p. 93.
74. Ibid., p. 94.

collective creative activity based on common experience.[75] The task of the narrator is that of a producer, a craftsman who exhibits the marks of his physical work: "traces of the storyteller cling to the story the way the handprints of a potter cling to the clay vessel."[76]

But another motive can be found for justifying the aura of the folk story: its reproducibility: "The cardinal point for the unaffected listener is to assure himself of the possibility of reproducing the story,"[77] and, with that, public availability. Eagleton offers strong reasons for the way "The Storyteller" "embarrassingly" celebrates the aura that Benjamin himself is dismantling in "The Work of Art..."[78] "The folk tale is indeed auratic," he writes, "but it also has the anonymity and anti-psychologism of epic theatre." And this lack of psychological connections leaves the reconstruction of the story to the reader or listener and provokes multiple readings. "The folk tale enables a new 'democratic' redefinition of the 'classic,' retaining auratic authority while inviting Brechtian *Umfunktionierung* or recycling."[79] What is stressed here is a fundamental concern in the work of Benjamin cloaked by the bourgeois aura: the moment of reception of the work.

---

75 "All great storytellers have in common the freedom with which they move up and down the rungs of their experience as on a ladder. A ladder extending downward to the interior of the earth and disappearing into the clouds is the image for a collective experience to which even the deepest shock of every individual experience, death, constitutes no impediment or barrier". Ibid., p. 102.
76 Ibid., p. 92.
77 Ibid., p. 97.
78 Terry Eagleton, *Walter Benjamin or Towards a Revolutionary Criticism*, Verso, London, 1981.
79 Ibid.

DIGRESSION III. THE PHOTOGRAPHIC AURA

The line of argument developed in the last point attempted to stress the notion that Benjamin's dispute is not with the aura, but with an ideological model of it which masks the technical and material conditions of the production of the work of art in order to remove it from history and present it free from original sin. The condemned aura is the one that emphasises "artistic perfection or taste"[80] so as to retouch the work with the effects of a complicit aestheticism: the same aestheticism that has now grown to the point of throwing a concealing cloak of harmonious appearance over the whole contemporary cultural landscape. Within this notably contemporaneous line of argument, it is worth understanding the explicit auratic quality Benjamin celebrates in certain photographs that manage to intensify the experience of the world by challenging the idealist canon, the empire of aesthetic form. Benjamin starts out from a scathing criticism of the notion of the divine artist "enraptured by heavenly inspiration" common in 19th century journalism: this notion expresses the "philistine's concept of *art*, to which any technical development is totally foreign." [81]

Throughout almost a whole century, theorists of photography failed in their attempts to refute this "fetishistic, fundamentally anti-technological concept of art;"[82] that is, they did not manage to disperse the aesthetic mists that cloud its material production and, therefore, its political affiliation. But Benjamin's anti-formalism should be considered not only in relation to the idealist aestheticism of *art for art's sake* (whose aura expresses self-sufficiency,

---

80 Walter Benjamin, "A Short History...," op. cit.
81 Ibid.
82 Ibid.

transcendence, and universality), but also the new aestheticism of the fashion industry (whose aura embellishes what it wants to promote), which forms the most serious threat to photography.[83]

Benjamin's anti-aestheticism (a position which, among many others, makes him so contemporary) is clearly expressed in the distinction he makes between "constructive" and "creative" photography. Freed from the whims of form, constructive photography turns back on the course of history and develops experimental and pedagogic content, while its creative counterpart, at the service of fashion, seeks only attraction and suggestion.[84] That is to say, photography becomes "creative" (expressive) when it ignores its own historical conditions and "has emancipated itself from physiognomic, political, scientific interests" in order to lose itself in beauty, become a fetish of fashion.[85] "The 'creative' principle in photography is its surrender to fashion. Its motto: the world is beautiful."[86] Benjamin rescues and defends the work of certain photographers whose anti-formal character frees them from the aura of "creative" aesthetic photography. However, as will be seen, the references that he makes to such works shows them to be clearly haloed by aura, laden with "magic value" and mystery, surrounded by silence, oppressed by the dark menace of what is and is not there.

---

[83] Avant-garde photographers "are to some degree assured by their course of development against the greatest danger of current photography, the tendency toward the applied arts". Ibid.

[84] Ibid.

[85] "The more the crisis of current social order expands... the more the creative principle... is made a fetish whose features owe their life only to fashionable changes of lighting". Ibid.

[86] "In it is unmasked photography, which raises every tin can into the realm of the All but cannot grasp any of the human connections that it enters into and which... is more a function of its merchandisability than of its discovery." Ibid.

It is, then, justifiable to postulate a certain neutrality of the aura: it is its political inscription that makes it a slight aesthetic glint or disquieting reflection of difference. The aura is the distance of representation, the distance that validates the ministry of the gaze and keeps presence at bay. It cannot mean the same thing in every situation. The distance that sanctifies and closes the work, and the illusory enchantment that illuminates the product in order to increase its consumption do not have the same meaning as lexical gaps or the resplendent subtraction of the real.

The aura Benjamin defends in the work of certain photographers is, then, that which does not utilise the effects of beauty in order to cover origins, it is the one that reveals the ghostly presence-absence of things in a sort of photographic blow-up effect. Consider the following comment on the work of David O. Hill: "something remains that does not testify merely to the art of the photographer Hill, something that is not to be silenced, something demanding the name of the person who had lived then, who even now is still real and will never entirely perish in *art*."[87]

For this reason, he writes further on, "Hill's models are certainly not far from the truth when they admit that to them 'the phenomenon of photography' was still 'a great secret experience....'" [88] Not yet contaminated by reportage, the photographed face "had a silence about it in which its glance rested." [89] Benjamin even shows himself willing to admit the presence of artistic genius in the photograph,

---

87 And if any doubt remains, he links this image to a poem. The quotation refers to the classic features of the auratic: "And I ask: how did that former being surround this delicate hair, this glance; how did it kiss this mouth, around which desire curls insensibly, like smoke without a flame." Ibid.

88 Ibid.

89 Ibid.

whenever it is at the service of "experiment and instruction."[90] Benjamin also reappraises the power of the counter-aura, the aura allied to difference, in the photography of Atget.[91]

He approaches the topic metaphorically: Atget had been a professional actor until he "took off his mask" and went on to "strip off the makeup from reality as well;" so "As a pioneer, he disinfected the sticky atmosphere" of the decadent aura that outlines the conventional portrait and reinforces the appearance of the personality to the detriment of its social inscription. From this, Benjamin goes deeper into his critique of the erudite aura. Here he becomes imperative: "Day by day the need becomes greater to take possession of the object —from the closest proximity— in an image and the reproductions of an image," the need for the "removal of the object from its shell, the fragmentation of the aura;"[92] that is, to dismantle the seduction of beautiful appearance and the myth of the unique, inaccessible article in order to defamiliarise the ordinariness of the medium, move it off-frame, and look in that ordinariness for clues to a complex event that takes places beyond itself. Atget's images, therefore, spurn grandiloquent panoramas to trawl the trivial details of an unsettlingly empty city: like the deserted scene of a crime, only inhabited by evidence. "These are the sort of effects with which Surrealist photography established

---

90 "In this sense – and only in it – can we still make sense today of the greeting which the rough idealist painter Antoine Wiertz offered photography in 1855." He is referring to the following judgment by Wiertz: "If you do not believe that the daguerreotype kills art... when... [it] has grown up, when all its art and strength have been revealed, then genius will suddenly slap a hand on the back of its neck and call out loud: here, you belong to me now! We will work together." Ibid.
91 Ibid.
92 Ibid.

a healthy alienation between environment and man."[93] Alienation (the *Unheimlich*) undermines the pleasantness of those details and, insidiously suggesting that the nearest, most familiar things harbour a non-coincidence with each other, is equivalent to our own split, through which the threat sneaks. Alienation: one of the names of the aura.

The auratising qualities of photography have shown themselves since its beginnings, on establishing a system of measurement of the gazes between the subject and the object. For this reason Benjamin concurs with Dauthendey's impression of daguerreotype portraits, which oblige him to lower the gaze for fear that "the puny little faces of the people in the pictures can see him."[94] In Benjamin's work, addressing the gaze, returning it, deflecting it, are basic movements of auratic choreography. Once again: the problem is not the magic of the aura: it is the ideological manipulation that magic hides. "The most exact technique can give its products a magical value which a painted picture can no longer have for us. However skilful the photographer... the spectator feels an irresistible compulsion to look for the tiny spark of chance, of the here and now, with which reality has, as it were, seared the character in the picture..."[95]

It is difficult to read this text by Benjamin without relating it to the concept of the *punctum* in Barthes. In *Camera Lucida*, Barthes distinguishes between two ways in which the photographic image of photography addresses the subject. The first is the *studium*, which opens up the scene over which the gaze calmly wanders, searching for the information which illustrates, clarifies, and historically con-

---

93 Ibid.
94 Ibid.
95 Ibid.

textualises what is shown.[96] The second is *punctum*, which scans the *stadium*. Related to the idea of punctuation and puncture, it suggests a short, fine cut, made by a sharp instrument, which shoots out to meet one and is linked to the notion of coincidence.[97] Barthes explains the mechanism in this way: "This time it is not I who seek it out..., it is this element which rises from the [photographic] scene, shoots out of it like an arrow, and pierces me."[98] "A photograph's *punctum*," he writes later "is that accident which pricks me (but also bruises me, is poignant to me)."[99] Like the "tiny spark of accident" Benjamin mentions, the *punctum* marks a stabbing thrust of the real: punctured, scorched by the thing, the image turns against me and, from the trauma of that meeting, it throws me a questioning gaze.[100] A silent, fundamental question, unrepeatable: unanswerable in being too elemental. And that terrible, sharp, auratic gaze filters in through the gash of absence, of the insuperable distance which allows the gaze to occur; the *punctum* is the sharp-edged irruption of difference, desire, death. "This imperious sign of my future death... challenges each of us, one by one;" so the interrogative gaze always refers to a personal, subjective experience, demands a "position of existence;" compromisingly, it brings within reach and hides a truth "for me."

---

96 Roland Barthes, *Camera Lucida: Reflections of Photography*, Vintage Books, London, 2000, p. 25.

97 In spite of the fact that Barthes uses the concept of punctum to represent the auratising mechanism, he sometimes also makes use of the "classic" representation of the aura as a luminous, ethereal irradiation: "the air is the luminous shadow which accompanies the body; and if the photograph fails to show this air, then the body moves without a shadow," and if the photograph cannot "supply the transparent soul its bright shadow, the subject dies forever." Ibid., p. 110.

98 Ibid., p. 26.

99 Ibid., p. 27

100 "Photography has the power of looking me straight in the eye". Ibid., p. 111

And, so, the aura is an unrepeatable manifestation, even when it affects an object capable of being reproduced a thousand times.

Barthes finally relates the auratic puncture of the real with madness. Photography is deranged by "a strictly revulsive movement which reverses the course of the thing"[101]. What happens is that the mechanism of representation, which names the object as soon as it is absent, manages to include the physical vestiges of its reality, and is then maddened.[102] True, the thing is not now there; *but it was*. It was there in some infinitesimal moment that was unable to retain its presence or splice it with the image. *But it was there*. The ghost appeared, it left traces, burned the surface of the photograph, left the print of its impossible being-there: for ever. And this ontological outrage is a threat, in the face of which society "is concerned to tame the Photograph, to temper the madness which keeps threatening to explode in the face of whoever looks at it."[103] It tries to aestheticise the image: to break it up into trivial, generalised images that "completely de-realise the world of human conflicts and desires under cover of illustrating it"[104] and "subject the spectacle to the civilised code of perfect illusions."[105] It is possible to interpret this attempt as a strategy of market-based global aestheticism: photography must be .treated, tamed: converted into pure *studium*, without cracks, depths or shocks. Without punctures. Without the

---

[101] Ibid., p. 119

[102] "The image, says phenomenology, is an object-as-nothing. Now, in the Photograph, what I posit is not only the absence of the object; it is also... that the object has indeed existed and that it has been there where I see it. Here is where the madness is, for until this day no representation could assure me of the past of the thing." Ibid., p. 115.

[103] Ibid., p. 117.

[104] Ibid., p. 118.

[105] Ibid., p. 119.

fierce aura that makes the face shine in a flash. Photography can only rebel (reveal itself) through "photographic ecstasy," forcing "the wakening of intractable reality" Accepting its mad desire to consume time and assign it a (mad) form.

It is, therefore, not without reason that an author such as Dubois invokes Benjamin's work to reappraise the aura of the photographic image. After stating that irretrievable distance is an essential precept of photography, he says that "the very notion of the aura, which is the core of Benjaminian theories of photography" rests on the "the double principle of proximity and distance of the photographic act."[106] To be strictly accurate, the core of Benjamin's theories of photography is based on the intention to cancel out distance, dismantle the aura, which, in principle, radically contradicts Dubois's claim. But if we consider the auratic in the delirious sense which Benjamin assigns it, and in the sense of a sparking, contingent friction with the real (remember: "the tiny spark of accident"), then it is possible to find in that "unique phenomenon of a distance, however close it may be," a critical mechanism capable of resisting the tepid harmonising of global aestheticism. And in this sense, it is indeed possible to agree with Dubois when he says that the radicalisation of the indexical logic of photography has fed one of the most innovative directions of our artistic present. In spite of these ever-closer links between photography and contemporary art, I have, here, dealt with photography in terms of its technical peculiarities and, so, apart from present-day artistic production. However, photography is a part of this production and will reappear, in theory or explicitly, in the next point.

---

[106] Philippe Dubois, *L'acte photographique*, Nathan, Paris, 1983.

THE FINAL SCENE: CONTEMPORARY ART

This point specifically focuses on critical production of an erudite, avant-garde nature which is created, distributed, and consumed through the specialised circuits of the art institutions (theoretical texts, catalogues, biennials, galleries, museums). As has been mentioned, this includes −to a greater or lesser degree− forms mentioned above, such as photography and the diverse modalities of digital art and net art, as well as certain manifestations of popular culture, advertising, design, and the cultural industries.

It has already been noted that art has lost the exclusive right to its spaces and can only be considered as being in transit, in a situation of displacement and disorder: rather than possessing spaces of its own, it can only aspire to occupying individual (and transitory) emplacements. The difference is, therefore, only one of emphasis on the political position. Bearing in mind this position, not only the forms mentioned above will be considered here, but also the diverse expressions of the Fine Arts which continue, or are attempting to conserve the empyrean aura which honours high art and makes use of immutable truth.

The argument outlined earlier can be restated here: in parallel to the case of photography already mentioned, Benjamin recognises the value of certain forms of modern painting which are not marked by that type of aura; for example, a particular moment in Dadaist and Surrealist production, and even relatively conventional paintings, such as those by Cézanne, Arp, and Ensor. But, keeping this in mind, it would now be of interest to move towards the central issue: the possibility of disputing the aura using the neutral aestheticism of markets in order to imagine alternative political strategies based on its distancing virtues. Strategies capable of seizing the splendours of the commodity and spectacle and making them the productive principle of artwork on the limits of radical absence and truncated language. Certain forms of present-day mass art and of the erudite art of avant-garde affiliation would seem to have a greater chance of maintaining or retaking critical positions than expressions which are overly exposed to market interests.

I am not referring here to subaltern cultures, since their specific individual features demand to be dealt with in greater depth separately; it is enough to keep in mind the many processes of resistance, rejection, re-appropriation, and seizure undertaken by large sectors of the working classes and indigenous peoples which, in the face of the avalanche of globalisation, attempt to conserve, re-accommodate or renovate their cultural matrixes and expressive modes in terms of personal memory and desire. Learned art with a critical mission feels itself to be guilty, overwhelmed by its classical idealist tradition and its recent avant-garde past. This academic affiliation, the tradition of "high art," instilled insuperable forms of exclusivity and filtered the memory of religious authority, political power and economic value. Avant-garde principles failed in their attempt to abolish the autonomy of art and undermine its own institutions, they did not fulfil their promises of social emancipation and political liberation; they could not, in the end, sustain the juggling act involved in being simultaneously art and counter-art (an illusion which is still in existence, of course). Contemporary art inherits this historical failure in a context which is doubly ambiguous due to the fact –accepted under protest or with open relief– that the response is a part of the contested system, and because formerly seditious experimentation now offers new energy to advertising strategies and adorns the culture of the spectacle.

Huyssen maintains that the act of appropriation undertaken by the revolutionary, techno-avant-gardes (film, photography, montage) was perhaps capable of shocking conventional sensibilities because it was undermining its own foundations: the aestheticism and autonomy of 19th century art, the props of the traditional aura. (This would be a good summary of the Benjaminian Utopia). "The postmodernist espousal of space age technology and electronic media in the wake of McLuhan, however, could scarcely shock an audience which had been inculturated to modernism via the very same media."[107]

The survival of the critical vein of art would appear to depend on the possibility of it regaining the subversive energy of the avant-gardes. This is a complex challenge, a desperate solution, but the only possible one within the tradition of art. A new Utopia, of course. The major difficulty of this project may not be the task of wiping out the sins of the avant-gardes (messianism, elitism, formalism, ostracism), but that of rectifying principles and correcting strategies. The basic shock tactics have been decommissioned by the enemy: transgressive opposition and innovative experimentation –plus impact, scandal, and obscenity– have been taken and tamed by global screens, showcases, and stages. They have become novelties or events, been converted into advertisements, slogans, media shows. Dissidence sells things. It sells what is marginal. Anything that amazes, excites or stirs the emotions, sells. It sells in so far as its conflict is consumed in its own exhibition, in so far as it can be sold off and leave no residue, shadow or lack. It sells under the condition of being regulated by surveys and the rules of marketing.

---

[107] Andreas Huyssen, op. cit., p. 170.

It sells to the extent that it makes an impression without either disturbing or compromising anything, surprises without asking for explanations, raising issues or leaving the question about why it is not there unanswered. The market aura skilfully gauges the distance of representation, regulates the challenge of gazes: it moves the filter of the symbolic in and out so that poverty and war lose the unbearable reference to the real, so that they don't smell. It moves memory back and forth too much for it to seem distant. It takes in difference so that it appears part of itself.

So, on the one hand, experimental transgression –sterilised and packaged– has been integrated into the menu of mass aestheticism. But on the other, it is absorbed by means of an opposite but complementary strategy which, surprisingly, re-aestheticises innovation in a mass media setting. iIn this sense, Perniola speaks of an alliance between the art establishment and the art of rupture which is to the detriment of the public. Today "the institution believes it to be more convenient to support and favour the transgressive artist, because it gains a much greater benefit from the scandal in terms of publicity and media exposure than what it could obtain from adhering to traditional public taste."[108] With the separation between large audiences and artistic innovation complete, the conspiracy between institution and innovation "transforms the entire system of art into a game for beginners from which... are absent those who could still get angry!" [109]

In this scenario, it is hardly likely that the shock tactics of the avant-gardes of the past or the anti-contemplative, distracted

---

108 Mario Perniola, op. cit., pp. 47-48.
109 Ibid., p. 48.

shock advocated by Benjamin could retain their rebellious edge. Traditional transgression loses its oppositional sense and becomes a reflex gesture, closed to the influence of difference. Clearly contemporary art's great political challenge must be met in territory surrounded by the enemy: there is no other. And it is also clear that its strategies can only be contingent, provisional moves. These could be unpredictable turns to outwit the market blockade: sudden changes of position, constant flights –the recourses of nomads and tenacious fugitives.

Contemporary art's strategies could also be based on confrontations: not military clashes but manoeuvres that exceed the excesses of the globalised image: that dare to reach places where the image, being limited by the interests which validate it, cannot. But those strategies could also include retreats, halts, in suspense over its own impossibility of speaking. Finally, art's resistance could (perhaps must) follow a certain negative tendency belonging to the negative avant-garde tradition: the autocracy of its languages, its ability to out-trump art's institutions.

But this operation is not particularly efficient when language ceases to be the privileged support of what is enunciated, and when institutionality describes a precarious situation, as occurs in many ill-organised peripheral countries, whose problem is not so much a matter of the authority of the circuits of art as the absence of organic channels, the lack of public policy, the frailty of society. The use of the plays on language, dodges, positions and *ad hoc* strategies that make up the contemporary critical toolbox involves reconsideration of the task of representation. Modernity questioned whether this task could indeed be understood as an attempt to reveal transcendent truth, as an economy of unmasking.

The appearance/essence opposition belongs, as has been seen, to the realm of metaphysics. But that does not end the issue: there is nothing *transcendent* to invoke, but there is *something* on the other side of the doorway of representation: a remnant or lack that cannot be represented. This impossibility is fundamental to the operations of art, pledged to saying the unsayable, to crossing a distance that cannot be sold off. An auratic distance, of course. This pledge inevitably comes forcibly up against the indecipherable hermeticism of the real: of what could not enter the field of representation, and the remains of which −impervious to the alchemy of the sign− exist somewhere on the side as dense clumps of threat. Like a traumatic return, according to Foster. In the huge effort to name what remains or is lacking after the final name, the forms of the most radical art intensify, contract, awaken (go mad, in the Barthesian sense).

Beside itself, out of its mind, the sign cannot reach the thing, but these strong emotions allow it to escape the instrumental circle, at least for an instant: the minimal instant of the aura, the one that produces distance; a deferment which cannot be overcome and insidiously leads it to show, again and again, that not everything has been shown. This is art's perverse game: the substitution of what is transcendent by the real in the scene of representation makes contemporary art vulnerable and more exposed to the outside world of concrete situations and variable accidents. And, perhaps in compensation, it allows for the possibility of proposing a positive aspect of a secular, post-auratic model of the aura: outside the suture of meaning, the promise of presence, and the guarantee of a pre-arranged order.

It will, inevitably, be a helpless, dirty aura: muddied by the messiness of everyday life or the irreparable opacity of the real.

Lacking basic reflexes, invested with the sombre mantles of the sublime rather than the transparent veils of beauty, it is unlikely that this new version of the aura can recover the enchantment of complete form, and, moreover, it is threatened by the melancholy of what is unresolved and truncated, of allegory.

It is in this darkening scenario that critical art must twist the course of its own times in order to snatch the promise or omen of (or at least, the question about) a notion of the future capable of mobilising the urge to renew the collective pact; capable of announcing the coming event. Benjamin quotes Breton: "The work of art is valuable only in so far as it is vibrated by the reflexes of the future."[110] The meanings these reflexes offer must be sought against a linear, sequential flow: they must be read between the lines of the writing of the past, on the other side of the page or in the margin of what is still present when it has already been almost completely destroyed.

Rancière gives a clear and succinct commentary on this situation. If modernism follows –via Schiller– the Kantian analysis of beauty, the postmodern inversion opts –via Lyotard– for another Kantian concept: the sublime, which cuts the bonds between the idea and sensible representation. Enlisted in the great modern tradition of mourning and guilt, this model converts postmodernism into "the great threnody of the unrepresentable / intractable / irredeemable…"[111] Faced with the challenge to link the aesthetic and the political in this scenario, the author recognises two notions of the avant-garde. The first corresponds to a topographical, military model

---

[110] Walter Benjamin, "The Work of Art…," note 17, op. cit., p. 249.
[111] Jacques Rancière, *The Politics of Aesthetics: The Distribution of the Sensible*, Continuum, London and New York, 2006, p. 29.

in which the leading detachment goes ahead, marking the correct political direction. The second emphasises aesthetic anticipation, the invention of sensible forms, and the material conditions of a future life.

The notion of the avant-garde within the aesthetic regime of the arts should be sought in the latter model. "That is what the 'aesthetic' avant-garde has brought to the 'political' avant-garde..."[112] The history of the relationship between political parties and aesthetic movements is riddled by the confusion between these models, which correspond to two models of political subjectivity: on the one hand, "the archi-political idea of the party;" on the other, "the meta-political idea of global political subjectivity, the idea of the potentiality inherent in the innovative sensible modes of experience that anticipate a community to come."[113] The question is how to recover that political dimension of art which is open to the collective construction of history beyond the mournful drama that the work of Benjamin partially presents to us. How can we shed the load of melancholy, the price of the fundamental absence, the deferment of the real, the contingency of meaning? How can history not be read as cynical conformism or pure mourning, but as the principle of ethical affirmation, as a constructive gamble, the creator of practice, stirrer-up of meaning? How can the aura be disputed with the enemy, and the insuperable space of distance made productive again? Art has an old trick up its sleeve, through which it can, if not offer panaceas, hold out clues.

---

112 Ibid.
113 Ibid., pp. 29-30.

This ploy is the potential art forms have for working while suspended over the abyss of lack, of setting a scene in the absence, of turning the hole inside out by means of the illusion of the image. The possibility of setting itself out to saying the unspeakable real, and making that inconsistency the beginning of a new game.

On the basis that certain works of art can be "clothing, images for the (Lacanian) *petit a*," María Eugenia Escobar quotes from Shakespeare's *A Midsummer Night's Dream*: one has to give the "airy nothing" a "local habitation and a name." And she maintains that "the function of art is to, somehow, carry out that command: to support the void imaginarily, offering it a covering, procuring an image for it."[114] The lost thing cannot be restored but it can become not only the object of mourning or a factor in melancholy, but an imaginary principle of ontological reparation: the opening up of another possible horizon. And from there, perhaps, become a political gesture. But the establishment of a political register means the inversion of lack must be linked to a collective project; it needs a public dimension, social commitment.[115] And, especially today, a political project and a bet on the future, demand not only the work of the memory and the elaboration of grief, but a torsion, an abrupt movement, against the flow of time, capable of "pouncing like a tiger" on history, distorting its linear vocation, and impeding the auto-conciliation of its every

---

[114] María Eugenia Escobar, seminar *La imagen del objeto*, Asunción, September, 2003, unpublished notes.

[115] In this sense, I understand Vezzettti when he claims that the void, collectively conjured up, highlighted, in negative, can give impulse to an anti-totalitarian tendency of meaning and encourage pluralism, but, as long as "that absence of a given foundation is associated with the value of the "alliance," a founding pact, permanently renewed and historicized". Hugo Vezzetti, "Variaciones sobre la memoria social" in *Revista de Crítica Cultural*, Nr. 17, Santiago de Chile, November 1998.

moment. Art knows about these things. Idelber Avelar uses a potent Nietzschean image: the untimely, that confronts the present "acting counter to our time and thereby acting on our time and, let us hope, for the benefit of a time to come."[116]

In times of defeat and mourning, untimeliness becomes a "constituent quality" of literature, "insisting on a radical discord with the present precisely in order to foreground the absolute, *unimaginable*, unrepresentable openness of the future, the untimely only experiences the latter in the form of an open promise."[117] Conceiving a permanently open, impossible to close future does not mean that the future contains the signs of its own conciliation: the real will also be the unapproachable but, in turn, its opening will allow the untimely interference of meaning capable of interrupting the melancholy wanderings of allegory. Time is out of joint, says Hamlet, dislocated from itself: it is a counter-time. However, "it is not only time that is out of joint, but space, space in time, spacing," comments Derrida[118]. This space, opened by spectrality, is a political and ethical arena. But it is also the impossible place where art fosters a continuous deferment-spacing: the distance required by the gaze.

---

[116] Idelber Avelar, *The Untimely Present*, Duke University Press, Durham N.C., 1999, p. 20.
[117] Ibid., p. 231.
[118] Jacques Derrida, *Spectres of Marx: The State of Debt, the Work of Mourning & the New International,* Routledge, New York, 1994.

Este libro es publicado en el marco del Premio AICA a la Contribución Distinguida a la Crítica de Arte / This book is published in conjunction with AICA's Prize for Distinguished Contribution to Art Criticism.

AICA Comisión de Publicaciones y Lenguajes / Publications and Languages Commission. Miembros / Members: Jean-Marc Poinsot (presidente / chair), Marjorie Allthorpe-Guyton, Adriana Almada, Raphael Cuir, Brane Kovic, Henry Meyric Hughes, Pilar Parcerisas, Lisbeth Rebollo, Malene Vest Hansen, and Marek Bartelik (as AICA's President).

Edición / Edited by
Adriana Almada

Traducción / Translated by
Christina Mac Sweeny

Corrección versión española / Copy-editing Spanish version
Derlis Esquivel
Pilar Parcerisas

Corrección versión inglesa / Copy-editing English version
Christian Holland
Sara Hooper

Diseño y portada / Design and cover
Arapy Yegros

Puesta en página / Layout
Miguel Ángel López

Imagen de portada / Cover image
Jerónimo Buman

Impresión / Printed by
AGR - Paraguay